O PNPOT
E OS NOVOS DESAFIOS
DO ORDENAMENTO DO TERRITÓRIO

CICLO DE COLÓQUIOS:
O DIREITO DO URBANISMO DO SÉC. XXI

4.º COLÓQUIO INTERNACIONAL

O PNPOT
E OS NOVOS DESAFIOS
DO ORDENAMENTO DO TERRITÓRIO

CICLO DE COLÓQUIOS:
O DIREITO DO URBANISMO DO SÉC. XXI

O PNPOT E OS NOVOS DESAFIOS
DO ORDENAMENTO DO TERRITÓRIO

ORGANIZAÇÃO
CEDOUA/FDUC/APDU

IMAGEM DA CAPA
Joana Dias

EDITOR
EDIÇÕES ALMEDINA, SA
Av. Fernão Magalhães, n.º 584, 5.º Andar
3000-174 Coimbra
Tel.: 239 851 904
Fax: 239 851 901
www.almedina.net
editora@almedina.net

PRÉ-IMPRESSÃO | IMPRESSÃO | ACABAMENTO
G.C. – GRÁFICA DE COIMBRA, LDA.
Palheira – Assafarge
3001-453 Coimbra
producao@graficadecoimbra.pt

Janeiro, 2009

DEPÓSITO LEGAL
287285/09

Os dados e as opiniões inseridos na presente publicação
são da exclusiva responsabilidade do(s) seu(s) autor(es).

Toda a reprodução desta obra, por fotocópia ou outro qualquer
processo, sem prévia autorização escrita do Editor, é ilícita
e passível de procedimento judicial contra o infractor.

Biblioteca Nacional de Portugal – Catalogação na Publicação

O PNPOT e os novos desafios do ordenamento
do território

ISBN 978-972-40-3685-4

CDU 711
      349
      061

PALAVRAS DE ABERTURA

O Centro de Estudos de Direito do Ordenamento, do Urbanismo e do Ambiente leva a cabo, hoje e amanhã (14 e 15 de Dezembro de 2007), o IV Colóquio Internacional que tem o título "O Plano Nacional da Política de Ordenamento do Território (PNPOT) e os novos desafios do ordenamento do território".

O Presidente do Conselho Directivo da Faculdade de Direito da Universidade de Coimbra não pode senão elogiar todas as iniciativas que, de uma forma consistente e com o rigor e a exigência, características da nossa Faculdade, os diferentes Institutos e Centros desta Escola levam a cabo.

Os Centros e os Institutos são em sentido material – que não em sentido formal, porquanto são associações de direito privado – extensões do ensino e da investigação que se opera nesta Casa onde se ensina e estuda o Direito. Estão, por isso, desde sempre, matricialmente ligados ao desenvolvimento do saber jurídico nas vertentes mais inovadoras que possam despontar no campo da juricidade. E, de muitas maneiras, têm contribuído para o reforço e a consolidação de uma Faculdade que se abre ao exterior e que não rejeita nem enjeita os desafios da contemporaneidade.

Nesta perspectiva, discutir os objectivos estratégicos do Plano Nacional da Política de Ordenamento do Território – problema candente deste nosso tempo em que o território é cada vez mais um bem escasso, permita-se-nos mesmo dizer, escassíssimo – é, sem dúvida alguma, uma problemática que, indesmentivelmente, vai no sentido das grandes finalidades que devem competir aos Centros e Institutos da nossa Faculdade. Bem andou, por isso, o Centro de Estudos de Direito do Ordenamento, do Urbanismo e do Ambiente em promover este colóquio internacional. E se o desenvolvimento do saber jurídico se faz com estudos e meditação individuais é também indiscutível que a "aldeia global" exige a partilha de saberes com outras realidades normativas, com outras legislações.

A troca de saberes com colegas estrangeiros é ainda e sempre uma manifestação de querer saber mais e mais fundo. Só nos resta uma coisa para dizer enquanto Presidente do Conselho Directivo: sejam bem-vindos à Faculdade de Direito nestes dois dias de congresso e tenham por certo que o facto de estarem entre nós faz de cada um de vós também um de nós. Esta é a vossa Casa.

José de Faria Costa,
Presidente do Conselho Directivo

PROGRAMA

IV COLÓQUIO INTERNACIONAL O PNPOT E OS NOVOS DESAFIOS DO ORDENAMENTO DO TERRITÓRIO 14 E 15 DE DEZEMBRO DE 2007

SEXTA-FEIRA – dia 14 de Dezembro

9h00 – Abertura do Secretariado

9h30-10h00 – Sessão de Abertura:

Prof. Doutor João Ferrão *(Secretário de Estado, do Ordenamento do Território e das Cidades)*
Prof. Doutor Avelãs Nunes *(Vice-Reitor da Universidade de Coimbra)*
Prof. Doutor José de Faria Costa *(Presidente do Conselho Directivo da Faculdade de Direito de Coimbra)*
Prof. Doutor Fernando Alves Correia *(Presidente do CEDOUA/APDU/ /Coordenador Científico do Colóquio)*

10h00-10h45 – Painel I: O Ordenamento do Território em Portugal
O Ordenamento do Território em Portugal: Situação Actual e Perspectivas de Futuro

Moderador: Prof. Doutor José Manuel Cardoso da Costa *(Faculdade de Direito de Coimbra/CEDOUA)*
Prof. Doutor Jorge Gaspar – *(Coordenador do Grupo de Trabalho que elaborou a Proposta do PNPOT)*

10h30-10h45 – Debate

10h45-11h15 – Intervalo (coffee break)
11h15-12h30 – Painel II: Os Instrumentos de Ordenamento do Território de Âmbito Nacional em Direito Comparado

Moderador: Prof. Doutor António Barbosa de Melo *(Faculdade de Direito de Coimbra/CEDOUA/APDU)*

França: Prof. Doutor François Priet *(Universidade de Orléans)* (11h15--11h45)

Alemanha: Prof. Doutor Matthias Rossi *(Universidade de Bremen)* (11h45--12h15)

12h15-12h30 – Debate

ALMOÇO

14h00-17h15 – Painel III: Os Objectivos Estratégicos do Programa Nacional da Política de Ordenamento do Território

Moderador: Prof. Doutor Fernando Rebelo *(Centro de Estudos Geográficos – Universidade de Coimbra)*
Prof. Doutor Manuel Lopes Porto *(Faculdade de Direito de Coimbra)* (14h00-14h30)
Prof. Doutora Margarida Queirós *(Centro de Estudos Geográficos – Universidade de Lisboa)* (14h30-15h00)
Prof. Doutor Mário Vale *(Centro de Estudos Geográficos – Universidade de Lisboa)* (15h00-15h30)

15h30-15h45 – Intervalo
Arq.º Vítor Campos *(Director-Geral do Ordenamento do Território)* (15h45-16h15)
Mestre Fernanda Paula Oliveira *(Faculdade de Direito de Coimbra/ /CEDOUA/APDU)* (16h15-16h45)

16h45-17h15 – Debate

SÁBADO – **Dia 15 de Dezembro**

10h00-11h15 – Painel IV: O PNPOT e os Outros Instrumentos de Gestão Territorial

Moderador: Dr. Carlos Encarnação *(Presidente da Câmara Municipal de Coimbra e Presidente da Assembleia Geral do CEDOUA)*
Prof. Doutor Fernando Alves Correia *(Presidente do CEDOUA/APDU/ /Coordenador Científico do Colóquio)* (10h00-10h30)
Prof. Doutor Rosa Pires – *(Universidade de Aveiro)* (10h30-11h00)

11h00-11h15 – Debate

11h15-11h30 – Intervalo

11h30-12h00 – Painel V: Conclusões do Colóquio
Prof.ª Doutora Alexandra Aragão *(Faculdade de Direito de Coimbra/ /CEDOUA)*

12h00 – Sessão de Encerramento
Prof. Doutor Santos Justo *(Presidente do Conselho Directivo da Faculdade de Direito de Coimbra)*
Prof. Doutor Fernando Alves Correia *(Presidente do CEDOUA/APDU/ /Coordenador Científico do Colóquio)*

O PNPOT
E OS NOVOS DESAFIOS DO ORDENAMENTO DO TERRITÓRIO

Sessão de Abertura

Ex.mo Senhor Vice-Reitor da Universidade de Coimbra

Ex.mo Senhor Secretário de Estado do Ordenamento do Território e das Cidades

Ex.mo Senhor Presidente do Conselho Directivo da Faculdade de Direito de Coimbra

Ex.mo Senhor Presidente do Tribunal da Relação de Coimbra

Ex.mo Senhor Governador Civil de Coimbra

Ex.mos Senhores Membros dos Órgãos de Gestão do Centro de Estudos de Direito do Ordenamento, do Urbanismo e do Ambiente (CEDOUA) e do Associação Portuguesa de Direito do Urbanismo (APDU)

Ex.mos Senhores Conferencistas e Moderadores do Colóquio

Caros Colaboradores do CEDOUA e Associados da APDU

Ex.mos Senhores Professores e Assistentes

Estimados Alunos

Minhas Senhoras e Meus Senhores

Com um intervalo de dois anos, vêm a Faculdade de Direito de Coimbra, o CEDOUA e a APDU organizando Colóquios Internacionais sobre temas importantes do direito do urbanismo, os quais se enquadram no "Ciclo de Colóquios: O Direito do Urbanismo do Século XXI". Após a realização, nos dias 13 e 14 de Outubro de 2000, do Colóquio Internacional sobre "O Sistema Financeiro e Fiscal do Urbanismo", nos dias 22 e 23 de Novembro de 2002, do Colóquio Internacional sobre "Um Código de Urbanismo para Portugal?", nos dias 28 e 29 de Maio de 2004, do Colóquio Internacional sobre: "Os Estádios do EURO 2004 – Aspectos Financeiros, Urbanísticos e Ambientais", eis-nos perante o IV Colóquio Internacional, organizado, tal como os anteriores, por aquelas três entidades, o qual tem como tema "O PNPOT e os Novos Desafios do Ordenamento do Território".

Depois de ter participado activamente na elaboração do Projecto do PNPOT, essencialmente pela via de um adequado acompanhamento jurídico, não podia o CEDOUA deixar de tomar a iniciativa de promover, conjuntamente com a FDUC e a APDU, um amplo e aprofundado debate sobre o PNPOT – um instrumento, recentemente aprovado pela Lei n.º 58/2007, de 4 de Setembro, da maior relevância, que, com base num fiel retrato do País que hoje somos, pretende apresentar uma Ideia do país que queremos ser nos próximos 20 anos, através da definição de um conjunto articulado de objectivos estratégicos, de objectivos específicos e de medidas prioritárias, com vista à concretização da ambição de tornar Portugal um espaço sustentável e bem ordenado, uma economia competitiva, integrada e aberta, um território equitativo em termos de desenvolvimento e bem-estar e uma sociedade criativa e com sentido de cidadania.

É esse Colóquio Internacional que, depois de um exigente trabalho de preparação e de organização, levado a cabo pelo Secretariado do CEDOUA – e a cujos elementos quero exprimir a minha profunda gratidão –, vê, hoje, a luz do dia, competindo-me, agora, na qualidade de Presidente do CEDOUA e da APDU e de Coordenador Científico do Colóquio, dirigir algumas palavras a tão ilustre auditório. É com enorme satisfação e com subida honra que o faço.

E faço-o, desde logo, com palavras de *agradecimento.*

Agradecimento, em primeiro lugar, ao Senhor Vice-Reitor, por nos confortar com a sua presença nesta jornada científica. Apesar de estar sempre connosco, já que também é Professor da Faculdade de Direito, é muito gratificante sentir o seu estímulo e apoio, na qualidade de membro destacado da equipa reitoral da nossa Universidade.

Agradecimento, em segundo lugar, ao Senhor Secretário de Estado do Ordenamento do Território e das Cidades, cuja participação abrilhanta sobremaneira o nosso Colóquio e muito nos honra e sensibiliza.

Agradecimento, em terceiro lugar, aos Conferencistas e Moderadores dos diferentes Painéis do Colóquio pela aceitação dos convites oportunamente formulados – personalidades cujas altíssimas qualificações são uma garantia de sucesso do Colóquio. É com enorme prazer que registo que as três entidades organizadoras deste evento tiveram o privilégio de reunir como Conferencistas e Moderadores alguns dos mais conceituados especialistas portugueses e europeus no domínio do ordenamento do território

Sessão de Abertura

e do urbanismo, nas diferentes especialidades mobilizadas por este ramo do saber. Neste magnífico elenco de Intervenientes, permito-me destacar – e agradecer particularmente – a presença de duas ilustres personalidades estrangeiras, especialistas em Direito do Ordenamento do Território e do Urbanismo, que quero saudar cordialmente e a quem desejo uma excelente estadia nesta bela cidade de Coimbra. Trata-se do professor François Priet, da Universidade de Orléans, e do Professor Matthias Rossi, da Universidade de Bremen.

Agradecimento, em quarto lugar, pelo amável apoio financeiro concedido por algumas entidades, o qual foi decisivo para a realização deste Colóquio. Foram elas: a Sonae Sierra, as Águas do Mondego, a Fundação Luso-Americana e o Finibanco.

Agradecimento, por último, a todos vós que nos quisestes honrar com a vossa presença e participação neste Colóquio Internacional.

Ex.mo Senhor Vice-Reitor da Universidade de Coimbra
Ex.mo Senhor Secretário de Estado do Ordenamento do Território e das Cidades
Minhas Senhoras e Meus Senhores

No contexto da organização deste Colóquio Internacional, verificou-se que o texto do PNPOT, bem como as diversas figuras e mapas que o integram, tal como foram publicados no *Diário da Republica,* são dificilmente legíveis. Decidiram, por isso, as entidades organizadoras do Colóquio promover a publicação num livro, facilmente manejável e legível, o texto integral do PNPOT, com um duplo objectivo: colocar o mesmo à disposição de todos os participantes no Colóquio e facultar aos cidadãos interessados o conhecimento, através de um meio acessível, de um instrumento de ordenamento do território, de natureza estratégica e de âmbito nacional, da maior importância para o nosso País.

Os assuntos que vão ser tratados nos Painéis que integram este Colóquio estão unidos por um *fio condutor.* No primeiro serão apresentadas a *situação actual* e as *perspectivas de futuro* do ordenamento do território em Portugal. O segundo está reservado às experiências de dois importantes países da União Europeia em matéria de instrumentos de ordenamento do território de âmbito nacional: a França e a Alemanha. O terceiro está destinado à abordagem, com cinco olhares diferentes, dos *objectivos estratégicos* do PNPOT. E o quarto incide sobre as *relações* entre o PNPOT e os outros instrumentos de gestão territorial, procurando destacar a importância do PNPOT como instrumento de *coerência* de todo o sistema de gestão territorial. O Colóquio integra, ainda, um quinto painel, dedicado à apresentação de uma *síntese conclusiva* do mesmo. Por impossibilidade, de última hora, do Senhor professor Gomes Canotilho, a tarefa da elaboração de um quadro conclusivo do Colóquio será desempenhada exclusivamente pela Senhora Professora Alexandra Aragão.

O procedimento de formação do PNPOT incluiu, como etapas principais, a elaboração de um projecto por uma conceituada equipa interdisciplinar, constituída por reputados especialistas e magistralmente coordenada pelo Senhor Professor Jorge Gaspar, a realização de um elevado número de reuniões de concertação entre as diferentes entidades e organismos da Administração Pública, um alargado período de discussão pública da proposta técnica, depois da sua aprovação pelo Governo, a ponderação dos resultados da discussão pública, a aprovação em Conselho de Ministros da versão final da proposta do PNPOT e a aprovação do PNPOT por lei da Assembleia da República.

Apesar de o PNPOT ser o resultado de um procedimento profundamente reflectido, largamente debatido e amplamente participado, as orientações e opções, directrizes e princípios e regras orientadoras quanto à organização e desenvolvimento territorial estão longe de ser consensuais. Pretende-se, por isso, neste Colóquio, analisar, numa perspectiva crítica, a estratégia de ordenamento, desenvolvimento e coesão territorial do País, bem como as opções estratégicas territoriais para as várias regiões, condensadas no PNPOT. E pretende-se, ainda, reflectir sobre os caminhos a trilhar com vista à efectiva aplicação do PNPOT, de modo a que ele seja a *base* ou o *padrão* de todas as políticas públicas com repercussão territorial.

Se este Colóquio der um pequeno contributo para a consecução destes objectivos, decorridos pouco mais de três meses sobre a data da entrada em vigor do PNPOT, terá constituído, indubitavelmente, um êxito. E poder-se-á afirmar, com toda a tranquilidade, que as três entidades organizadoras deste Colóquio foram, mais uma vez, *pioneiras* na reflexão e no debate de um *grande tema* de interesse nacional.

Obrigado pela atenção e votos de um excelente trabalho.

Coimbra, 14 de Dezembro de 2007

Fernando Alves Correia

DROIT ET POLITIQUE DE L'AMENAGEMENT DU TERRITOIRE EN FRANCE

FRANÇOIS PRIET
Professeur à l'Université d'Orléans
Laboratoire Collectivités territoriales EA 2080

Il est usuel de faire remonter la naissance de l'aménagement du territoire en France au lendemain de la seconde Guerre mondiale. Cette naissance est même très précise puisqu'on en trouve l'expression la plus claire dans une communication intitulée «Pour un plan national d'aménagement du territoire», présentée en février 1950 par le ministre de la Reconstruction et de l'Urbanisme de l'époque, Eugène Claudius-Petit. Selon la définition qui en est donnée – définition qui conserve une bonne partie de sa pertinence –, l'aménagement du territoire «est la recherche dans le cadre géographique de la France, d'une meilleure répartition des hommes, en fonction des ressources naturelles et des activités économiques». En vérité l'idée à la base de la politique d'aménagement du territoire, c'est-à-dire celle de développement économique équilibré sur l'ensemble du territoire national trouve déjà certaines applications dès la seconde moitié du XIXème siècle, avec la politique menée en matière de chemin de fer et d'électrification[1]. Mais c'est la période de l'après-guerre qui donne à cette politique les principales caractéristiques qui sont les siennes et qu'elle conservera jusqu'à une date récente.

La politique française d'aménagement du territoire est d'abord une politique d'Etat. Il est évident que la centralisation qui a longtemps prévalu en France n'est pas étrangère à ce phénomène. Mais il serait erroné

---

[1] B. Marnot, Les politiques d'aménagement du territoire sous la Troisième République, Conférence du 10 octobre 2002: http://www.equipement.gouv.fr/IMG/pdf/conference_10-10-02.pdf.

de réduire cette caractéristique de l'aménagement du territoire à des considérations exclusivement de nature historique et sociologique. Si l'aménagement du territoire a pour ambition de promouvoir un développement équilibré, il faut que l'impulsion soit centralisée; elle ne peut venir que de l'Etat. Il faut immédiatement dire ici que cette prééminence ne signifie pas que la politique d'aménagement du territoire conférerait en quelque sorte par nature un monopole à l'Etat: l'aménagement du territoire n'exclut pas l'intervention des collectivités territoriales. Seule la question de l'étendue de cette intervention peut faire débat.

En second lieu, il serait excessif d'affirmer que la politique d'aménagement du territoire a constitué depuis le début des années cinquante une préoccupation constante des pouvoirs publics. Cette politique a sans doute connu un certain âge d'or entre le début des années soixante et le milieu des années soixante-dix, avant que la crise économique grave qui a affecté l'appareil productif français, conjuguée à la mise en œuvre de la politique de décentralisation à partir de 1982-1983, ne conduise à son effacement[2]. Celui-ci n'a été que relatif, et dès le début des années quatre-vingt-dix, notamment sous l'effet de l'approfondissement de la construction européenne, un certain nombre de réflexions ont vu le jour dans le but de relancer la politique d'aménagement du territoire. Il était clair que la France ne pouvait pas faire l'économie d'une politique publique en la matière: les nouvelles conditions économiques fondées sur la libre concurrence, l'ouverture des marchés, rendaient nécessaire une relance vigoureuse d'une telle politique.

Au fond, l'idée sous-jacente de la politique d'aménagement du territoire est celle du maintien de l'égalité territoriale, idée à laquelle les Français sont viscéralement attachés. Cette passion de l'égalité signifie que l'accès aux équipements (en matière sanitaire, culturelle, éducative, sportive, de transports, etc.) doit s'efforcer d'être le même pour tous. L'expression de «géographie volontaire» est souvent employée en matière d'aménagement du territoire: elle signifie que la puissance publique doit pouvoir peser sur le développement économique dans le cadre d'une vision globale. La mondialisation des rapports économiques n'a jamais conduit les pouvoirs publics, quelle que soit la sensibilité, libérale ou plus

---

[2] Y. Madiot, L'effacement de la politique d'aménagement du territoire: AJDA 1989, p. 731.

interventionniste, des gouvernements successifs, à s'en remettre au libre jeu du marché et à abandonner les territoires à eux-mêmes. L'aménagement du territoire a précisément pour objectif de corriger de tels déséquilibres.

L'organisation générale de l'aménagement du territoire en France est aujourd'hui complexe: les acteurs se sont multipliés, les procédures se sont sophistiqués (I). Par ailleurs cette politique, longtemps souple et indicative, s'est juridicisée. Cet encadrement par le droit n'est pas sans soulever de nombreux problèmes (II).

I. L'ORGANISATION DE L'AMÉNAGEMENT DU TERRITOIRE

Si l'on fait remonter la politique de l'aménagement du territoire au début des années cinquante, approximativement les trente premières années de cette politique sont caractérisées par une organisation assez simple. Sur le plan institutionnel, l'Etat en est l'acteur essentiel, voire unique. Il s'appuie sur une administration légère, à caractère interministériel, la Délégation à l'aménagement du territoire et à l'action régionale (DATAR)[3]. Sur le plan juridique, le pilotage de l'aménagement du territoire est censé être assuré par le Plan, qui a toujours eu une valeur indicative. Cette situation évolue sensiblement à partir des années 1980. La redistribution des compétences (A) s'accompagne d'une extension et d'une sophistication des instruments (B).

A. *La redistribution des compétences*

Si l'affirmation du rôle majeur de l'Etat en matière d'aménagement du territoire perdure, la décentralisation et la construction européenne ont mis fin au caractère unilatéral de son mode d'intervention.

---

[3] Un décret n.° 2005-1791 du 31 décembre 2005 a remplacé la DATAR par la DIACT (délégation interministérielle à l'aménagement et à la compétitivité des territoires) en élargissant ses missions afin de mieux promouvoir l'attractivité et la compétitivité du territoire national tout en poursuivant une politique de solidarité envers les zones fragiles ou excentrées.

La compétence de l'Etat pour concevoir et mettre en œuvre la politique d'aménagement du territoire n'a jamais fait discussion en tant que telle. L'objectif qu'elle se propose d'atteindre suppose un cadre qui est celui du territoire national. Toutefois les conditions d'exercice de la compétence de l'Etat ont été amenées à évoluer sensiblement.

La politique de décentralisation engagée à partir de 1982 entraîne une mutation considérable en donnant aux collectivités territoriales un rôle en matière d'aménagement du territoire qui connaîtra une montée en puissance au cours des deux décennies 1980-2000. En affirmant dès son article 1er que les communes, les départements et les régions «*concourent avec l'Etat à l'administration et à l'aménagement du territoire*, au développement économique, social, sanitaire, culturel et scientifique, ainsi qu'à la protection de l'environnement et à l'amélioration du cadre de vie», la loi du 7 janvier 1983 affirme clairement que l'aménagement du territoire devient une compétence désormais *partagée* entre l'Etat et les collectivités territoriales. Parmi celles-ci, ce sont surtout les régions qui sont appelées à occuper une place majeure, et ce alors même que cette catégorie de collectivités territoriales ne voit le jour qu'avec la loi du 2 mars 1982. Il n'y a rien qui doive étonner. Dès le début du XXème siècle, l'Etat a pris conscience qu'une politique nationale d'aménagement devait s'appuyer sur un cadre territorial plus adapté, et donc au niveau régional[4]. Certes pendant longtemps ce cadre régional n'a correspondu qu'à un simple découpage administratif, en raison de la forte réticence de l'Etat, pour ne pas dire plus, à créer des régions dotées d'institutions élues. Mais le fait régional s'est peu à peu imposé, jusqu'à triompher en 1982. Dès cette année, le législateur en tire les conséquences en décidant d'associer officiellement les régions à l'élaboration du Plan, et en lançant une politique de contractualisation avec ces collectivités, qui va connaître une singulière fortune[5].

Pourtant, cette nouvelle répartition des compétences conduit dans un premier temps à un déclin de la politique d'aménagement du territoire, du moins de la politique fortement impulsée par l'Etat, telle qu'on la con-

---

[4] A. Chatriot, Les «Régions économiques» d'une guerre à l'autre: aménagement du territoire, discours, projets et pratiques *in* P. Caro, O. Dard et J.-C. Daumas, La politique d'aménagement du territoire. Racines, logiques et résultats, PU Rennes 2002, p. 53.

[5] Loi n.º 82-653 du 29 juillet 1982 portant réforme de la planification, art. 1er et 11.

naissait depuis le début des années soixante. L'aménagement du territoire est alors caractérisé par deux mouvements contraires.

D'une part l'impulsion vient à cette époque pour l'essentiel des collectivités territoriales qui s'engouffrent dans les nouveaux espaces de liberté que leur ouvre le législateur. La loi précitée du 2 mars 1982 donne compétence à la région «pour promouvoir le développement économique, social, sanitaire, culturel et scientifique (…) et l'aménagement de son territoire». Quant aux communes, elles bénéficient depuis la loi du 7 janvier 1983 du transfert de compétence en matière d'urbanisme, en particulier dans le domaine stratégique de la planification spatiale tant au niveau communal (plans d'occupation des sols) qu'intercommunal (schémas directeurs). Le risque est alors que les politiques d'aménagement locales finissent par ruiner l'objectif de cohérence assigné à la politique d'aménagement du territoire.

D'autre part la politique nationale perd progressivement tout cadre de référence. Dès la fin des années quatre-vingt, la référence au Plan perd sa signification, et en 1993 le Plan, symbole d'un certain interventionnisme à la française, disparaît dans l'indifférence générale. Parallèlement la politique européenne de cohésion économique et sociale monte en puissance et interpelle fortement les Etats-membres.

Dans ces conditions, l'Etat se retrouve confronté à une sorte d'impasse méthodologique qui peut se résumer en deux interrogations: comment maintenir une politique nationale d'aménagement du territoire, comprenant des enjeux majeurs définis par l'Etat, et l'articuler avec les initiatives des collectivités territoriales qui développent leurs propres politiques d'aménagement de *leur* territoire? Comment continuer à affirmer la compétence de l'Etat sans porter atteinte à la libre administration des collectivités territoriales, consacrée sur le plan constitutionnel, et à laquelle viennent de donner un contenu concret les nombreuses lois de transfert de compétences?

Ce sont les réponses à ces questionnements qui, après plusieurs années de tâtonnements, permettent de dessiner l'architecture actuelle de l'aménagement du territoire.

B. *La mise en cohérence des politiques*

Il n'est pas usurpé de parler de renouveau de la politique d'aménagement du territoire dans les années quatre-vingt-dix. En légiférant pour la première fois de manière globale sur la question en 1995, l'Etat ne réorganise pas seulement sur le plan technique la politique d'aménagement du territoire, il lui donne sans doute la légitimité qui lui manquait. Jusque-là en effet, l'aménagement du territoire reposait sur quelques textes réglementaires et un grand nombre de circulaires administratives. La discussion parlementaire précédant l'adoption de la loi du 4 février 1995 (dite loi Pasqua) d'orientation pour l'aménagement et le développement du territoire donne pour la première fois à la représentation nationale l'occasion de débattre sur les principes et le contenu d'une politique qui engage l'avenir de la nation tout entière à moyen et long terme. A la suite d'un changement de majorité parlementaire, cette loi fera l'objet d'un certain nombre de modifications dues à la loi du 25 juin 1999 (dite loi Voynet) d'orientation pour l'aménagement et le développement durable du territoire. Quant à la réforme proprement dite des instruments techniques de l'aménagement du territoire, elle est structurée autour de deux éléments fondamentaux, éléments qui caractérisent encore aujourd'hui l'aménagement du territoire. D'une part elle vise les procédures mises en œuvre tant par l'Etat que par les collectivités territoriales, ce qui apparaît comme la seule manière de garantir la cohérence entre la politique nationale et les politiques territoriales d'aménagement du territoire. D'autre part elle distingue clairement les deux fonctions des procédures d'aménagement du territoire, celle qui tend à définir la stratégie adéquate, et celle qui doit en permettre la mise en œuvre.

1) *La définition de la stratégie d'aménagement*

Cette définition doit intervenir à la fois au niveau national, régional et infrarégional.

S'agissant de la politique nationale d'aménagement du territoire, le législateur cherche à créer un nouveau cadre qui puisse servir de référence à l'ensemble des collectivités intervenant en la matière. La méthode n'est pas sans incertitudes. La loi Pasqua pose le principe d'un schéma national d'aménagement et de développement du territoire (SNADT) chargé de fixer «les orientations fondamentales en matière d'aménagement du territoire, d'environnement et de développement durable», mais ce schéma ne verra jamais le jour. La loi Voynet abandonne le principe d'un schéma global au profit de huit «schémas de services collectifs» à caractère thématique. L'inspiration de ces schémas, approuvés par le décret du 18 avril 2002, est assez différente[6]. Ces documents reposent pour la première fois sur la notion de développement durable et abordent des thématiques dont certaines sont inédites en matière d'aménagement du territoire: tel est le cas du SSC concernant le sport, et du SSC des espaces naturels et ruraux. Au-delà de ces changements, l'important est de considérer que cette forme de planification a une fonction stratégique ambitieuse: elle fixe les objectifs et les orientations générales de la politique nationale d'aménagement du territoire à l'horizon 2020.

Le législateur réorganise également le cadre de la politique régionale d'aménagement du territoire. Jusqu'à la loi du 25 juin 1999, la région devait élaborer un plan régional chargé de déterminer les objectifs à moyen terme de son développement économique, social et culturel, ces objectifs étant calés sur la période d'application du Plan de la nation. Le peu de succès rencontré par ces plans et l'abandon de la planification au niveau national ont conduit le législateur à substituer au plan régional un «schéma régional d'aménagement et de développement du territoire» (SRADT) dans lequel chaque région doit fixer «les orientations fondamentales, à moyen terme, du développement durable du territoire régional». Afin d'assurer la cohérence entre la politique nationale et les politiques régionales d'aménagement du territoire, la loi exige que le contenu du SRADT soit compatible avec celui des SSC. Cette compatibilité doit être également assurée dans le temps: aussi le rythme fixé pour l'évaluation de l'application du SRADT et pour sa révision doit-il être le même que pour ceux des SSC.

Mais c'est incontestablement au niveau infrarégional que l'effort de rationalisation est le plus étendu. L'idée est de mobiliser et de fédérer le plus largement possible les politiques d'aménagement locales, dans un cadre intercommunal. Les communes comprises dans des «aires urbaines»[7]

---

[6] Il s'agit du schéma de services collectifs de l'enseignement supérieur et de la recherche, du schéma de services collectifs culturels, du schéma de services collectifs sanitaires, du schéma de services collectifs de l'information et de la communication, des schémas multimodaux de services collectifs de voyageurs et de transports de marchandises, du schéma de services collectifs de l'énergie, du schéma de services collectif des espaces naturels et ruraux, du schéma de services collectifs du sport.

[7] L'aire urbaine est une notion d'abord géographique, mais que le droit prend en compte dans un certain nombre de textes (aménagement du territoire, urbanisme...). Une aire urbaine regroupe le pôle urbain, constitué de la ville centre et de sa banlieue, ainsi que

comptant au moins 50 000 habitants sont au premier chef concernées puisque c'est clairement dans ces secteurs que les enjeux en matière d'aménagement sont les plus importants. Aussi les établissements publics de regroupement des communes concernées doivent-ils se doter d'un *projet d'agglomération* en matière de développement économique et de cohésion sociale, d'aménagement et d'urbanisme, de transport et de logement, de politiques de la ville et de l'environnement et de gestion des ressources. Quant aux communes moins urbanisées, mais dont le territoire présente «une cohésion géographique, culturelle, économique ou sociale», elles peuvent former ce que le législateur appelle un *pays*, vieux terme qui plonge ses racines dans de très anciennes réalités gallo-romaines. Le pays n'est pas une institution administrative supplémentaire; son objet est de rassembler un certain nombre de communes autour d'un projet commun. Pour formaliser ce dernier, les communes doivent se regrouper en utilisant les formules de coopération existantes et adopter une *charte de développement du pays* qui exprime le projet commun de développement durable du territoire concerné. La charte vise «à renforcer les solidarités réciproques entre la ville et l'espace rural». Cette réorganisation de l'aménagement du territoire au niveau territorial n'aurait eu aucune chance de répondre au souhait du législateur si elle ne s'était pas accompagnée d'une ambitieuse réforme de l'intercommunalité. La loi du 12 juillet 1999 dite loi Chevènement relative au renforcement et à la simplification de la coopération intercommunale est discutée en même temps que la loi Voynet et est promulguée quelques jours plus tard. Elle crée ou rénove trois catégories d'établissements publics de coopération intercommunale, les communautés de communes plutôt à destination du milieu rural, et les communautés d'agglomération et les communautés urbaines destinées au milieu urbain. Le succès dans l'ensemble de cette réforme de l'intercommunalité a permis de donner aux politiques territoriales l'indispensable cadre institutionnel qui manquait jusque-là.

2) *La mise en œuvre de la stratégie*

En elle-même, la mise en œuvre d'une stratégie d'aménagement du territoire par la voie contractuelle n'est pas une nouveauté, puisque,

---

sa couronne périphérique, elle-même constituée des communes rurales ou urbaines dont au moins 40 % des actifs travaillent dans le pôle ou des communes attirées par celui-ci.

comme on l'a mentionné précédemment, le procédé des contrats de plan, prévu dès 1982, était destiné à permettre d'associer les régions à l'exécution des choix arrêtés par le Plan.

Mais la contractualisation est systématisée à tous les échelons, et elle a vocation à décliner l'ensemble des choix en matière d'aménagement du territoire. C'est une véritable «chaîne de contrats» que le législateur organise au service d'une logique résumée par la formule «un territoire, un projet, un contrat». Au niveau régional, les contrats de plan Etat-région doivent contribuer «à la mise en œuvre des orientations retenues» par le SRADT. La loi du 29 juillet 1982 modifiée prévoit que «des contrats particuliers fixent les moyens de mise en œuvre des actions définies dans le contrat de plan». La loi Voynet du 25 juin 1999 en constitue l'exacte application, puisqu'elle prévoit trois types de contrats particuliers conclus en application du contrat de plan. Le contenu de ces contrats, il faut le souligner, est extrêmement flou: à l'évidence le législateur entend laisser aux acteurs locaux un très large champ d'action. Lorsque les communes et leurs groupements ont décidé de se regrouper pour former un «pays», ils peuvent conclure un «contrat de pays» portant sur les principales politiques qui concourent au développement durable dudit pays. A cette fin, ce contrat doit établir un programme pluriannuel d'actions et d'animation élaboré par le pays, en association avec l'Etat, la région et, le cas échéant, les départements intéressés. Si les communes et leurs groupements sont comprises dans une aire urbaine, elles peuvent passer un «contrat d'agglomération» chargé de définir «les axes prioritaires d'intervention des différents signataires et les moyens financiers qu'ils s'engagent à y consacrer, dans le respect du contrat de plan Etat-régions et du projet d'agglomération»[8]. Le troisième type de contrat a un objet beaucoup plus circonscrit. Dénommé contrat de ville par l'article 27 de la loi du 25 juin 1999, rebaptisé «contrat urbain de cohésion sociale (CUCS) depuis 2007, il doit mettre en œuvre des politiques de développement solidaire et de requalification urbaine. En clair, ces contrats ont vocation à financer les actions relevant en partie de ce qu'il est convenu d'appeler «la politique de la ville», qui concerne les quartiers d'habitat social dégradé. Ils peuvent être conclus séparément, ou l'être dans le cadre des agglomérations et des

---

[8] Décret n.º 2000-1248 du 21 décembre 2000 relatif aux projets d'agglomération, article 4.

pays: en pratique, ils sont rattachés aux contrats d'agglomération et de pays dont ils constituent le volet «cohésion sociale et territoriale».

La loi du 25 juin 1999 n'épuise pas le panorama contractuel en matière d'aménagement du territoire. Il faut également tenir compte de la procédure de parc naturel régional, actuellement codifiée dans le code de l'environnement. Destinée au milieu rural, la procédure de parc naturel régional entend associer dans une même démarche la politique de protection de l'environnement et celle d'aménagement du territoire. Il appartient à cette fin à la région d'élaborer une charte qui fixe les orientations de protection, de mise en valeur et de développement du parc. L'Etat et les collectivités territoriales concernées adhèrent à la charte du territoire et en appliquent les orientations dans l'exercice de leurs compétences respectives. L'Etat et les régions adhérant à la charte peuvent alors conclure avec l'organisme de gestion du parc un contrat en application du contrat de plan Etat-région.

L'ensemble de ces contrats particuliers a vocation à mettre en œuvre ce que l'on appelle le «volet territorial» des contrats de plan. Chaque contrat de plan comprend en effet un volet dit régional, chargé de définir les projets concourant au développement de l'espace régional dans son ensemble, et un volet plus spécifique, adapté à des «espaces de projets» constitués autour des pays et des agglomérations, c'est-à-dire le «volet territorial». C'est ce volet territorial qui doit fixer de grandes catégories d'actions concourant au développement local, et constituer ainsi le cadre des engagements financiers de l'Etat et de la région lors de la négociation des contrats de pays et d'agglomération. Une circulaire du Premier ministre en date du 31 juillet 1998 précisait à cet égard que le volet territorial devait s'efforcer «d'identifier les territoires susceptibles de bénéficier desdits contrats»[9], ce qui signifie clairement que la contractualisation au niveau du contrat de plan Etat-région doit influer sur le contenu des choix d'aménagement retenus au niveau des pays et des agglomérations dans le cadre de leurs propres démarches contractuelles. Tant l'ancienne (2000-2006) que l'actuelle génération de contrats de plan (2007-2013) – rebaptisés contrats de projets – est en ce sens[10].

---

[9] Circ. (Premier ministre) du 31 juill. 1998 relative aux prochains contrats de plan Etat-région, principes relatifs à leur architecture: JO 13 sept. 1998.

[10] V. par ex. le CPER 2007-2013 conclu entre l'Etat et la Région Centre qui affirme que «la réalisation du volet territorial du Contrat de projets Etat-Région devra s'appuyer

II. Les vicissitudes de l'aménagement du territoire

Le mouvement de juridicisation de la politique française d'aménagement du territoire, engagé depuis la loi du 4 février 1995, laisse une impression d'ordre et d'harmonie. La mise en œuvre de l'ensemble suscite pourtant de nombreuses questions. *De lege lata*, un examen attentif des nombreuses procédures montre que l'encadrement juridique de l'aménagement du territoire recèle un certain nombre d'ambiguïtés ou d'insuffisances (A). Plus généralement, et aussi de manière plus inquiétante, c'est le principe même d'un encadrement par la norme qui montre ses limites, de telle sorte qu'il convient de se demander à quelles conditions un pilotage de la politique de l'aménagement du territoire est envisageable (B).

A. *Les difficultés de l'encadrement juridique*

En dépit de la volonté du législateur d'enserrer schémas et contrats dans un vaste ensemble articulé et hiérarchisé, on constate que le droit positif ne parvient qu'en partie à cet objectif. C'est le cas entre procédures d'aménagement du territoire proprement dites, mais c'est aussi le cas entre ces dernières et d'autres procédures qui en prolongent les finalités, c'est--à-dire les procédures d'urbanisme.

1) *L'articulation entre procédures d'aménagement du territoire*

La loi prévoit expressément une articulation entre les schémas de services collectifs, les SRADT et les contrats de plan. Les seconds doivent être compatibles avec les premiers; quant aux contrats de plan, ils doivent contribuer à la mise en œuvre des SRADT. Cette relation est étendue dans le cadre de certaines politiques d'aménagement interrégionales. Tel est le cas à propos du *schéma interrégional de littoral*[11], qui permet aux conseils

---

sur la structuration du territoire régional en trois grands espaces infrarégionaux – Nord régional, Axe ligérien, Sud régional – (qui) présentent des caractéristiques démographiques, économiques et sociales spécifiques, qui nécessitent de développer une nouvelle approche des politiques publiques territoriales à mettre en œuvre».

[11] L. n.° 86-3, 3 janv. 1986, art. 40 A.

régionaux des régions littorales de coordonner leurs politiques du littoral, et du *schéma interrégional d'aménagement et de développement de massif*, qui définit les orientations stratégiques de l'aménagement des massifs de montagne s'étendant sur plusieurs régions[12]. La loi ouvre au demeurant largement la porte à la possibilité pour plusieurs régions d'établir des schémas interrégionaux d'aménagement «pour des territoires qui justifient une approche globale et concertée de leur aménagement et de leur développement»: l'exigence de compatibilité avec les SSC leur est alors également applicable[13].

La question qui se pose est de savoir si cette articulation couvre tous les documents relevant de la politique d'aménagement du territoire, et si cette articulation ne se heurte pas à la multiplicité des périmètres et des procédures concernés.

> – Si les SRADT font figure de procédures de planification régionale de droit commun, il existe aussi d'autres procédures conçues au niveau du territoire régional, soit par la région collectivité territoriale, soit par une autre entité publique, et qui ont une incidence sur l'aménagement du territoire. On peut ainsi citer le cas des plans régionaux de développement des formations professionnelles, par lesquelles les régions doivent programmer les actions de formation professionnelle des jeunes et des adultes[14], ou les schémas régionaux de développement du tourisme et des loisirs, qui définissent les objectifs à moyen terme du développement touristique régional[15]. La loi n'a pas prévu d'articulation expresse avec les procédures nationales de planification. Le cas des schémas régionaux d'organisation sanitaire (SROS) est un peu à part. Cette variété de schéma a pour objet de préciser les objectifs de l'offre de soins à la fois par territoires de santé, par activités de soins et par équipements médicaux lourds, ainsi que les créations, suppressions d'activités de soins et d'équipements matériels lourds, transformations,

---

[12] L. n.º 85-30, 9 janv. 1985 relative au développement et à la protection de la montagne, art. 9 *bis*.

[13] L. n.º 99-533, 25 juin 1999 d'orientation pour l'aménagement et le développement durable du territoire, art. 6.

[14] C. éducation, art. L. 214-13.

[15] C. tourisme, art. L. 131-1 et L. 131-7.

regroupements et coopérations d'établissements qui doivent permettre d'atteindre ces objectifs[16]. Bien qu'ils ne soient pas élaborés par la région, compte tenu de leur spécificité, mais par les agences régionales de l'hospitalisation, il est clair que le contenu des SROS, dans leur domaine, joue un rôle majeur en matière d'offre de services publics au sein de l'espace régional. Le code de la santé publique qui les prévoit ne souffle mot de leur articulation avec la planification de l'aménagement du territoire. Quant à la loi du 4 février 1995, elle ne prévoyait pas de lien entre le SNADT et les SROS. S'il faut attendre la loi du 25 juin 1999 pour prévoir que le schéma de services collectifs sanitaires prend en compte les dispositions des SROS, il apparaît que l'articulation entre les deux documents est très faible compte tenu de la portée du SSC concerné[17].

Il convient toutefois de remarquer que ce silence du législateur concernant certains documents de planification ne signifie pas nécessairement que les politiques publiques correspondantes seraient conçues de manière cloisonnée et resteraient ainsi en marge de la politique d'aménagement du territoire. La pratique de la contractualisation entre l'Etat et les régions compense en partie ce phénomène. Parmi les politiques publiques financées prévues dans la génération 2000-2006 des contrats de plan, on peut ainsi noter que certains montants concernent le soutien à la formation professionnelle[18], ou le domaine du tourisme[19].

– Les «territoires de projets» déclinés par la loi – pays, agglomérations, parcs naturels régionaux – ne sont pas sans poser des difficultés, en raison de possibles chevauchements. C'est ainsi que le périmètre d'un pays peut inclure des communes qui sont situées

---

[16] C. santé publique, art. L. 6121-1 et s.

[17] J.-Ph. Brouant, Le schéma de services collectifs sanitaires *in* Les schémas de services collectifs de la loi du 25 juin 1999. Renouveau de la planification de l'aménagement du territoire? Les Cahiers du GRIDAUH 2002, n.° 7, p. 85.

[18] Actions de financement de la formation professionnelle des adultes, de centres de formation d'apprentis, etc. Source: Evaluation des contrats de plan Etat-région 2000-2006, Etude Ernst et Young secteur public, novembre 2007 réalisée pour la Diact (www.diact.gouv.fr).

[19] Aides à la modernisation et à la professionnalisation des acteurs et entreprises touristiques, aides au développement des «pays touristiques», actions en faveur de l'accès des handicapés et du tourisme social: Etude Ernst et Young, préc.

dans un parc naturel régional. Dans cette situation, la loi Voynet prévoyait bien que la charte du pays devait être compatible avec les orientations contenues dans la charte du parc, mais la mise en œuvre des missions relevant respectivement de l'organisme de gestion du parc et de l'EPCI chargé de celle du pays devait s'effectuer par voie conventionnelle entre les deux institutions. Une loi du 2 juillet 2003 a substitué un dispositif plus simple en faisant de l'organisme de gestion du parc le seul responsable de la cohérence et de la coordination des actions menées au titre du pays lorsque celles-ci relèvent des missions du parc et qu'elles doivent être mises en œuvre sur le territoire commun au parc et au pays[20]. S'il faut certainement se féliciter de ce choix, il faut bien reconnaître que ce dispositif a pour effet le plus clair de restreindre les initiatives locales. Cette discrète innovation ne suscitera aucun débat lors des travaux préparatoires de la loi.

Aux chevauchements des périmètres des territoires de projets correspondent ceux des périmètres contractuels. Pour sortir de ces difficultés, il n'est pas rare que les textes prévoient la conclusion... d'autres conventions. C'est ainsi que l'article 23 de la loi du 4 février 1995, dans la rédaction que lui donne la loi Voynet du 25 juin 1999, envisage l'hypothèse où un pays comprendrait une agglomération éligible à un contrat d'agglomération. L'hypothèse n'est pas d'école: en effet, si les agglomérations constituées en EPCI d'au moins 50 000 habitants et comprenant une ou plusieurs communes centre de plus de 15 000 habitants ont vocation à conclure un contrat d'agglomération, rien n'interdit à un pays de comprendre une telle agglomération, dès lors qu'il suffit qu'un territoire présente une cohésion suffisante en fonction des critères très généraux posés par la loi pour qu'un pays soit constitué. Dans ces conditions, il n'est pas inenvisageable que soient signés un contrat de pays et un contrat d'agglomération dont les périmètres se recoupent. Seule la passation d'une troisième convention entre les EPCI et les communes concernées peut permettre d'assurer, selon la formule très neutre utilisée par le législateur, «la continuité et la complémentarité entre le contrat de pays et le contrat d'agglomération»[21].

---

[20] L. n.° 95-115, 4 fév. 1995, art. 22 IV alin. 3, rédaction L. n.° 2003-590, 2 juill. 2003.

[21] Sur les difficultés juridiques potentielles de cette situation, V. Y. Jégouzo, Con-

Il existe d'autres problèmes d'articulation mentionnés par la loi entre le projet de périmètre d'un pays, et celui d'un schéma de cohérence territoriale approuvé. La difficulté ici est en vérité beaucoup plus vaste que celle des relations entre ces deux procédures: il s'agit du problème des relations entre la planification de l'aménagement du territoire, et celle de l'urbanisme.

2) *L'articulation entre les planifications de l'aménagement du territoire et de l'urbanisme*

En France, le droit de l'aménagement du territoire se distingue traditionnellement de celui de l'urbanisme pour des raisons qui originellement sont très bien expliquées dans la communication précitée d'Eugène Claudius-Petit, «Pour un plan national d'aménagement du territoire». «L'Aménagement du Territoire», affirme-t-il, «ne doit pas être confondu avec les problèmes auxquels cependant, il n'est pas étranger. (…) C'est également autre chose et plus que l'Urbanisme au sens déjà traditionnel du mot; c'est-à-dire autre chose qu'une collection, qu'une série de plans détaillés d'aménagement et d'extension des agglomérations, avec l'indication des rues, des squares, des espaces libres, des quartiers résidentiels ou industriels, etc. (…). Il déborde des plans d'urbanisme parce qu'il pose les problèmes non pas dans le cadre des villes et des agglomérations, mais dans le cadre des régions et du Territoire National tout entier». Cette différence quasi ontologique a donné lieu à deux corps de règles distincts. Aujourd'hui se pose la question, même si elle ne paraît pas occuper la première place dans les préoccupations des pouvoirs publics, de savoir si et comment les deux ensembles de procédures de planification doivent se rejoindre. Deux raisons nous paraissent justifier si ce n'est nécessairement la remise en cause de cette distinction, tout au moins que l'on s'interroge sur sa pertinence.

– Le droit positif français a accru le nombre de procédures qui poursuivent des objectifs partagés avec l'aménagement du territoire. Il en est ainsi de celles dont l'objet est de définir de grandes orienta-

---

tenu et articulation des contrats d'agglomération *in* Contractualisation et territoires: les contrats d'agglomération: Les Cahiers du GRIDAUH 2005, n.° 12, notamment pp. 156-157.

tions en matière de développement, sans opposabilité aux tiers – sauf exception –, et d'en prévoir la traduction spatiale, c'est-à-dire la localisation. Tel est le cas des directives territoriales d'aménagement (DTA), codifiées dans le code de l'urbanisme, établies par l'Etat sur une échelle assez vaste – un département, voire plusieurs –, et qui ont vocation à fixer ses orientations fondamentales en matière d'aménagement et ses principaux objectifs concernant la localisation des grandes infrastructures de transport et des grands équipements, ainsi que la préservation des espaces naturels. Doivent être également mentionnés des schémas élaborés au niveau d'une région – schéma directeur de la région d'Ile-de-France (SDRIF), plan d'aménagement et de développement durable (PADD) de la Corse, ou schémas intéressant les régions d'outre-mer – qui prennent en compte à la fois l'aménagement du territoire et l'urbanisme. Autrement dit, la distinction qui était sous-jacente dans la définition de Claudius-Petit, entre l'approche macro-économique qui était en gros celle de l'aménagement du territoire, et l'approche micro-économique, qui était celle de l'urbanisme, perd de sa netteté.

Il est clair que ce rapprochement des objets favorise l'articulation entre la planification urbaine et celle de l'aménagement du territoire. Il faut se demander jusqu'à quel point.

Le législateur va parfois jusqu'à fusionner les procédures de planification urbaine et d'aménagement du territoire lorsqu'il décide qu'un certain type de plan *vaut* SRADT: tel est le cas pour le SDRIF et le PADD de Corse. Cette assimilation a des conséquences très importantes au regard de l'articulation entre les deux types de planification: elle permet de rendre opposables les dispositions du SRADT aux documents locaux d'urbanisme (schémas de cohérence territoriale [SCOT] et plans locaux d'urbanisme [PLU]), et également de rendre opposables les orientations des SSC par l'intermédiaire des SDRADT. Telle est en effet la seule hypothèse où le contenu d'un SRADT est opposable aux documents d'urbanisme; sinon, il existe une quasi étanchéité entre la planification régionale de l'aménagement du territoire exprimée dans le SRADT, et la planification urbaine. Si l'on s'attache à présent aux directives territoriales d'aménagement, autant le législateur a prévu leur opposabilité aux documents d'urbanisme, autant le lien avec les procédures formelles d'aménagement du territoire est délibérément passé sous silence. On remarquera que la loi Pasqua avait prévu que les directives devaient «prendre en compte» les orientations générales du schéma national d'aménagement et de développement du territoire. L'inachèvement du SNADT et son remplacement par les huit SSC ont été fatals pour la liaison entre directives et documents nationaux d'aménagement du territoire: un amendement déposé lors de la discussion de la loi SRU visant à substituer la référence aux SSC à celle du défunt SNADT a été rejeté au terme d'un débat aussi expéditif que confus[22].

En attendant il existe seulement faute de mieux des sortes de passerelles entre les documents de planification de l'aménagement du territoire et les documents de planification urbaine. La procédure de projet d'intérêt général peut être un moyen d'insérer dans les documents d'urbanisme des équipements prévus par un SSC. Peut en effet être qualifié de projet d'intérêt général, par décision du préfet, «tout projet d'ouvrage, de travaux ou de protection présentant un caractère d'utilité publique», et ayant fait l'objet, notamment, «d'une inscription dans un des documents de planification prévus par les lois et règlements»[23]. Un SSC répond parfaitement à cette définition. Dans le cas des SRADT, ceux-ci peuvent «recommander la mise en place d'instruments d'aménagement et de planification, d'urbanisme ou de protection de l'environnement, tels qu'un schéma directeur, un parc naturel régional, une directive territoriale d'aménagement ou un schéma de mise en valeur de la mer».

   – La question de l'éventuelle fusion entre procédures d'aménagement du territoire et d'urbanisme peut être également posée si l'on rapproche le contenu du projet d'agglomération de celui du projet d'aménagement et de développement durable d'un SCOT. Les contenus sont en effet extrêmement proches[24] et il serait souhaitable que le projet d'agglomération soit intégré dans le projet d'aména-

---

[22] Débats AN, 3ème séance du 27 juin 2000.

[23] C. urb., art. R. 121-3.

[24] L. n.° 95-115, 4 fév. 1995, art. 23, rédaction L. 25 juin 1999: «le projet d'agglomération détermine (…) les orientations que se fixe l'agglomération en matière de développement économique et de cohésion sociale, d'aménagement et d'urbanisme, de transport et de logement, de politique de la ville, de politique de l'environnement et de gestion des ressources»; art. L. 122-1 alin. 2, C. urb.: le SCOT présente «le PADD retenu, qui fixe les objectifs des politiques publiques d'urbanisme en matière d'habitat, de développement économique, de loisirs, de déplacements des personnes et des marchandises, de stationnement des véhicules et de régulation du trafic automobile».

gement et de développement durable du schéma. S'agissant des rapports entre ce dernier et la charte d'un pays, le législateur se contente de faire en sorte d'éviter les discordances, en exigeant, suivant l'antériorité du document, que le projet de pays «tienne compte» du projet d'aménagement et de développement durable du SCOT, ou l'inverse[25]. Le législateur prend en quelque sorte acte que les périmètres des pays ou des agglomérations ne coïncident pas nécessairement avec ceux des SCOT. Il ne peut guère en être autrement dès lors que les procédures sont distinctes et que les communes concernées ne sont pas nécessairement incluses dans les mêmes périmètres.

B. *Quel pilotage pour l'aménagement du territoire?*

En dépit des efforts du législateur, la planification de l'aménagement du territoire peine à s'imposer lors de la détermination effective du contenu des politiques publiques en matière d'aménagement du territoire. Elle paraît osciller entre son affirmation, son déclin, et son renouveau. Quelques pistes peuvent toutefois être esquissées afin d'imaginer les conditions d'un renouveau durable.

1) *La planification, entre abandon et renouveau*

Si l'on essaie d'évaluer la portée des procédures de planification de l'aménagement du territoire, tant au niveau national que régional, le constat est assez décevant.

Le décalage est en particulier frappant entre les espoirs mis dans les schémas de services collectifs, et l'utilisation qui en a été faite. Certes les SSC, à l'exception des schémas multimodaux des services collectifs de transport sur lesquels on reviendra, font toujours partie du droit positif. Des textes relatifs à certaines politiques publiques (programmation par l'Etat des investissements en matière de production d'électricité[26], con-

---

[25] L. n.° 95-115, 4 fév. 1995, art. 22 IV alin. 4, rédaction L. n.° 2003-590, 2 juill. 2003.

[26] Loi n.° 2000-108, 10 février 2000 relative à la modernisation et au développement du service public de l'électricité, art. 6, qui cite le schéma de services collectifs de l'énergie.

Droit et politique de l'amenagement du territoire en France

ventions passées entre le Comité national olympique et sportif français avec des organismes gestionnaires d'espaces naturels pour permettre la pratique du sport en pleine nature[27]) y font référence. De même, si une ordonnance du 8 juin 2005 a entendu alléger les procédures d'établissement et de modification des SSC, on peut y voir une marque de renouvellement de la confiance exprimée par l'Etat dans l'intérêt et l'efficacité de cette procédure de planification. Pourtant, et dans le même temps, la même ordonnance supprime les schémas multimodaux de services collectifs de transport, tandis que la référence aux SSC est apparue étonnamment absente lors du lancement des négociations contractuelles entre l'Etat et les régions pour la période 2007-2013. Le contenu de la stratégie de l'Etat précisée par le Premier ministre dans sa circulaire du 6 mars 2006 n'y fait pas référence[28].

La suppression des schémas multimodaux de services collectifs de transport est riche d'enseignements. Il s'agissait des seuls SSC ayant une portée réellement contraignante en raison d'une disposition législative qui prévoyait que «tout grand projet d'infrastructures de transports doit être compatible avec ces schémas»[29]. Le rapport au Président de la République qui précède l'ordonnance du 8 juin 2005 explique sans détour que la suppression proposée se justifie par le fait que ces schémas contiennent des précisions «qui génèrent des incompatibilités avec certaines orientations actuellement envisagées en matière de grands travaux». Un autre argument a été avancé par ce rapport selon lequel la notion de compatibilité était d'application délicate et donc source de contentieux. Il ne paraît guère recevable car voilà plus de trente ans que le juge administratif est confronté à cette notion de compatibilité, pour laquelle il a fixé des standards d'interprétation clairs[30]. En vérité cette affaire illustre assez bien les limi-

---

[27] C. sport, art. L. 311-5, citant les SSC des espaces naturels et ruraux, et du sport.

[28] Circulaire n.º 5137/SG du 6 mars 2006 relative à la préparation des contrats de projets Etat-Régions 2007-2013 et à l'élaboration de la stratégie de l'Etat: www.diact.gouv.fr. Le Premier ministre indique évasivement que «les nouveaux contrats» [c'est-à-dire les CPER 2007-2013] s'inscriront dans la stratégie nationale en faveur de la modernisation de notre pays et de la préparation de l'avenir».

[29] Il s'agissait de l'art. 14 I de la loi d'orientation sur les transports intérieurs du 30 déc. 1982, précisément inséré dans cette loi par la loi Voynet du 25 juin 1999.

[30] CE ass., 22 fév. 1974, sieur Adam: Rec. CE, p. 145; RD publ. 1975, p. 485, concl. M. Gentot; GADU n.º 12.

tes de la juridicisation des procédures de planification. La question de la portée juridique des SSC a été jugée suffisamment complexe pour justifier une demande d'expertise de la part de la DATAR. Il est apparu que cette portée variait non seulement d'un SSC à l'autre, mais également à l'intérieur de certains SSC[31]. Cette juridicité des SSC a visiblement suscité l'inquiétude du gouvernement qui a craint de se lier de manière trop rigide dans sa stratégie d'aménagement. On ajoutera que, alors que la loi Voynet prévoyait une articulation temporelle entre les SSC et les contrats de plan Etat-régions – les premiers devaient être révisés au plus tard un an avant l'échéance des seconds –, l'ordonnance du 8 juin 2005 la supprime, car «les échéances calendaires de révision des schémas avaient peu de chance d'être respectées dans la réalité»[32].

Le débat est loin d'être clos. La suppression des schémas multimodaux de services collectifs de transport n'a pas suscité que des réactions favorables, certains réclamant d'ailleurs le retour à un schéma national unique. On peut aussi se demander dans quelle mesure la thématique aujourd'hui fortement présente dans le discours politique et juridique français du *développement durable* n'obligerait pas le gouvernement à revenir sur cette suppression. Lors des travaux du «Grenelle de l'environnement», le groupe de travail consacré à la lutte contre les changements climatiques et la maîtrise de l'énergie déplorait que le processus actuel de décision en matière d'infrastructures de transport (nouvelles routes, autoroutes, voies ferrées, canaux, aéroports…), au niveau national, souffre d'une absence de vision globale et d'une concurrence des différents modes de transport entre eux, notamment du fait du cloisonnement des différents organismes de gestion des infrastructures. Aussi a-t-il recommandé que l'Etat établisse «un schéma national des infrastructures de transports, afin d'examiner de manière cohérente et simultanée l'ensemble des investissements à réaliser», en cohérence avec le SRADT[33].

---

[31] Les schémas de services collectifs de la loi du 25 juin 1999, op. cit., pp. 61-141.

[32] Rapport au Président de la République, préc. Déjà l'élaboration des SSC avait *suivi* la négociation des CPER 2000-2006 dont le contenu était censé être encadré par les schémas…

[33] Lutter contre les changements climatiques et maîtriser l'énergie, groupe de travail n.° 1: Extrait du rapport du 27 septembre 2007: www.legrenelle-environnement.gouv.fr/grenelle-environnement/spip.php?rubrique9.

2) *L'avenir de la planification de l'aménagement du territoire*

Il semble donc bien que l'obligation prévue à l'article 1er de la loi Voynet qui impose à l'Etat de veiller au respect des objectifs fixés par les SSC dans l'ensemble de ses politiques publiques et dans les contrats conclus avec les collectivités territoriales, en particulier dans les CPER, soit assez largement perdue de vue. De même, il ne semble guère que les choix stratégiques des SSC servent de référence, tout au moins de référence expresse, pour l'action des collectivités territoriales et de leurs groupements, des agglomérations, des pays et des parcs naturels régionaux, comme le demande ce même texte.

Cela ne veut pas nécessairement dire que l'Etat ait renoncé à toute politique nationale d'aménagement du territoire qui soit articulée avec les politiques territoriales. Au fond la question aujourd'hui est moins de savoir s'il faut un cadre national pour l'aménagement du territoire que de déterminer quelle forme et quelle portée il doit avoir. Deux voies sont praticables: la première est celle qui est actuellement mise en œuvre, la seconde nécessiterait de revoir l'organisation de la planification de l'aménagement du territoire.

– Les négociations qui ont précédé la signature de la cinquième génération de contrats passés entre l'Etat et les régions montrent bien comment s'articule la politique nationale d'aménagement du territoire avec les politiques régionales. L'Etat détermine les caractéristiques générales de la contractualisation dans le cadre d'un organe collégial interministériel placé auprès du Premier ministre, le comité interministériel d'aménagement et de compétitivité des territoires (CIACT). C'est en définitive cette instance qui fixe les grandes orientations nationales de la politique d'aménagement du territoire qui vont constituer la référence tant du volet régional proprement dit que du volet territorial des contrats. Ainsi le CIACT du 6 mars 2006 a décidé de fixer des objectifs plus sélectifs au contenu des contrats par rapport à la précédente génération de contrats de plan – d'où la volonté de changer la dénomination en contrats de *projets* Etat-régions[34] –. Trois grands objectifs sont retenus pour la

---

[34] Comme le fait remarquer N. Lerousseau, «la nouvelle terminologie des contrats, qui substitue projets à plan, marque l'abandon du renvoi (...) à une norme de référence,

contractualisation avec les régions – compétitivité et attractivité des territoires, dimension environnementale du développement durable, cohésion sociale et territoriale –. En outre et surtout, la déclinaison de ces objectifs doit être étroitement articulée *avec les programmes européens* destinés à la mise en œuvre de la politique communautaire de cohésion économique et sociale dans sa configuration issue des Conseils européens de Lisbonne et Göteborg. Quant au contenu du volet territorial, il doit porter sur des thématiques où la protection de l'environnement est fréquemment mise au service de la compétitivité des territoires concernés[35]. S'agissant de certains espaces (massifs de montagne, grands bassins hydrographiques), des politiques interrégionales peuvent être prévues, dans la continuité des actions financées au titre de la précédente génération de contrats.

On constate donc que si encadrement national de la politique d'aménagement du territoire il y a, cet encadrement est sur le plan juridique assez léger précisément dès lors que les délibérations du CIACT ne s'appuient pas sur les SSC. Plus que jamais, la contractualisation entre l'Etat et les régions est le vecteur de la politique d'aménagement du territoire. Rien ne semble avoir fondamentalement changé depuis les années quatre-vingt et quatre-vingt-dix lorsque la planification de l'aménagement du territoire se faisait essentiellement dans le cadre des relations contractuelles entre l'Etat et les régions, sans référence au Plan. «Les contrats de plan ne sont plus un instrument d'application de la planification, c'est une forme de planification qui est assurée par la contractualisation»[36]: cette affirmation de Jean-Marie Pontier en 1998 conserve toute sa pertinence aujourd'hui.

> – Il reste alors à se demander s'il est encore envisageable de préconiser une relance de la planification en matière d'aménagement du territoire. Sur ce point, une remarque préliminaire s'impose. Le libéralisme qui souffle sur l'Europe ne conduit pas, comme on a pu le montrer, à remettre en cause les procédures de planification et de

---

pour mettre l'accent sur les réalisations à effectuer»: Les contrats de projets Etat-régions *in* La décentralisation à la croisée des chemins, éd. L'Harmattan 2007, p. 179 et s.

[35] Sont concernés: la politique de développement durable des agglomérations, concourant notamment aux stratégies de compétitivité et de meilleure intégration du tissu urbain; le développement numérique des territoires; la promotion des énergies renouvelables et la maîtrise de la demande énergétique; la gestion équilibrée de la ressource en eau; la prévention des risques naturels; l'adaptation des services au public.

[36] J.-M. Pontier, Les contrats de plan entre l'Etat et les régions, PUF 1998, coll. Que sais-je?, p. 19.

programmation, qui auraient même tendance à se multiplier[37]. La seule véritable interrogation est de se demander quel type de planification est souhaitable.

L'Etat a longtemps privilégié une planification souple, indicative: le choix, à partir de 1995, d'une planification dotée d'effets juridiques a d'autant plus bousculé les habitudes des acteurs de l'aménagement du territoire que la portée juridique exacte des SSC était assez incertaine. Il n'est pas sûr pourtant que le retour à une planification purement indicative serait une bonne solution. Le recours à une planification nationale, qu'il s'agisse des SSC ou d'un schéma national unique, permet d'afficher les grands choix stratégiques de l'Etat, en concertation avec les régions. Une planification prescriptive conduit l'Etat à s'engager sur un certain nombre de projets, et donc à accroître leur prévisibilité à l'égard du citoyen. La proposition, évoquée plus haut, de l'une des commissions du «Grenelle de l'environnement» de revenir à un schéma national des infrastructures de transport semble particulièrement significative à cet égard. S'il paraît donc souhaitable de maintenir l'opposabilité des documents de planification de l'aménagement du territoire, encore convient-il d'amender le régime de ces documents sur deux points[38].

Les SSC devraient tout d'abord clairement distinguer entre ce qui relève de l'évaluation prospective, et les choix d'aménagement sur lesquels l'Etat entend s'engager, qui seraient effectivement opposables. Quant au SRADT, ils devraient être opposables si ce n'est à tous les documents d'urbanisme, du moins aux SCOT. Comme l'expliquait Y. Jégouzo, le cadre global fourni par le SRADT permettrait non pas de supprimer mais de limiter les inconvénients dus à la fois à l'émiettement communal, la concurrence entre EPCI, les chevauchements de périmètres et de procédures[39]. C'est à peu de choses près ce que préconise également le récent rapport Lambert sur les relations entre l'Etat et les collectivités locales, s'agissant du cas particulier de la clarification des compétences dans le

---

[37] N. Rangone, Le programmazioni economiche. L'intervento pubblico tra opiani e regole: éd. Il Mulino 2007, cité par J.-B. Auby, Plans et programmes aujourd'hui: Dr. adm. oct. 2007, Repère n.° 9, p. 1.

[38] Cf. les propositions présentées par Y. Jégouzo, L'avenir des schémas de services collectifs *in* Les schémas de services collectifs de la loi du 25 juin 1999, préc.

[39] Op. cit.

domaine de l'aménagement du territoire[40]. Encore faudrait-il que ce renforcement de la portée juridique des schémas régionaux s'accompagne de celui de leur autorité politique. Il ne peut en être ainsi que si le contenu de la planification régionale est autrement plus ambitieux que ce qu'il est aujourd'hui. Le bilan actuel des SRADT est assez décevant, les régions ayant assez peu conféré une réelle portée stratégique à ces documents[41]. Une étude a pu ainsi suggérer que les SRADT développent à la fois une perspective plus vaste, au plan interrégional, et également plus fine et plus contraignante, sous la forme de «directives régionales d'aménagement»[42]. Cette dernière proposition se heurte aujourd'hui à un obstacle de taille: l'existence des directives territoriales d'aménagement qui relèvent de la responsabilité de l'Etat. Alors qu'on avait pu croire que cette procédure était en sommeil, voire en coma dépassé, elle a connu un développement important à partir de 2003[43].

Malgré tout il ne faut peut-être pas désespérer de la planification régionale. Si l'on sent bien que le rôle moteur des régions peine à s'affirmer en matière d'aménagement du territoire, peut-être n'est-ce qu'une étape des politiques régionales. En effet, une loi du 13 août 2004 a confié à la région, pour l'instant à titre expérimental, la faculté d'élaborer un schéma régional de développement économique, chargé de définir ses orientations stratégiques en la matière, et de coordonner les actions de développement économique de l'ensemble des collectivités territoriales. Il semble qu'un certain nombre de régions se soient effectivement investies dans cette démarche, preuve que l'intérêt d'une stratégie régionale commence à émerger chez les élus[44].

Si cette impression devait se confirmer, une généralisation de ces schémas serait souhaitable, qui pourrait alors s'accompagner d'une fusion avec les SRADT.

---

[40] Révision générale des politiques publiques. Rapport du groupe de travail présidé par Alain Lambert, déc. 2007: www.premier-ministre.gouv.fr/IMG/pdf/rapport_etat_coll-territoriales_071207.pdf.

[41] Etat des lieux des SRADT. Rapport final oct. 2003, bureau d'études ACADIE: www.diact.gouv.fr.

[42] Etat des lieux des SRADT, préc., p. 12.

[43] 6 DTA ont été approuvées à ce jour, et deux sont en voie d'achèvement.

[44] V. par ex. le cas du schéma de la Haute-Normandie: A. Le Vern, Le rôle des régions dans le développement économique du territoire in 25 ans de décentralisation. Bilan et perspectives: Gazette des communes, des départements et des régions 21 janv. 2008, cahier détaché n.° 2, pp. 231-232.

RÉGIME ET INSTRUMENTS DE L'AMÉNAGEMENT DU TERRITOIRE EN ALLEMAGNE

MATTHIAS ROSSI
Professeur à l'Universität Augsburg

A. *Introduction*

La planification spatiale pratiquée en Allemagne offre surtout pour les observateurs de l'étranger une image multiple. Ceci s'explique en particulier par la structure fédérale du pays et par la répartition des compétences due à cette structure. De plus, il faut mentionner que les règlements concernant cette planification ne sont pas identiques dans les villes-États (Berlin, Hambourg et Brême) que dans le reste des Länder. En outre, il semble important de savoir que la garantie de la gestion autonome des communes, fixée par la loi fondamentale, comprend aussi l'autorité de la planification. Ce qui complique le tout est que les compétences de ces trois acteurs – Bund, Länder, communes – dans le domaine (de l'exécution) de la planification spatiale ne correspondent pas à celles relatives à la légifération en droit de la planification.

Lors que le Bund ne participe quasiment pas à la planification spatiale effective, il possède cependant une compétence légale pour fixer les principes généraux de la législation au niveau du droit de l'aménagement du territoire ainsi qu'une compétence générale au niveau du droit de l'urbanisme. Le Bund a recouru à ces compétences en élaborant la loi sur l'aménagement du territoire, le code de l'urbanisme ainsi que le règlement fédéral sur l'utilisation des terrains en vue de la construction, BauNVO.

En ce qui concerne les Länder, ils sont les principaux acteurs dans le domaine de la planification spatiale supra-locale. Dans ce contexte, ils sont cependant liés aux règlements de base du Bund mais sont autorisés à enrichir par des propres règlements le cadre qui leur est ainsi imposé. Ceci est le cas pour les différentes lois sur l'aménagement du territoire. De plus, ils possèdent toute compétence concernant le droit de la construction. Enfin les communes, elles sont chargées de l'urbanisme local et ce sont elles qui décident sur l'utilisation réelle des différents terrains. En décrétant les plans directeurs d'urbanisme, elles sont liées aux prescriptions du Bund ainsi qu'à celles des Länder.

En se rappelant ces conditions de bases, la planification spatiale en Allemagne s'explique par le suivant on entend par planification spatiale la planification de l'espace effectuée par les autorités publiques à tous les niveaux et dans tous les domaines. La Cour constitutionnelle fédérale a défini cette planification dans une expertise concernant le droit de l'urbanisme datant de 1954 comme «un ordre récapitulatif, supra-locale et – sectoriel de l'espace sur la base de conceptions ordonnées ou encore à développer»[1]. Dans le contexte de cette définition très large, la planification comprend le droit de la planification d'ensemble de l'espace (B) ainsi que le droit de la planification sectorielle (C). Les deux secteurs de la planification se laissent structurer de manière encore plus fine et de ce fait la planification spatiale en Allemagne se laisse résumer par le schéma suivant:

Il faut souligner que la planification d'ensemble et la planification sectorielle sont en principe des tâches propres et autonomes de différentes autorités. De la structure fédérale du pays ainsi que de la garantie constitutionnelle de la gestion autonome des communes résultent l'interdépendance des différentes institutions en charge de la planification. De ce fait, les instruments de la planification d'ensemble et de la planification sectorielle ne forment pas un système hiérarchique, mais au contraire un système à liens et dépendances mutuels. La planification spatiale supra-locale coordonne la planification locale et la planification sectorielle. Parfois cette coordination est mise en œuvre par des coopérations mutuelles entre les institutions en charge de la planification locale et sectorielle.

---

[1] BVerfGE 3, 407 (p. 425).

Régime et instruments de l'aménagement du territoire en Allemagne   41

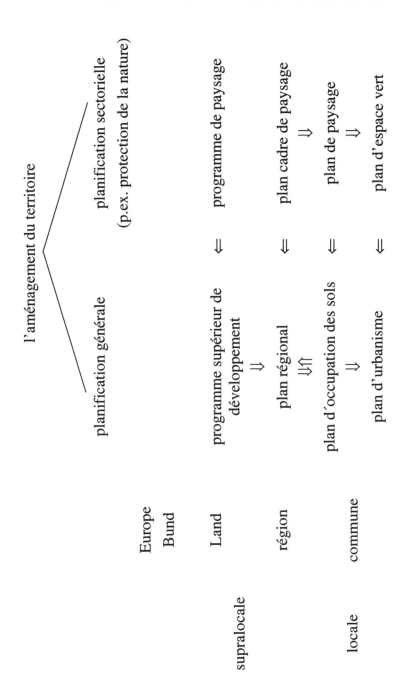

Vue d'ensemble sur le régime de l'aménagement du territoire en Allemagne

B. *Planification d'ensemble*

La planification partielle la plus importante dans le cadre de l'aménagement du territoire est la planification d'ensemble.[2] Elle coordonne dans l'intérêt de l'évolution de l'ensemble d'un espace, tous les droits et intérêts différents ou opposés qui peuvent surgir. Y compris sont les intérêts qui font l'objet de planifications partielles. Dans ces cas, la fonction de coordination de la planification d'ensemble apparaît très nettement. Le but principal de la planification d'ensemble est cependant une planification de base pour l'utilisation des sols. Dans ce contexte, il faut différencier entre la planification supra-locale (1) et la planification locale (2). La planification supra-locale est souvent définie comme l'aménagement du territoire dans un sens plus strict. Concernant la planification locale on parle de planification urbaine.

I. LA PLANIFICATION SUPRA-LOCALE

La planification supra-locale se déroule à la fois au niveau du Bund qu'au niveau des Länder. Dans ce contexte, la loi-cadre fédérale sur l'aménagement du territoire (ROG) différencie quatre niveaux:

- l'aménagement du territoire dans la Communauté européenne et dans l'espace européen au sens large, § 18 al. 2 ROG
- l'aménagement du territoire au niveau du Bund, § 18 al.1 ROG
- l'aménagement du territoire des Länder, § 8 ROG (plan d'ensemble du Land)
- la planification régionale faisant partie de l'aménagement du territoire dans les Länder, § 9 ROG (plan régional)

En réalité la planification se déroule pour la plupart du temps au niveau des Länder, par la mise en place des plans d'ensemble (§ 8 ROG) et des plans régionaux (§ 9 ROG). Une élaboration d'un plan d'aménagement du territoire pour l'ensemble de l'Allemagne par contre, n'est pas

---

[2] C'est de ce fait que le terme de planification spatiale n'est utilisé seulement en relation avec la planification d'ensemble et ne plus avec la planification sectorielle. Plus spécifiquement la planification supra-locale d'ensemble est définie par le terme «aménagement du territoire». En tenant compte des difficultés de différenciation, la terminologie illustrée par le graphique ce dessus sera utilisé au cours de ce texte.

prévue jusqu'à présent. Ce qui fait que le Bund ne participe à la planification supra-locale d'ensemble qu'en fixant les conditions (impératives) générales de l'aménagement du territoire, ayant ainsi une influence indirecte sur la planification spatiale des Länder.

1. L'aménagement du territoire au niveau du Bund

Les conditions juridiques générales concernées (dans ce contexte) sont fixées par la loi cadre sur l'aménagement du territoire (ROG).

a) Les fonctions de l'aménagement du territoire

Selon cette loi le but principal de l'aménagement du territoire est de développer, aménager et préserver à travers des plans supérieurs d'aménagement d'ensemble du territoire, ainsi que par la coordination des opérations importantes ayant une incidence spatiale, l'ensemble du territoire de la République fédérale d'Allemagne et de ses régions distinguées.

Pour la réalisation de ces trois fonctions – développement, aménagement et préservation – les différentes exigences concernant l'espace doivent être concertées et les conflits qui peuvent surgir au sein des différents niveaux de planification doivent être réglés. De plus, des précautions pour les différentes fonctions et utilisations des espaces doivent être prises.

b) La conception directrice de l'aménagement du territoire

La conception directrice commune concernant l'aménagement du territoire est selon § 1 al. 2 phrase 1 ROG un développement spatial durable qui met en harmonie les exigences sociales et économiques envers l'espace avec ses fonctions écologiques. Elle veut établir un aménagement du territoire persistant, vaste et équilibré.

c) Le principe des flux réciproques comme lien entre la planification supra-locale et la planification urbaine

La procédure de transposition de la conception directrice pour le développement durable de l'espace est marquée par le principe des flux réciproques, § 1 al. 3 ROG. Selon ce principe le développement, l'aménagement et la préservation des régions doivent d'un côté s'intégrer dans les réalités et les nécessités de l'ensemble du territoire. D'un autre côté, le développement, l'aménagement et la préservation du territoire doivent prendre en compte les besoins et réalités des différentes régions constituant ce territoire. En outre, ce principe est concrétisé par les obligations suivantes, de respecter (§ 4 al. 1 ROG), considérer (§ 4 al. 2 ROG) et de développer (§ 9 al. 2 phrase 1 ROG) les objectifs de l'aménagement du territoire. Une interface importante entre la planification de l'espace et la planification urbaine est réglée dans § 9 al. 2 phrase 2 ROG. Il stipule que les plans d'utilisation des surfaces tant que les autres planifications urbaines doivent être prises en compte lors de l'élaboration des plans régionaux. Cela montre que le principe des flux réciproques doit engendrer la mise en accord permanente des planifications à tous les niveaux par leurs institutions en charge, afin d'éviter que les autorités supérieures finissent par s'imposer.

d) *Principes, objectifs et autres exigences comme objets de la planification de l'espace*

Les *principes* de l'aménagement du territoire s'orientent à partir de la conception directrice d'un développement durable de l'espace. Ces principes sont des déclarations générales mais non obligatoires sur le développement, l'aménagement et la préservation de l'espace, à prendre en compte lors des mises en balance successives et des décisions discrétionnaires, § 3 n.° 3 ROG. Les différents principes énumérés dans le § 2 al. 2 ROG sont structurés selon leur contexte – soit spatial (structure urbaine, trames verts, par exemple), soit sectoriel (respect des aspects concernant la protection de l'environnement).

Contrairement à ces principes, les *objectifs* de l'aménagement du territoire fixés par le § 4 al. 1 ROG sont obligatoires et sont à respecter par les autorités publiques, § 3 n.° 2 ROG. Ils sont évalués et fixés dans les plans d'aménagement du territoire par les autorités de la planification des Länder ou des régions.

Le fait que les communes soient liées aux objectifs de l'aménagement du territoire ne résulte non seulement du § 4 al. 1 ROG mais aussi du § 1 al. 4 du code de l'urbanisme allemand (BauGB).

Les principes de l'aménagement du territoire sont uniquement des intérêts que les communes ont à mettre en balance avec ceux concernant la liberté de conception. Quant à cela, les objectifs de l'aménagement du territoire comprennent des obligations pour les plans d'urbanisme, sans que l'autorité de planification des communes soit mise en question.

Le devoir d'adaptation fixé par le § 1 al. 4 BauGB affirme que ces objectifs doivent être respectés non seulement lors de la première élaboration d'un plan, mais aussi lors d'une adaptation et d'une modification future d'un plan directeur d'urbanisme. En outre, on peut dériver de cette obligation d'adaptation une obligation d'élaboration première, cela veut dire que c'est la commune qui doit pour raison des motifs de développement et d'aménagement urbain s'engager en premier par ses planification, même si les lois concernant les planifications des Länder ne contiennent pas un tel règlement.

L'obligation de respecter les objectifs d'aménagement du territoire pour les projets successifs peut restreindre d'une manière importante l'autorité de planification des communes. Pour compenser ce-ci; les autorités publiques doivent déjà être inclues lors de l'élaboration des objectifs de l'aménagement du territoire.

La restriction de l'autorité de planification des communes varie en fonction de la précision des déterminations effectuées au sein des plans d'aménagement du territoire. Une planification détaillée est défendue par la nature du caractère cadre de l'aménagement du territoire. Il est pourtant autorisé de déterminer certains points fixes sans mettre en question cette autorité.

En raison d'assurer l'autorité de planification des communes ces déterminations nécessitent une justification spécifique. C'est à dire qu'elles doivent être indispensable pour des raisons supra-communales, nécessitent une justification précise et ne peuvent entrer en vigueur qu'après avoir fait participer les communes.[3] Les communes ont plusieurs moyens pour faire recours à une protection juridique quant à ces objectifs. Si les objectifs sont fixés par une loi ou un règlement les communes peuvent envisager un recours communal constitutionnel selon l'Art. 93 al. 1 n.° 4b de la Loi fondamentale auprès de la Cour constitutionnelle fédérale. Par exception la

---

[3] Voir pour plus des détails, *Battis*, Öffentliches Baurecht und Raumordnungsrecht, 4. ed. 1999, p. 43.

constitution d'un Land peut prévoir un recours auprès de sa propre cour constitutionnelle, dans ce cas cette procédure serait prioritaire.[4] Si on valorise les objectifs de l'aménagement du territoire indépendamment de leur forme juridique et uniquement par rapport au contenu de leurs dispositions comme étant des normes matérielles, les communes peuvent aussi envisager un contrôle abstrait de normes du § 47 de la loi sur la juridiction administrative (VwGO) auprès des tribunaux administratifs supérieurs. Une autre procédure considérable serait l'action en constatation d'un droit, stipulée par le § 43 de la loi sur la juridiction administrative. Cela serait le cas si les objectifs de l'aménagement du territoire sont concrétisés d'une telle manière qu'il en résulte des obligations d'adaptations pour les communes. La conformité des objectifs peut finalement être vérifiée au sein d'un recours judiciaire en annulation d'un acte administratif contre la non-autorisation d'un plan de construction ou d'utilisation des surfaces.

À part des principes et objectifs de l'aménagement du territoire, il faut autant prendre en compte les impératifs supplémentaires (divers) lors de la planification urbaine. On compte parmi eux les objectifs en cours d'élaboration, les résultats des procédures d'aménagement du territoire et d'autres procédures formelles de planification des Länder. Ces impératifs ont les mêmes effets obligatoires tel que les principes et sont de ce fait à prendre en compte lors de la procédure de mise en balance et lors des décisions discrétionnaires, § 4 al. 2 ROG.

e) Destinataires de la planification spatiale

Affectées par l'obligation de devoir respecter les principes et impératifs divers de l'aménagement du territoire sont en premier lieu les autorités administratives de l'Etat. À cause du manque de planification spatiale au niveau du Bund, les autorités des Länder et des collectivités territoriales (circonscription, communes) en sont chargées. (Les Länder ont d'après le § 4 al. 2 ROG, la possibilité d'élaborer des principes supplémentaires pour l'aménagement du territoire au niveau de leurs propres planifications.) Les personnes privées ne sont cependant pas obligées par ces principes. Leur nature seulement indicative envers l'extérieur les distingue des

---

[4] Voir par exemple l'Art. 78 de la constitution de Bade-Wurtemberg.

plans d'aménagement du territoire et des spécifications des plans de construction qui sont à respecter par tout le monde. Les plans et programmes d'aménagement du territoire – de quelle nature qu'ils soient – s'adressent uniquement aux autorités publiques. Ainsi en exerçant leur liberté de conception elles peuvent fixer ce qui sera obligatoire pour les citoyens.

Par contre le § 4 al. 3 ROG statue un effet obligatoire de ces principes pour les personnes privées, chargées de tâches publics, au moment où ils effectuent des planifications à importance spatiale. Ceci est surtout le cas si ces planifications ou mesures sont financées par des moyens publics et font parties du pouvoir public. Par ce règlement la législation réagit aux privatisations croissantes de certaines tâches de l'administration et évite que le devoir de considérer les objectifs de l'aménagement du territoire soit éludé.

2. Planification spatiale au niveau des Länder

Les Länder sont chargés de la concrétisation de l'aménagement du territoire. Les plans d'aménagement du territoire sont leurs instruments au niveau de ces planifications.

Pour les villes-états les plans d'utilisation des surfaces (§ 5 BauGB) substituent selon le § 8 al. 1 phrase 2 ROG les plans d'aménagement du territoire. Les planifications y sont effectuées en deux étapes. Une étape sert à la planification de l'ensemble du territoire d'un Land et la seconde à celle de chacune de ses régions.[5] La première étape est caractérisée comme planification supérieure, la deuxième correspond au plan régional mentionné par le § 8 al. 1 phrase 2 ROG.

En conséquence des règlements de la ROG, les spécifications dans les plans d'aménagement du territoire peuvent avoir la nature d'objectifs, de principes ou d'impératifs supplémentaires.

Les objectifs sont des spécifications qui doivent être strictement respectés, même si une exception est prévue dans le § 11 ROG. Les principes ne sont à prendre en compte que lors de la procédure de mise en balance ainsi que lors des décisions discrétionnaires mentionnées par le § 4 al. 2 ROG. Il est de même pour les impératifs supplémentaires.

---

[5] Uniquement la Sarre a décidé d'employer une planification centrale du Land et n'utilise de ce fait pas des plans régionaux.

Mis à part de ces spécifications, les Länder ont une marche de manœuvre importante concernant les moyens de concrétisation des principes d'aménagement du territoire fixés par la ROG. C'est de ce fait qu'il existe des nombreuses différences par rapport à la fiabilité et le degré de concrétisation des règlements dans les plans de développement entre les différents Länder. Parfois les mêmes contenus sont des objectifs obligatoires dans certains Länder, lorsque dans d'autres se ne sont que des principes sous réserve de mise en balance (Abwägungsvorbehalt) ou ne sont même pas mentionnés.[6] La nature juridique des plans d'aménagement du territoire n'est pas imposée par la ROG. De ce fait les plans de développement sont établit parfois en forme de loi, de règlement ou seulement par simple décision du gouvernement d'un Land.[7] Il en est semblable pour l'établissement des plans régionaux qui sont à élaborer à partir des plans de développement des Länder et doivent selon le principe de flux réciproques prendre en compte lors de la mise en balance les plans d'utilisation des surfaces ainsi que les résultats des décisions des communes concernant les planifications urbaines. Ils sont adoptés sous forme de statut ou de directive administrative, la dernière est une mesure d'ordre intérieur.

Il existe cependant des points communs au niveau de la procédure d'aménagement du territoire. Selon le § 15 al. 1 ROG la procédure d'aménagement urbain est une procédure spécifique au sein de laquelle les planifications et mesures d'importance spatiale sont à mettre en accord entre elles et d'autre part avec les exigences de l'aménagement du territoire. Au cours de cette procédure, on fait la preuve si les planifications et mesures importantes de l'espace soient conformes aux exigences de l'aménagement du territoire et – du même point de vue – comment elles peuvent être effectuées ou harmonisées entre elles. L'étude d'impact spatial en serait un exemple type. Les résultats de la procédure d'aménagement du territoire sont des impératifs supplémentaires stipulés par le § 3 n.º 4 ROG et ont un effet obligatoire tel qu'il est réglé dans le § 4 al. 2 ou 3 ROG. Autre que les objectifs de l'aménagement du territoire ils sont surmontables lors de la mise en balance du § 1 al. 4 BauGB.

---

[6] Voir, *Koch*, Umweltrecht, 2002, § 13 al. 29 f.

[7] Avec des exemples sortant des différents Länder, voir *Battis*, Öffentliches Baurecht und Raumordnungsrecht, 4. ed. 1999, p. 36 ff.

1. La planification des Länder de niveau supérieur

La marche de manœuvre déjà évoquée des Länder lors de la conception de leur planification a eut pour conséquence que cette dernière s'effectue, elle aussi; en plusieurs étapes. Les plans de développement sont la suite d'une élaboration d'un programme de développement.

a) Programme de développement des Länder

L'importance des programmes de développement des Länder consiste surtout à formuler leurs objectifs et principes. Jusqu'à maintenant on a renoncé à leur représentation graphique.

b) Plan de développement des Länder

Sur la base des programmes de développement les plans concrétisent les objets et les mesures à prendre afin de les réaliser. En complément d'une description en forme de texte on y ajoute aussi des représentations graphiques.

Au plus tard au niveau des plans de développement le concept de l'armature urbaine est à réaliser, § 2 al. 2 ROG. On entend par armature urbaine le rapport entre l'ensemble de la formation et de ses différentes parties. Elle est définie par le réseau des bourgades avec leurs fonctions différentes, leurs infrastructures et la répartition des services publiques (Daseinsfunktionen). À ce concept font généralement parti le modèle des lieux centraux et le concept des accents du développement.

Grâce au modèle des lieux centraux on veut garantir à la population un approvisionnement suffisant et de haute qualité à une distance tolérable. Pour ceci l'infrastructure relative à la population (écoles, universités, théâtres, hôpitaux, pharmacies, cabinets de médecin, banques, commerce de détail, entreprises artisanales etc.) doit être localisée au sein de ces lieux centraux. Quant à cela il faut différencier entre l'approvisionnement de base, les besoins élevés et les besoins spécialisés. Il y suit une organisation à plusieurs niveaux comprenant des lieux centraux de niveau inférieur pour l'approvisionnement de base, des centres moyens pour les besoins élevés et des centres supérieurs pour les besoins spécifiques ou sporadiques. Le concept des accents du développement qui est au delà poursuivie par la Rhénanie du Nord Westphalie, complète le modèle des lieux centraux par une localisation de cites d'habitation et de lieux de travail. Le but est d'élargir les fonctions des lieux centraux, réduites jusqu'à maintenant à l'approvisionnement, par une fonction de développement économique pour ainsi pouvoir bénéficier des avantages dus aux agglomérations dans ce contexte. Surtout dans les Länder du sud de l'Allemagne on poursuit un concept supplémentaire qui est relatif aux axes de développement. Ces axes de développement forment un réseau entre les lieux centraux et ont pour objectif de faciliter l'échange des services, les prestations et le développement de l'armature urbaine.

2. **Plans régionaux**

La planification régionale a pour but de concrétiser davantage la planification du Land concernant les espaces régionaux. Une région correspond à une partie de l'espace d'un Land de l'ordre de grandeur d'une circonscription ou d'une subdivision administrative. Dans le system de l'ensemble de la planification spatiale, la planification régionale forme un lien entre la planification du Land et les plans locaux d'urbanisme de communes.

Relatif à cette fonction le § 5 al. 3 ROG offre aux Länder deux modèles à base différents pour l'organisation de leur planification régionale. Elle peut être exécutée soit par la formation de communautés régionales de planification (planification régionale des communes) ou par des syndicats publics de planification avec la participation des communes (planification régionale publique). Lorsque l'influence du Land est directement assurée par le modèle public, une telle influence pour le modèle régional public est réalisée par le fait que la planification régionale est liée à la planification du Land. En tout cas, la planification régionale fait partie de la planification d'un Land, § 9 ROG, il est donc impossible de la communaliser entièrement.

D'après leur contenu les plans régionaux élaborent les déterminations des plans de développement des Länder. Ils concrétisent le statut de centralité des communes et complètent – si nécessaire – le plan de développement en y fixant des espaces de petits centres, en forme de lieux centraux de niveaux bas ou en y intégrant des axes de développement. À part cela, ils établissent des zones de lotissement, des zones vertes et prévoient des surfaces réservées pour des futurs projets d'infrastructure ainsi que des zones pour la protection des gisements de matières premières et des zones protectrices de l'eau.

Les plans régionaux ne sont pas de nature juridique. Seulement en Bade-Wurtemberg, en Saxe et Basse-Saxe, ils sont élaborés en forme de statuts et sont donc des mesures suprêmes sui generis. En autre il faut de nouveau différencier les fixations du ROG par objectifs, principes et autres impératifs mis en relief par les plans régionaux.

3. Plans régionaux d'utilisation des surfaces

Le § 9 al. 6 phrase 1 ROG habilite le législateur du Land à combiner, en cas de chevauchement, les niveaux de planifications des plans d'utilisation des surfaces et des plans régionaux, afin d'élaborer un nouveau type de plan, le plan régional d'utilisation des surfaces. La condition pour cette élaboration est que la planification régionale soit organisée de façon communale et que le nouveau plan corresponde aux règlements du BauGB et à ceux édictés sur la base du ROG. Sous ces conditions un plan d'utilisation des surfaces peut être établi pour l'ensemble du terrain où a lieu le chevauchement. Ainsi le système de la planification spatiale normalement divisé en quatre étapes (plan de développement du Land, plan régional, plan d'utilisation des surfaces, plan de construction) est réduit à trois étapes (plan de développement du Land, plan régional d'utilisation des surfaces, plan de construction).

II. PLANIFICATION URBAINE (LOCALE)

La planification urbaine locale est, comme celle concernant l'aménagement du territoire, une planification d'ensemble. Cependant la planification urbaine des communes ne fait pas partie de la planification établie par l'état concernant l'aménagement du territoire. Seulement sous des conditions précises fixées par le § 9 al. 6 ROG, le législateur du Land peut tolérer que pour des zones denses un plan régional, établi par des collectivités communales de planification, puisse en même temps avoir la fonction d'un plan commun d'utilisation des surfaces, mentionné par le § 204 BauGB.

Grâce aux plans locaux d'urbanisme on veut parvenir à fixer la qualité juridique du terrain et aussi déterminer la façon dont celui-ci peut être exploité. L'élément central à ce point est la planification urbaine de laquelle sont chargées les communes. Elles décident en deux étapes l'objet de développement de leurs régions. Le plan d'utilisation des surfaces (plan directeur d'urbanisme préparatoire) contient un concept très élaboré concernant l'utilisation des sols pour l'ensemble de la surface de la commune (§ 5 al. 1 BauGB).

A partir de ces plans d'utilisation des surfaces se dérivent les plans de construction – lors de la deuxième étape – qui déterminent les points importants pour l'exécution de la planification.

Dans le cas des plans de construction envisageant des projets et des plans d'équipements (§ 12 BauGB) cela est exceptionnellement possible en relation avec un projet ou un terrain précis. Pour les zones qui ne sont pas munies d'un plan de construction, ce développement urbain ordonné est directement garantie par les §§ 34 et 35 du BauGB. Le droit de l'urbanisme (qui est relatif aux zones) est complété par le droit de construction (qui est relatif à un projet).

1. Plan d'utilisation des surfaces

Au sein des plans d'utilisation des surfaces pour l'ensemble du terrain de la commune sont fixés les différents types d'utilisation des sols qui résultent du développement urbain. De cette manière, le plan remplit sa fonction de programmation en formant ainsi un contexte conceptionnel pour les autres planifications qui ne concernent que certaines parties de la surface entière de la commune ou qui sont relatives à des questions particulières concernant l'utilisation des sols.

Le plan d'utilisation des surfaces se situe à la limite entre la planification supra-locale d'ensemble (non obligatoire pour les personnes privées) et des plans de construction obligatoires qui sont valables pour qui que ce soit. De ce fait il doit être approprié aux objectifs d'aménagement du territoire et à la planification résultant des plans d'ensemble (§ 1 al. 4 BauGB, § 5 al. 4 ROG). À cette fonction de programmation s'ajoute la fonction d'accomplissement de ces programmes. Conformément à ces deux fonctions, les principaux types d'utilisation des surfaces sont élaborés dans les plans d'utilisation des surfaces. De cette manière le § 1 du règlement fédéral sur l'utilisation des terrains en vue de la construction (BauNVO) différencie entre les surfaces réservées à l'habitation et les surfaces de constructions mixtes ou spécifiques. À part celo, il est possible de spécifier davantage, dans le cadre du plan d'utilisation des surface, les différentes zones – par exemple en insérant des zones strictement réservées à l'habitation, des zones générales d'habitations, des zones de colonisation ou même en y prévoyant des zones pour l'élaboration de l'infrastructure, des zones vertes ou des zones pour des installations chargées de l'approvisionnement. En plus de ces représentations il est possible d'y marquer des zones spécifiques, telle que celles qui doivent servir aux réserves de déchets toxiques. La différence entre la représentation et le marquage est que le dernier n'entraîne pas un engagement fixe pour l'utilisation des sols. Pour cela le «principe de dérivation» (les plans de construction doivent résulter des plans d'utilisation des surfaces) n'est pas applicable dans ce contexte. Le marquage sert plutôt d'indice concernant les dangers qui peuvent survenir lorsqu'on utilise les sols tel qu'il est prévu par le plan. En fin de comptes toutes les déterminations obligatoires, souvent fixées par des autorités spécialisées, doivent apparaître en forme de nouvelles dans le plan. Cela concerne surtout les planifications sectorielles de force obligatoire. Comme elles sont uniquement de nature informative, elles n'ont pas la force obligatoire du plan d'utilisation des surfaces. Cependant elles soulignent le caractère de plan d'ensemble du plan d'utilisation des surfaces.

Les représentations dans le plan ne sont pas aussi précises que'on y puisse exactement reconnaître quels terrains ou parties de terrain sont affectés lors de la transposition du plan d'utilisation des surfaces en plan de construction. On ne peut y apercevoir des détails. L'échelle du plan d'utilisation des surfaces est très petite, de l'ordre de grandeur de 1:25000 ou 1:100000. Cela résulte du fait que l'ensemble de la surface d'une commune doit y figurer.

Le plan d'utilisation des surfaces n'entraîne pas d'effets à l'extérieur de l'administration et n'a de ce fait qu'une importance au sein de l'appareil administratif.

2. Plans de construction

Le plan de construction est adopté en forme d'un règlement municipal. Il détermine très en détail l'utilisation prévue pour une certaine surface – et si nécessaire aussi pour un terrain précis. Il dégage un effet obligatoire aussi bien pour les autorités publiques que pour les personnes privées. Son échelle est beaucoup plus grande, de l'ordre de grandeur de 1:500 ou 1:1000.

Il est à noter que la commune n'est pas liée aux limites des biens fonciers déterminées par les propriétés, lorsqu'elle veut fixer pour raison d'une conception raisonnable l'utilisation des différentes surfaces. Ce sont plutôt les limites des biens fonciers qui vont devoir s'adapter aux mesures prises pour la réalisation d'un plan.

Que le plan de construction doit être élaboré à partir du plan d'utilisation des surfaces provient du fait que la commune ne doit débuter avec sa planification définitive qu'après avoir établi un concept déterminant le développement envisagé pour l'ensemble de sa surface. Ce principe de dérivation n'a non seulement une valeur pour l'établissement premier d'un plan mais aussi dès le moment au bout duquel le plan de construction va devoir être ajusté, annulé ou complété. Cela s'explique par le fait qu'il existe un plan d'utilisation des surfaces. Développer ne veut cependant pas dire que la commune n'est uniquement autorisée de remplir le cadre qui lui a été imposé par des déterminations plus spécifiques. Il lui est aussi permis de continuer d'une manière indépendante à planifier et parfois même de se distancer de certaines fixations concernant le type et la densité de l'utilisation de la construction. L'essentiel est que la conception de base du plan d'utilisation des surfaces n'est pas mise en question.[8]

Contrairement au plan d'utilisation des surfaces, le plan de construction ne contient pas de représentations mais uniquement des spécifications. C'est ainsi que la nature d'effet obligatoire est mise en évidence. Les possibilités de spécifications sont concrétisées par le règlement fédéral sur l'utilisation des terrains en vue de la construction (BauNVO). Cela est surtout le cas pour les types d'utilisation de la construction, pendant que les déterminations sont moins précises en ce qui concerne la densité de l'utilisation de la construction. Cette dernière peut être définie en relation avec le coefficient d'occupation des sols, le coefficient d'emprise ainsi qu'avec l'hauteur de l'installation.

---

[8] Voir par exemple BVerwGE 48, 70.

De même que pour le plan d'utilisation des surfaces, on peut mettre en évidence au sein du plan de construction les terrains où il est possible d'affronter des problèmes lors de la construction. Par ailleurs, on peut y annoter si par occasion d'autres précautions sont à prendre, comme par exemple celles dues aux exigences de la protection des monuments. Cependant ces annotations n'entraînent pas un effet juridique immédiat.

3. Autre formes de plans directeurs d'urbanisme

A part du plan de construction, le BauGB prévoit aussi des plans d'urbanisme spécifiques. On y compte les plans envisageant un projet. L'initiative de leur établissement ne parvient pas des communes mais des institutions en charge des projets. Par ailleurs on y compte aussi les règlements de conservation urbaine et les règlements de rénovation urbaine qui font partie au droit de l'urbanisme spécial.

C. *Planification sectorielle*

Les planifications sectorielles servent à surmonter les exigences et obstacles des différents secteurs. On compte au droit de la planification sectorielle les lois qui prévoient et assurent l'installation de réseau routier, de rail (réseau ferroviaire) et de trafic aérien et d'un autre côté les installations pour l'élimination des déchets, les installations et circuit pour la distribution de l'énergie.

I. PLANIFICATION SECTORIELLE INFORMELLE ET SANS ENGAGEMENT

La majorité des planifications entraînées par les autorités administratives ne sont pas prévues par la loi mais résultent de réflexions internes d'autorités spécialisées. Une telle planification est informelle et ne dégage d'effet juridique ni pour les personnes privées, ni pour les institutions en charge de la planification.

II. PLANIFICATION SECTORIELLE FORMELLE À IMPORTANCE LORS DE LA MISE EN BALANCE

Notamment au niveau du droit de l'environnement un certain nombre des planifications sectorielles formelles ont été instaurés. Parmi elles on compte les plans de paysages (sur la base de la loi du Bund sur la protection de la nature) et les plans forestier dit cadres (se basant sur les lois de la forêt des Länder). Ces plans mettent en évidence une utilisation plus efficace et appropriée des surfaces d'un point de vue écologique. Contrairement aux plans sectoriels informels des autorités administratives, ils font partis des instruments de la planification prévus par la loi. Cependant ils ne dégagent pas d'effet juridique pour les personnes privées et n'engagent pas strictement les communes dans leur rôle d'instance locale de planification. Les communes sont uniquement censées de prendre en comptes les affirmations des plans lors de la procédure de la mise en balance des intérêts de la planification.

III. PLANIFICATION SECTORIELLE À VALIDITÉ JURIDIQUE

Au sein de la planification sectorielle à validité juridique on différencie entre une planification à validité juridique générale, d'importance élevée dans la pratique, et celle qui est obligatoire seulement pour les autorités administratives.

1. Planification sectorielle à validité générale

Les planifications sectorielles relatives à un espace obtiennent leur validité juridique par l'intermédiaire de l'établissement d'un plan (Planfeststellung) et par des fixations de zones protégées (Schutzbereichsausweisungen).

a) L'établissement de plan

Les planifications sectorielles relatives à un espace succèdent pour la plus part du temps l'établissement de plans. Ceci est surtout le cas pour les affirmations contenues dans les plans concernant l'installation de routes, de tram-way, d'aéroports ou d'installations pour l'élimination des déchets. La caractéristique pour une procédure d'établissement d'un plan est l'exécution d'une procédure d'audition au bout de laquelle tous les objections contre le projet sont à évaluer. Les décisions d'établissement de plans sont de ce fait la suite d'une mise en balance qui prend en considération tous les intérêts qui surgissent. La procédure se conclue par une décision définitive d'établissement d'un plan. Cette décision est de la forme d'un acte administratif.

Lors d'une collision entre les plans d'urbanisme et de certaines planifications sectorielles, les dernières sont privilégiées par la loi. De cette façon on veut assurer la réalisation de projets supra-locaux importants et éviter un surmenage juridique et politique des communes. Ceci est déjà le cas pour la planification préparatoire en forme de dispositions de 'ligne' des routes nationales. D'autre part, tous les planifications sectorielles du § 38 BauGB à la suite de l'établissement d'un plan ne sont pas touchées par les conditions de recevabilité fixées par le droit de l'urbanisme. Des telles planifications sectorielles privilégiées sont par exemple les planifications de grandes routes, de réseaux de télégraphes, d'aéroports, de réseaux de transports en commun (surtout de tram-way) ainsi que les planifications supra-locales suivant le droit de l'eau, de la circulation et du passage des Länder. Pour assurer l'autorité de planification des communes il faut interpréter le § 38 BauGB de la manière suivante: la planification urbaine ne pourra être restreinte par une planification sectorielle prioritaire, seulement si cette dernière est nécessaire, appropriée et proportionnelle à la mise en œuvre de projets supra-locaux importants et si elle respecte le cœur de l'autorité de planification des communes.[9] La cour fédérale administrative a clarifié que les déterminations d'un plan de construction doivent être prises en compte comme aspect à mettre en balance lors de la mise en place d'un plan par la planification sectorielle.[10] Ses déterminations sont aussi à respecter lors de l'élaboration de la planification locale d'ensemble. Une fixation séparée dans le plan de construction n'est pas nécessaire du point de vue du § 38 BauGB.

---

[9] Voir par exemple, OVG Koblenz, DVBl. 1995, p. 251, 252.
[10] BVerwG, DVBl 1995, P. 238 et BVerwGE 79, 242, p. 244.

b) *Fixation de zones protégées*

Au même niveau que les procédures d'établissement d'un plan se trouvent les planifications sectorielles à validité juridique. Elles sont de la nature de règlements. Elles déterminent surtout les réserves et zones protégées – zones de protection de l'eau § 19 WHG, de la nature, du paysage (§§ 13-16 BNatSchG), les parcs nationaux, zones réservées au militaire (§ 1 SchutzBG). Etant des règlements elles sont à respecter aussi bien par les personnes privées que par les autorités publiques. Dûe à la hiérarchie des normes elles sont prioritaires par rapport aux plans de construction des communes n'étant que des règlements municipaux, sans que cela ne doit être prévue par la loi tel qu'il est le cas pour le § 38 BauGB.

2. **Validité juridique pour les institutions publiques en charge de la planification**

En fin de compte, il existe au niveau des Länder différentes formes de planifications qui n'engagent seulement les institutions publiques en charge de la planification. Parmi eux on compte les plans professionnels de développement, élaborés, avec l'accord des autorités administratives supérieures de la planification, par les ministères en charge. Du point de vue de leur fonction, ils se situent entre les planifications d'ensembles et celles des secteurs. Ils sont élaborés par une procédure semblable aux plans de développement de l'ensemble du Land. Dès qu'ils atteignent une validité juridique, ils sont à respecter par les autorités lors de leurs planifications.[11]

---

[11] Voir par exemple les §§ 13 de la loi sur la planification de Bade-Wurtemberg.

AS APOSTAS DO PNPOT:
VALORIZAÇÃO E UTILIZAÇÃO SUSTENTÁVEL DOS RECURSOS NATURAIS, PAISAGÍSTICOS E CULTURAIS, E MINIMIZAÇÃO DOS RISCOS

MARGARIDA QUEIRÓS
*Professora Auxiliar da Faculdade de Letras da Universidade
de Lisboa e Investigadora do Centro de Estudos Geográficos (CEG)
da Universidade de Lisboa. E-mail: margaridav@campus.ul.pt*

*...o dever de ordenar o território como uma missão
fundamental do Estado e das Autarquias locais.*
(PNPOT, Programa de Acção)

INTRODUÇÃO

No quadro do sistema de gestão territorial, o *Programa Nacional da Política de Ordenamento do Território* (PNPOT) estabelece as grandes opções com relevância para a organização do território nacional, nomeadamente, propõe o enquadramento para o desenvolvimento territorial integrado e sustentável do País, tendo em conta a identidade das suas diversas partes e a sua inserção no espaço da União Europeia, bem como, estabelece directrizes e orientações para fomentar a coesão territorial do País. Neste quadro, o PNPOT visa a racionalização do povoamento, a implantação de equipamentos estruturantes e a definição das redes e estabelece parâmetros de acesso às funções urbanas e às formas de mobilidade (LBOTU e artigos 26.º e 27.º do Decreto-Lei n.º 380/99, de 22 de Setembro). O PNPOT traduz a "carta do ordenamento do território", reflectindo o papel estratégico e regulador do Estado.

60 *O PNPOT e os novos desafios do ordenamento do território*

A estruturação do território nacional, na óptica da política de ordenamento do território, pressupõe que os objectivos estratégicos e orientações do PNPOT (Artigos 9.° e 10.° da RCM n.° 76/2002, de 11 de Abril) se articulem e assim garantam a estruturação do território nacional, o apoio ao desenvolvimento regional, a promoção de uma adequada ocupação e utilização do solo e a compatibilização das intervenções da natureza territorial e sectorial. Ainda na perspectiva da política de ordenamento do território, o PNPOT visa a salvaguarda e valorização dos recursos naturais, dos valores ambientais e do património natural, paisagístico e cultural, através da promoção da sua adequada gestão, a qual deve reger-se (Artigo 12.° da RCM n.° 76/2002, de 11 de Abril) por princípios que atestem a conservação e protecção dos valores a defender e que promovam a utilização sustentável desse património. Esta orientação pressupõe, nomeadamente, a adopção das indicações que de seguida se identificam (RCM n.° 76/2002, de 11 de Abril):

a) a identificação dos recursos e dos valores do património natural e cultural a proteger, bem como a definição de orientações e critérios para a sua conservação, uso e valorização no quadro dos instrumentos de gestão territorial e do desenvolvimento das políticas sectoriais;

b) a promoção da utilização de recursos renováveis, de acordo com princípios de sustentabilidade;

c) a definição de factores e situações de risco e o desenvolvimento de medidas preventivas em áreas particularmente sensíveis;

d) a identificação dos valores da paisagem e a promoção da sua qualificação e gestão adequadas;

e) o reconhecimento de uma rede coerente de áreas de protecção especial, quer ambientais quer culturais.

De acordo com o anteriormente referido, as orientações para a estruturação do território nacional, na perspectiva dos recursos naturais, dos valores ambientais e do património natural, paisagístico e cultural, foram definidas na Lei n.° 48/98, de 11 de Agosto, no Decreto-Lei n.° 380/99, de 22 de Setembro, e na RCM n.° 76/2002, de 11 de Abril. Ao PNPOT caberia fornecer indicações e acções mais precisas para o cumprimento destas orientações.

A partir do objectivo estratégico do PNPOT que se centra na valorização e utilização sustentável dos recursos naturais, paisagísticos e culturais, e minimização dos riscos ("Objectivo Estratégico 1 – Programa de Políticas" do *Programa de Acção*), este artigo analisa e aprofunda, num quadro retrospectivo e prospectivo, os seus temas-chave, problemas e oportunidades.

1. Os grandes problemas do País em matéria de ordenamento do território, no âmbito dos temas abordados no *Objectivo Estratégico 1*

A preparação da proposta técnica do PNPOT teve formalmente início em Abril de 2002, com a aprovação da Resolução do Conselho de Ministros n.º 76/2002, que determinou a sua elaboração. Em Julho de 2003, eram celebrados os Protocolos entre a DGOTDU e a Universidade de Lisboa para a elaboração da Proposta de PNPOT[1]. Em Janeiro de 2005 foi apresentada a primeira proposta de PNPOT e, em Outubro do mesmo ano, estava encerrado o processo de concertação e de acolhimento, na proposta, das sugestões e reivindicações pertinentes das entidades da Comissão Consultiva. Novos acertos de estrutura e conteúdo decorreram das orientações do Governo e, em Julho de 2007, caberia à Assembleia da República (AR) a sua aprovação (Queirós, 2007)[2].

O Quadro 1 resume o conteúdo documental e respectiva organização do PNPOT. O *Relatório* contém um diagnóstico (Cap. 2) que fecha com uma síntese, centrada na identificação de vinte e quatro grandes problemas que Portugal enfrenta no domínio do ordenamento do território e a que deverá dar resposta no seu horizonte temporal de vigência. A enumeração desses problemas encontra-se sistematizada em seis grandes domínios: recursos naturais e gestão de riscos; desenvolvimento urbano; transportes, energia e alterações climáticas; competitividade dos territórios; infraestruturas e serviços colectivos; cultura cívica, planeamento e gestão territorial.

---

[1] Sob a coordenação do Prof. Jorge Gaspar.

[2] Lei n.º 58/2007, de 4 de Setembro, que aprova o PNPOT e Declarações de Rectificação n.º 80-A/2007 e n.º 103-A/2007, de 7 de Setembro e de 2 de Novembro, respectivamente, que rectificam a Lei n.º 58/07. Para mais detalhes, consultar http://www.territorioportugal.pt/.

QUADRO 1
Estrutura do PNPOT

Conteúdo Documental	Relatório	0. Introdução
		1. Portugal no mundo
		2. Organização, tendências e desempenho do território
		3. As regiões: contexto e orientações estratégicas
		4. Portugal 2025: estratégia e modelo territorial
	Programa de Acção	0. Introdução
		1. Orientações gerais
		2. Programa de políticas
		3. Directrizes para os IGT

Desses domínios, dois surgem como particularmente significativos para aclarar o *Objectivo Estratégico 1*. São eles, i) recursos naturais e riscos e ii) transportes, energia e alterações climáticas. Com efeito, as grandes transformações planetárias obrigam à dependência das questões nacionais das que se discutem em fóruns internacionais. Estas forças externas essenciais, colocam no seio das políticas públicas nacionais preocupações com a degradação do solo e os riscos de desertificação, agravados por fenómenos climáticos (seca e chuvas torrenciais) e pela dimensão dos incêndios florestais, bem como, a degradação da qualidade da água e a deficiente gestão dos recursos hídricos, ou o incipiente desenvolvimento dos instrumentos de ordenamento e de gestão das áreas classificadas, ou mesmo, a diminuta consideração dos riscos nas acções de ocupação e transformação do território, com particular ênfase para os sismos, os incêndios florestais, as cheias e inundações e a erosão das zonas costeiras. Por outro lado, reconhecem-se os problemas decisivos de uma pouco desenvolvida conectividade internacional, bem como, a forte dependência do país de fontes energéticas primárias importadas e da elevada intensidade energética e carbónica das actividades, agravados pela forte dependência da rodovia e a fraca intermodalidade interna.

2. Uma ambição do PNPOT: em 2005, um espaço sustentável e bem ordenado

Tendo o PNPOT projectado as tendências de evolução do País, apresentado o conteúdo e os temas importantes que o ordenamento do território enfrenta, propõe uma visão/ambição que procura projectar a imagem de Portugal no mundo. Estando a *Estratégia Nacional de Desenvolvimento Sustentável* (ENDS) em elaboração quase simultânea, o PNPOT assumiu-se como um dos instrumentos-chave para a sua implementação, pondo em relevo o valioso contributo das políticas de ordenamento do território para que Portugal, em 2025, possa ser:

- Um espaço sustentável e bem ordenado.
- Uma economia competitiva, integrada e aberta.
- Um território equitativo em termos de desenvolvimento e bem-estar.
- Uma sociedade criativa e com sentido de cidadania.

Constando da ambição do PNPOT construir "um espaço sustentável e bem ordenado", o desenvolvimento do País expressa um modelo territorial e um programa de políticas que dão corpo, entre outras, às opções estratégicas de preservação do quadro natural e paisagístico (em particular os recursos hídricos, a zona costeira, a floresta e os espaços de potencial agrícola), de articulação dos espaços de natureza ambiental e paisagística com o sistema urbano e as redes de infra-estruturas, de gestão e valorização das áreas classificadas e de estruturação de nucleações que impeçam a tendência para a urbanização contínua ao longo da faixa litoral de Portugal Continental. São estas algumas das transformações que promovem a sustentabilidade e o bom ordenamento do território nacional.

No plano do argumento que virá a sustentar o *Objectivo Estratégico 1*, o PNPOT apresenta um modelo territorial apoiado em dois pilares fundamentais: i) sistema de prevenção e gestão de riscos e ii) sistemas de conservação e gestão sustentável dos recursos naturais e dos espaços agro-florestais. No primeiro caso, "a gestão preventiva de riscos constitui uma prioridade de primeira linha sendo considerada uma condicionante fundamental da organização das várias componentes do modelo e um objectivo do programa das políticas do PNPOT e, ainda, um elemento obrigatório dos outros instrumentos de planeamento e gestão territorial"; no segundo pilar, assume-se claramente uma articulação horizontal de políticas sectoriais – "a conservação e gestão sustentável dos recursos naturais exige a conjugação estreita dos três grandes sistemas, respectivamente, de gestão integrada da água, de ordenamento agrícola e florestal, e de conservação da natureza e da biodiversidade".

64 O PNPOT e os novos desafios do ordenamento do território

Este alargamento do planeamento à gestão preventiva dos riscos e sua inclusão obrigatória nos IGT, bem como a intervenção conjunta no território dos objectivos do ordenamento do sector agro-florestal, da conservação da natureza e dos recursos hídricos, constitui um pilar reformador das práticas de planeamento e alarga a própria substância do sistema de planeamento nacional, sobretudo em matéria ambiental.

3. O Programa de Acção: programação das políticas

No desenho do conjunto de objectivos estratégicos e específicos do PNPOT houve a preocupação de garantir a coerência com outros quadros de referência estratégicos de natureza horizontal, como sejam a referida *ENDS* (ENDS 2005-2015), o *Programa Nacional de Acção para o Crescimento e o Emprego* (PNACE) e o *Plano Nacional para as Alterações Climáticas* (PNAC).

No *Programa de Acção*, o capítulo do Programa das Políticas contém seis objectivos estratégicos, os respectivos objectivos específicos e as medidas que distinguem o rumo traçado para o País, explicitando para cada um as principais linhas de intervenção a desenvolver, as acções prioritárias que permitirão concretizar o rumo e as linhas de intervenção propostas, bem como o quadro de compromissos das políticas com incidência territorial e a análise de responsabilidades de acção governativa. Estes dois últimos aspectos com o intuito de clarificar as responsabilidades e as exigências de coordenação institucional.

3.1. *Objectivo Estratégico 1*

O Objectivo Estratégico 1 (OE 1) "conservar e valorizar a biodiversidade, os recursos e o património natural, paisagístico e cultural, utilizar de modo sustentável os recursos energéticos e geológicos, e monitorizar, prevenir e minimizar os riscos" (Cap. 2, Programa das Políticas) decorre dos princípios e das orientações estipuladas no Artigo 12.º da RCM 76/2002. No quadro deste compromisso, as políticas públicas assentam em seis palavras-chave, entendidas como as "alavancas" que estruturam o OE 1 (Figura 1).

FIGURA 1
As "alavancas" do OE 1

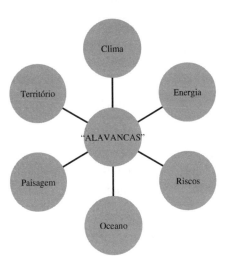

As preocupações com as alterações climáticas remetem para o aumento de condições do tempo extremas (secas, cheias...), e tendo o País uma extensa zona costeira, onde se localizam as maiores aglomerações urbanas, os perigos naturais e ambientais que daí decorrem têm repercussões inclusive ao nível da consciência colectiva sobre o valor do ordenamento do território. Este tipo de vulnerabilidades integra também preocupações com a eficiência e autonomia energéticas. Com efeito, a nível global, a procura energética não tem parado de aumentar, pelo que a oferta procura formas de resistir às flutuações do mercado, sobretudo num território com tão elevados consumos de energias primárias. Estando o País bem dotado de fontes de energia renovável pode ser estimulado o seu desenvolvimento e exploração.

Desempenhando um papel fundamental como regulador do clima global e local, o oceano é fonte de diversidade e de riqueza biológica. Por isso, a extensa costa atlântica nacional não representa apenas um factor de vulnerabilidade, é simultaneamente uma possibilidade nas áreas da gestão e investigação dos recursos biológicos e minerais, com repercussões ao nível do aproveitamento do potencial científico e da valorização dos recursos marinhos nacionais.

A valorização do quadro natural e paisagístico, dos espaços agrícolas e florestais, em articulação com o sistema urbano e as redes de infra-estruturas, representa uma vontade de valorizar o território, a sua paisagem e os seus recursos, exprimindo um desejo de aumentar a competitividade nacional e a qualidade de vida das populações.

3.2. *Objectivos Específicos: síntese dos temas-chave e das medidas prioritárias*

São onze os Objectivos Específicos que desenvolvem o OE 1 e os seus temas-chave podem ser sistematizados da seguinte forma: conhecimento, natureza, solos, floresta, água, litoral, oceano, geologia, energia, paisagem e riscos. As medidas prioritárias consubstanciam cada objectivo específico através do enunciado de acções específicas.

O primeiro objectivo específico, *desenvolver os sistemas de conhecimento e informação sobre o ambiente e os recursos naturais* (Figura 2), fomenta o conhecimento, a inventariação e o aprofundamento do conheci-

FIGURA 2
Objectivo Específico 1: Conhecimento e Sistema de Monitorização

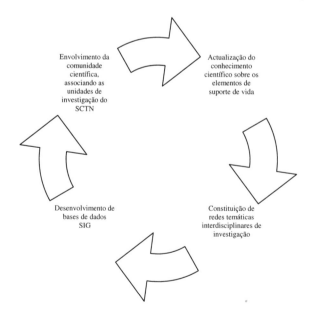

mento sobre os recursos naturais básicos: biodiversidade, património natural, energias renováveis, solos, subsolo, águas interiores, litorais e fundos oceânicos. Para tal é necessário estimular um maior envolvimento da comunidade científica numa perspectiva interdisciplinar e no âmbito do sistema científico e tecnológico nacional, desenvolvendo e disseminando as bases de dados através de sistemas de informação geográfica o que permitirá melhorar os sistemas de monitorização do estado do ambiente. Concretiza-se através de onze medidas prioritárias.

O segundo objectivo específico (Figura 3) contém 6 medidas prioritárias e trata dos assuntos do *aperfeiçoamento e consolidação dos regimes, sistemas e áreas fundamentais para proteger e valorizar a biodiversidade e os recursos naturais*. Com efeito, rever o regime jurídico da REN, elaborar a Lei-quadro da Conservação da Natureza e da Biodiversidade, implementar os planos sectoriais da Rede Natura 2000 e definir as estruturas ecológicas regionais e municipais constituem a base fundamental deste objectivo específico. No sentido de apoiar todas estas acções, os mecanismos de prevenção e de fiscalização ambiental serão reforçados, em especial, o serviço de protecção da natureza e do ambiente da GNR,

FIGURA 3
Objectivo Específico 2: Valores Naturais (Natureza e Biodiversidade)

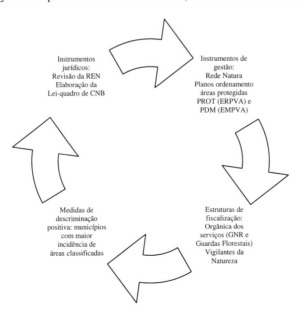

beneficiando da integração do corpo nacional da guarda florestal e melhorando a eficácia do corpo dos vigilantes da natureza.

O terceiro objectivo específico, *definir e executar uma Estratégia Nacional de Protecção do Solo* (Figura 4), é desenvolvido através de 5 medidas prioritárias. Este objectivo dá especial relevância ao solo como um recurso que desempenha funções vitais (por exemplo, para a produção agro-florestal, suporte ao ciclo hidrológico, ou o armazenamento de água e minerais), é limitado, e encontra-se ameaçado pela erosão. O risco de perda dos solos revela-se uma possibilidade pelo que se equacionam uma série de acções para a sua preservação. Destaca-se o Programa Nacional de Combate à Desertificação por apontar medidas de descriminação positiva para as áreas mais afectadas e a Estratégia Nacional de Geoconservação de modo a agrupar esforços de valorização do património geológico português.

O quarto objectivo específico, *promover o ordenamento e a gestão sustentável da silvicultura e dos espaços florestais* (Figura 5), tem a intenção de aumentar o valor ambiental da floresta, diversificar as actividades económicas assentes na silvicultura, e melhorar a floresta na resistência aos incêndios. Nas seis medidas previstas, o ordenamento florestal apre-

FIGURA 4
Objectivo Específico 3: Recursos do Solo

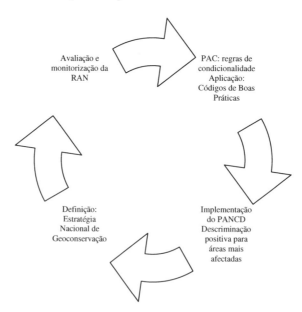

senta-se como uma das prioridades, bem como a articulação da floresta com a política energética nacional, a realização do cadastro florestal, a implementação de planos regionais e municipais de defesa da floresta e o reforço de acções preventivas.

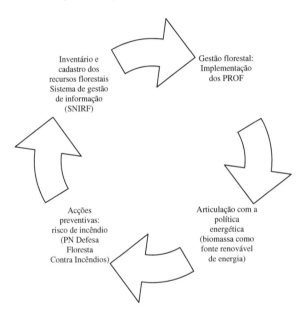

FIGURA 5
Objectivo Específico 4: Recursos Florestais

O quinto objectivo específico, *executar a política de gestão integrada da água* (Figura 6), aprofunda-se em cinco medidas que se centram na articulação dos instrumentos de planeamento sectoriais que de algum modo geram impactes sobre a água, quer em termos de quantidade, quer de qualidade. A regulamentação da Lei da Água, bem como a implementação dos planos de bacia hidrográfica, do uso eficiente da água, dos regadios, etc. numa perspectiva de integração, afiguram-se como instrumentos essenciais à gestão estratégica e sustentável da água.

FIGURA 6
Objectivo Específico 5: Recurso Água

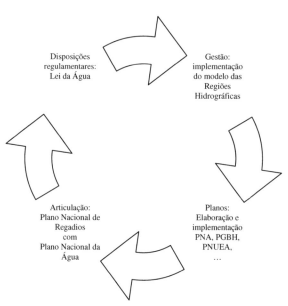

O sexto objectivo específico, *definir e executar uma política de ordenamento e gestão integrada da zona costeira, nas suas componentes terrestre e marítima* (Figura 7), adquire conteúdo nas seis medidas prioritárias que colocam a tónica na gestão do litoral. Dada a crescente pressão exercida pelas actividades humanas nas zonas costeiras, a definição das bases legais da gestão do litoral, bem como a determinação de uma área de protecção da zona costeira (progressivamente livre de construções fixas) e a promoção do desenvolvimento do sector das pescas são objecto de atenção particular no ordenamento do litoral. Naturalmente, a articulação destas medidas com os instrumentos de ordenamento (existentes e a implementar) neste sistema complexo que é o litoral, revela-se essencial.

FIGURA 7
Objectivo Específico 6: Zona Costeira

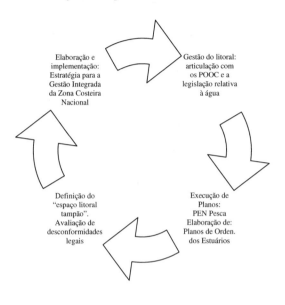

FIGURA 8
Objectivo Específico 7: Dimensão Marítima e Oceânica

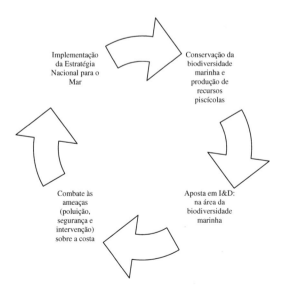

O sétimo objectivo específico, *Executar a Estratégia Nacional para o Mar* (Figura 8), faz uma aposta no aprofundamento da vocação marítima de Portugal através das suas cinco medidas prioritárias. O sistema de vigilância da orla costeira para o combate à poluição e segurança, o incentivo a programas de I&D orientados para a conservação dos recursos do mar e a implementação de uma comissão interministerial para os assuntos do mar, constituem acções que procuram fortalecer a posição do País na política europeia referente ao mar.

O oitavo objectivo específico, *definir e executar uma política de gestão integrada dos recursos geológicos* (Figura 9), orienta-se para os recursos do subsolo através de quatro medidas que assumem dois tipos de preocupação: económicas e ambientais. Se por um lado, se procura elaborar um cadastro de áreas de reserva e a inventariação de potencialidades do subsolo, por outro, revela-se a indispensabilidade de monitorizar áreas de extracção mineira e de inertes e a sua reabilitação ambiental, medidas com particular incidência nos PROT e nos PMOT.

FIGURA 9
Objectivo Específico 8: Recursos Geológicos

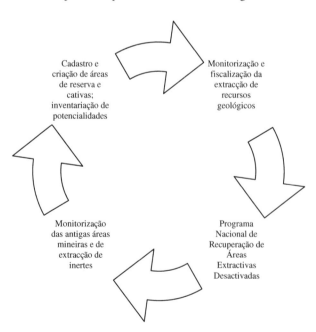

O nono objectivo específico, *executar a estratégia nacional para a energia e prosseguir a política sustentada para as alterações climáticas* (Figura 10), apresenta-se desenvolvido em nove medidas que se estruturam de acordo com a lógica do mercado (oferta e procura). No geral promovem o uso de fontes energéticas renováveis e a investigação nestes domínios, estimulam as mobilidades não motorizadas e o transporte público, promovem a revisão de regulamentos de construção de edifícios, e a revisão dos sistemas de preços.

FIGURA 10
Objectivo Específico 9: Recursos Energéticos Renováveis

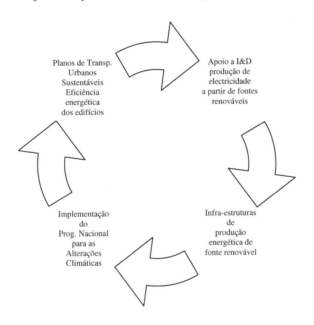

O décimo objectivo específico, *proteger e valorizar as paisagens e o património cultural* (Figura11), encontra-se suportado por quatro medidas prioritárias. As propostas orientam-se no sentido do registo e da inventariação dos recursos culturais, e da regulamentação da Lei de Bases do património cultural. A novidade reside no incentivo aos municípios para definir e classificar as áreas de paisagem protegida no âmbito de um programa nacional de recuperação e valorização das paisagens.

FIGURA 11
Objectivo Específico 10: Paisagem e Património

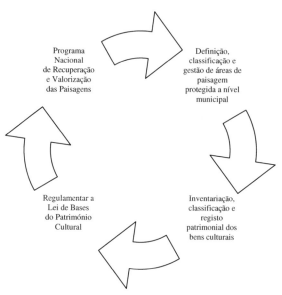

O décimo primeiro e último objectivo específico, *avaliar e prevenir os factores e as situações de risco, e desenvolver dispositivos e medidas de minimização dos respectivos efeitos* (Figura12), sustenta-se em nove medidas prioritárias. Este objectivo aborda um domínio em que quase tudo está por fazer. Mas a grande novidade reside na descrição dos diversos tipos de risco e na definição de usos compatíveis, medidas de prevenção e mitigação, tudo isto a realizar em sede de PROT, PMOT e PEOT. Prevê ainda uma estratégia nacional para este domínio e o desenvolvimento de planos de emergência de base territorial articulados com os instrumentos de planeamento municipal.

Em síntese, de todos os seis Objectivos Estratégicos do PNPOT, o *OE 1* é o mais extenso, apresentando 70 medidas prioritárias. De acordo com o tipo de intervenção pública verifica-se que, à excepção da medida 1.1, que envolve exclusivamente um tipo de intervenção, todas as restantes se apresentam equilibradas entre propostas de instrumentos de gestão, sistemas de informação e monitorização e actos administrativos e de execução de projectos (Quadro 2).

FIGURA 12
Objectivo Específico 11: Riscos e Vulnerabilidades

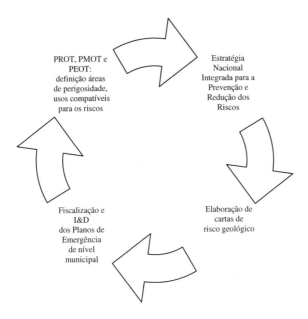

4. *Objectivo Estratégico 1*: domínios de governação, planos, estratégias e programas de âmbito sectorial e directrizes para os IGT

Do ponto de vista de "quem se compromete" com o *OE 1* do PNPOT, são identificados os seguintes domínios de acção governativa, muitas das vezes exigindo articulação entre eles: MAOTDR, MADRP, MCTES, MDN, MEI, MOPTC, MAI, MC e MS.

Pode ainda verificar-se que a complexa formulação do OE 1 espelha uma visão integrada do ordenamento do território nacional. Com efeito, no OE 1 são apontados diversos Planos Sectoriais – Rede Natura, Plano Nacional de Regadios, Plano Nacional da Água, Plano Sectorial dos Recursos Geológicos, entre outros.

Já no que respeita aos Planos Especiais de Ordenamento do Território (PEOT), verifica-se que estes são os instrumentos privilegiados para a concretização deste objectivo estratégico. Sem dúvida que a preparação de determinadas medidas prioritárias contribuirá para a elaboração de PEOT.

76   *O PNPOT e os novos desafios do ordenamento do território*

Estão neste caso todas as medidas que implicam a constituição de informação de base e a definição de critérios para a gestão sustentável e para a conservação da natureza e da biodiversidade.

QUADRO 2

Tipos de Intervenção Pública consignadas nas Medidas Prioritárias do OE 1

Medidas Prioritárias	Intervenção pública			
	Legislação	Estratégias, Instrum. de gestão territorial e outros instrum. de Planeamento ou de Regulação	Sistemas de Informação, Monitorização, Coordenação e Avaliação de Políticas Públicas	Actos de Administração Pública, Inspecção e fiscalização, Execução de Projectos e Acções de Incentivo
1.1			11	
1.2	2	3		3
1.3		2	3	4
1.4		4	4	5
1.5	1	3	1	4
1.6	1	4	2	5
1.7	1	1	4	4
1.8		2	3	2
1.9	2	4		7
1.10	1	3	1	1
1.11	1	3	5	4

Obs.: A execução de uma medida pode envolver diversos tipos de intervenção pública. Fonte: DGOTDU

Os Planos Regionais de Ordenamento do Território (PROT) desenvolvem também inúmeros objectivos específicos e medidas do OE 1. Assim, nos PROT salientam-se:

– Critérios de discriminação positiva para os Municípios mais "afectados" pelos regimes especiais.

- Elementos fundamentais da Rede Regional de Conservação da Natureza a serem integrados na Estrutura Ecológica Regional.
- Requalificação dos espaços de edificação dispersa e controlo dos processos de urbanização.
- Orientações específicas resultantes das políticas sectoriais: protecção da zona costeira, dos recursos hídricos e da paisagem, gestão das áreas florestais; desenvolvimento das energias renováveis.
- Identificação de factores e situações de risco potencial à escala regional e definição de normas para a sua prevenção.

Os Planos Municipais de Ordenamento do Território (PMOT), cuja natureza estratégica é salientada no PNPOT, definem-se com um enquadramento flexível, de modo a acompanhar as dinâmicas territoriais. Sendo os PDM os *instrumentos privilegiados para a articulação das políticas públicas municipais com incidência territorial e a política de ordenamento do território e de urbanismo* (PNPOT, Cap. 3), a natureza específica dos temas tratados no *OE* 1 tem naqueles instrumentos uma concretização singular (Figura 13).

FIGURA 13
O *OE 1* nos PMOT

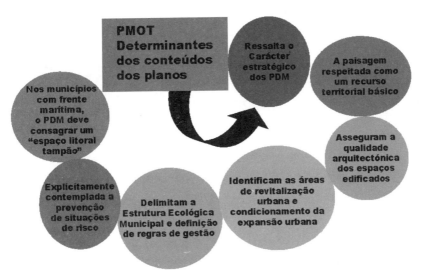

5. Possibilidades de financiamento: o QREN no apoio à implementação do *OE 1*

A execução do PNPOT depende da sua interacção com o conjunto de IGT definidos na Lei 48/98, de 11 de Agosto, bem como da sua coerência e articulação com outros instrumentos políticos de carácter estratégico e, em particular, com o *QREN 2007-2013*.

Com efeito, no *Programa Operacional Temático Valorização do Território* pode ler-se o seguinte: *o PNPOT constitui o referencial nacional fundamental para a intervenção do QREN em matéria da Prioridade Temática Valorização do Território*. A título exemplificativo, os Quadros 3 e 4 contêm investimentos e acções de desenvolvimento a concretizar através do *QREN 2007-2013*, que contribuem para a prossecução de medidas prioritárias do PNPOT.

QUADRO 3

PO Valorização do Território (ambiente, biodiversidade e património)

Domínios de intervenção	PO temático	PO regionais
Recursos hídricos	Empreendimento de Fins Múltiplos de Alqueva	
Protecção e valorização do Ambiente	Intervenções estruturantes nas Regiões Autónomas	Intervenções de valorização das zonas costeiras do Continente
		Intervenções de valorização das áreas protegidas
		Gestão de espécies e habitats
		Sensibilização ambiental

PO Valorização do Território (www.qren.pt)

QUADRO 4
PO Valorização do Território (riscos)

Domínios de intervenção	PO temático	PO regionais
Intervenções de protecção da orla costeira	Acções pesadas de combate à erosão e de protecção da orla costeira	Acções de requalificação e valorização das zonas costeiras
	Acções de monitorização	
Intervenções de protecção e recuperação de passivos ambientais	Acções preventivas e correctivas no âmbito da reabilitação de locais contaminados e de zonas mineiras (intervenções prioritárias de nível nacional, de acordo com Agência Portuguesa do Ambiente)	Acções preventivas e correctivas no âmbito da reabilitação de locais contaminados e de zonas mineiras (intervenções de nível regional ou local), promovidas por Municípios e/ou suas Associações
Sistemas de protecção e alerta para os riscos naturais e tecnológicos	Sistemas de alerta, gestão e monitorização de riscos naturais e tecnológicos	
	Acções de qualificação da rede nacional de protecção civil	Acções no âmbito dos centros municipais de protecção civil

Fonte: PO Valorização do Território (www.qren.pt)

6. Questões para reflexão

Entre muitas coisas, a LBOTU criou expectativas sobre um programa de políticas orientador da acção pública no domínio do ordenamento do território. O PNPOT surgiu quase 10 anos depois, e durante o tempo que mediou a sua preparação e aprovação levantam-se alguns aspectos que podem constituir pontos de partida para a reflexão.

Em primeiro, o PNPOT teve na sua origem um conjunto de orientações predefinidas inscritas, particularmente na LBOTU, no Decreto-Lei n.° 380/99, na RCM n.° 76/2002, e no Despacho n.° 3335/2003 o que, do ponto de vista processual, constituiu uma limitação na forma e no conteúdo. Porém, o desafio de elaborar uma proposta de PNPOT conduziu à realização de múltiplos exercícios criativos durante todo o seu processo de preparação. A "materialização" no PNPOT do *Objectivo Estratégico 1* tem origem no art. 12 da RCM n.° 76/2002, bem como as questões ligadas aos recursos naturais, patrimoniais e ao ambiente surgem amplamente disseminadas no DL n.° 380/99, todavia, o destaque que lhe confere o

80 *O PNPOT e os novos desafios do ordenamento do território*

PNPOT no *Programa de Acção* como um dos seus objectivos estratégicos foi desencadeado por uma longa e profunda reflexão entre a equipa e os *stakeholders* pertinentes.

Segundo, o PNPOT é afinal um programa estratégico, implica opções que seguem paradigmas específicos e que têm por objectivo, um ordenamento do território ambicionado – identifica situações problemáticas e formula um diagnóstico, concebe um modelo e propõe soluções para uma boa organização do espaço nacional. Procurando assegurar a articulação com as políticas sectoriais com incidência na organização do território, o PNPOT, como programa de políticas públicas, acolhe um conjunto de orientações e acções contínuas, estabelecidas para atingir objectivos precisos no tempo. A execução deste programa é intermediada pelas diversas entidades da administração pública, responsáveis por interpretar e executar as suas instruções.

Mas a montante deste processo, o PNPOT exigiu pesquisa e reflexão aturadas, a colocação de hipóteses e a sua comprovação, a construção de bases de dados cruzadas para testar as hipóteses colocadas, a apreensão de diferentes escalas geográficas, a definição de conceitos, as análises comparativas, etc. Por isso, o PNPOT veio mostrar que o ordenamento do território pode ser um exercício técnico que extravasa a simples elaboração de planos territoriais, no sentido da formação de uma estrutura coerente de conhecimento. De um quadro descritivo na lei passou-se a um quadro referencial interdisciplinar técnico-científico, a um instrumento analítico de política, não exclusivamente assente em análises morfológicas mas, sobretudo, procurando, num sentido relacional, construir um pano de fundo para o País.

Em terceiro, o PNPOT abriu portas para o futuro funcionamento da administração "em rede" decorrente da necessária articulação horizontal das políticas sectoriais com incidência territorial. Esta óptica expressa a dimensão multisectorial, integrada e coerente, observável sobretudo no *Programa de Acção* em qualquer dos seus *Objectivos Estratégicos*. A cooperação institucional e interinstitucional que foi possível forjar para a sua elaboração conduziu ao reforço da participação das instituições no decurso da preparação (as entidades representadas na Comissão Consultiva), da discussão pública (a população – a participação da sociedade civil reflectiu a apropriação do "território Portugal" e permitiu que o processo chegasse ao seu termo com sucesso) e da aprovação (os ministérios, o governo) do PNPOT.

Muito relacionada com a anterior, uma quarta reflexão se levanta. O PNPOT colocou o tema do ordenamento do território na agenda política nacional. Através de uma transparência crescente, ao longo das etapas de elaboração até à sua aprovação, conseguiu-se elevar a base de confiança mútua, a alavanca para fazer funcionar a rede "colaborativa" (a dar os seus primeiros passos, existe hoje um sistema de informação territorial *on-line*). Se as suas propostas transversais revelam a capacidade de diálogo e entrosamento interinstitucional, uma dúvida fica: que formas orgânicas e institucionais da administração se geraram para garantir a sua execução? Será o Observatório do Ordenamento do Território e do Urbanismo o garante da sua aplicação? Como garantir, por exemplo, que a transversalidade conseguida no *Objectivo Estratégico 1* com as suas Medidas Prioritárias se cumpre?

Daqui decorrem duas questões mais específicas para consideração final. Por um lado, o *Objectivo Estratégico 1* desenvolve-se em 70 medidas prioritárias. Elas são o resultado de um amplo processo de discussão, de negociação e de compromisso entre as partes. Serão as medidas do *OE1* em número excessivo, enfraquecendo por isso a sua mensagem? Por outro lado, as ferramentas da monitorização do PNPOT estão ainda por construir; não foi definido um sistema operacional de indicadores, de metas quantificadas para qualquer um dos objectivos. Neste sentido, que se pode esperar da aplicação do *Objectivo Estratégico 1*? Neste quadro de ausência de referenciais de avaliação e monitorização, resta esperar que os PDM "os verdadeiros protagonistas" do sistema de gestão territorial, ajudem nesta tarefa difícil de aprofundamento do princípio da responsabilidade? E o papel entrecruzado dos "sectores" do Estado (MAOTDR, MADRP, MCTES, MDN, MEI, MAI, MOPTC…)? Sem eles não há comprometimento com os Objectivos Estratégicos do PNPOT. Assim sendo. a aposta do PNPOT na valorização e utilização sustentável dos recursos naturais, paisagísticos e culturais, e minimização dos riscos pode ficar seriamente comprometida.

BIBLIOGRAFIA

GASPAR J., 2007, «Notas em torno do processo de elaboração do PNPOT». *Sociedade e Território*, 40: 74-86.

GASPAR J., 1996, «O Novo Ordenamento do Território – Geografia e Valores», *Dinamismos Sócio-económicos e Reorganização Territorial*, Coimbra, IEG, 707-718.

HEALEY P. 1997, *Collaborative Planning. Shaping Places in Fragmented Societies*. Palgrave MacMillan, Grã Bretanha.

MAOTDR (2006) Programa Nacional da Política de Ordenamento do Território, Relatório. www.territorioportugal.pt (Acedido em Agosto de 2007).

MAOTDR (2006) Programa Nacional da Política de Ordenamento do Território, Programa de Acção. www.territorioportugal.pt (Acedido em Agosto de 2007).

QUEIRÓS M., 2007, «Inovação nos Instrumentos de Desenvolvimento Territorial e no seu Processo de Elaboração. Breve História do PNPOT», *Geophilia. O Sentir e os Sentidos da Geografia*, CEG, Universidade de Lisboa, 569-591.

O REFORÇO DA COMPETITIVIDADE TERRITORIAL DE PORTUGAL E A SUA INTEGRAÇÃO NOS ESPAÇOS IBÉRICO, EUROPEU E ATLÂNTICO

MANUEL LOPES PORTO
Professor da Faculdade de Direito de Coimbra

1. Introdução
2. Os desafios desejáveis e inevitáveis da abertura
3. As preocupações do PNPOT
4. A qualificação das pessoas
5. A competitividade territorial
6. As infra-estruturas que "fogem das pessoas e das actividades"
    6.1. O sistema portuário
    6.2. O sistema ferroviário
    6.3. O sistema aeroportuário (o caso do novo aeroporto de Lisboa)
    6.4. A implantação dos centros de apoio mais qualificantes
7. Os fundos "estruturais" da União Europeia e as verbas do PIDAC
8. A "fuga" a legislação e medidas iguais para todo o país, favorecendo-se as áreas já mais favorecidas
9. Uma questão em aberto: a vantagem, mesmo a necessidade, da implantação das regiões administrativas
10. Conclusões

1. Introdução

Num quadro inevitável e desejável de globalização, compreende-se que o PNPOT (Programa Nacional da Política de Ordenamento do Território) dedique uma atenção muito especial às condições de competitividade da economia portuguesa.

84 O PNPOT e os novos desafios do ordenamento do território

Sendo cada vez menores as margens de manobra, pior, sendo seguro que a determinados propósitos temos condições comparativamente desfavoráveis (no quadro europeu, a nossa situação periférica, e no quadro mundial remunerações do trabalho muito mais elevadas do que por exemplo na Ásia), não podemos "dar-nos ao luxo" de ter ineficiências evitáveis.

Assim acontece no domínio do ordenamento do território, onde aliás, a par ou acima do objectivo da competitividade da economia portuguesa estão os objectivos do bem-estar da população ou ainda por exemplo da defesa dos valores ambientais: objectivos postos em causa com uma ocupação indevida do nosso espaço.

2. Os desafios desejáveis e inevitáveis da abertura

Longe vão os tempos em que se julgou vantajoso ou possível seguir políticas proteccionistas, evitando-se assim a concorrência de terceiros.

Portugal é aliás um exemplo claro de experiência geralmente positiva com a abertura da economia, acompanhando os movimentos de integração e liberalização em que podia participar[1].

Confirmou-se assim mais uma vez o que a teoria económica e a prática têm vindo a reforçar, evidenciando as vantagens maiores da abertura das economias, em contraposição com as experiências tão negativas dos nacionalismos da primeira metade do século XX, no domínio político e no domínio económico[2].

Nos nossos dias uma prática proteccionista seria aliás levada a cabo com violação de compromissos assumidos, na Europa (v.g. com a União Europeia) e no plano mundial (em particular com a Organização Mundial do Comércio), com consequências sem dúvida indesejáveis.

Quando apareça a tentação proteccionista, e ela aí está de novo, com o êxito das novas potências emergentes, em especial da China e da Índia, os europeus têm de ter aliás bem presente que a União Europeia tem uma

---

[1] Tendo uma taxa de abertura relativamente grande, face às circunstâncias do país (como pode ver-se em Porto, 2004(9), p. 386).

[2] Trata-se de constatação confirmada em estudos amplos e aprofundados de autores como Sachs e Warner (1995), Frankel e Romer (1999), Wang, Liu e Wei (2004) e Santos-Paulino (2005), bem como em estudos colectivos de organizações com a mais elevada reputação, como são os casos da OCDE, do Banco Mundial e do National Bureau of Economic Research (podem ver-se as referências em Porto, 2001(9), pp. 32-6).

O reforço da competitividade territorial de Portugal... 85

balança comercial superavitária[3]. Sendo assim, teria mais a perder do que a ganhar com o afastamento geral das oportunidades do comércio. E seria uma ingenuidade esperar – muitas pessoas parece terem-na... – que enquanto nós fechávamos os nossos mercados outros países, prejudicados com isso, "generosamente" mantinham os mercados abertos às nossas exportações...[4]

Em lugar de se sonhar com alguma eventualmente possível (mas não desejável...) via proteccionista, importa é que com realismo e sem dúvida exigindo que os demais países cumpram as regras do jogo (designadamente nos domínios social e ambiental), nos preparemos para uma concorrência de que possamos afinal continuar a beneficiar.

Trata-se de concorrência acrescida por ser nos mesmos tipos de produtos, incluindo actualmente não só bens materiais, finais e intermediários, em medida crescente também serviços, finais e intermediários (com o *outsourcing*: cfr. Porto, 2007b). E se em relação aos bens materiais se pode pensar na hipótese de se impedir a sua importação, tal não é obviamente possível em relação a muitos dos serviços...

3. As preocupações do PNPOT

É neste quadro que se compreende bem que o PNPOT dê atenção à posição de Portugal no mundo.

Logo na *Introdução*, no número 3 de um primeiro título, dedicado a *Um país mais ordenado* (p. 17[5]), se sublinha que "o bom ordenamento do

---

[3] Segundo dados recentes, nos doze meses passados até Junho de 2008, apesar de alguma quebra recente, a área do euro (a "Eurolândia") teve um superave comercial (de mercadorias) de 3,5 milhares de milhões de dólares, quando os Estados Unidos da América tiveram um défice de 831,2 milhares de milhões(cfr. o *The Economist* de 6-12 de Setembro de 2008).

[4] A esta consideração não podem deixar de acrescer as responsabilidades da Europa face a exportações de países especialmente desfavorecidos do mundo, como são os casos de muitos países de África, que não têm alternativas para a colocação dos seus produtos (cfr. Porto, 2001(9), p. 520).

Sobre os novos desafios, com a globalização, podem ver-se dois textos recentes do autor (Porto, 2007a e 2007b), em especial as referências aqui feitas.

[5] Ao longo deste texto as referências são feitas (com a respectiva paginação) à edição do PNPOT promovida pelo CEDOUA, org. (Almedina, Coimbra, 2007).

86   *O PNPOT e os novos desafios do ordenamento do território*

território passa também pela melhor inserção da sociedade e da economia portuguesa no Mundo e em particular na Europa"; acrescentando-se que "é fundamental definir, afirmar e consolidar a posição de Portugal nesse contexto e, a partir daí, organizar os territórios de forma adequada ao bom desempenho daqueles papéis".

No número 5, por seu turno (p. cit.), reconhece-se que "o bom arranjo dos territórios é fundamental para que Portugal possa beneficiar e contribuir para o sucesso económico, social e político da construção da União Europeia e, por essa via, para o reforço do papel europeu, mediterrânico e atlântico da Península Ibérica e para a construção de um modelo global de desenvolvimento sustentável".

E no último número da *Introdução* (número 21, p. 23) é acrescentado que "o Governo apresenta também a proposta do PNPOT em coerência com a *Estratégia Nacional de Desenvolvimento Sustentável* (ENDS), que enquadrará estrategicamente as políticas de desenvolvimento do país nos próximos anos, no sentido de tornar Portugal num dos países mais competitivos e atractivos da União Europeia, num quadro de elevado nível de desenvolvimento económico, social e ambiental e de responsabilidade social".

O primeiro capítulo é por seu turno sobre *Portugal no Mundo* (pp. 25-49), com o primeiro título sobre *Desenvolvimento humano e competitividade económica internacional*, o segundo sobre *Especificidade e afirmação de Portugal no Mundo*, o terceiro sobre *Portugal na União Europeia* e o último sobre *Portugal na Península Ibérica*.

4. A qualificação das pessoas

A resposta tem de ser dada nos mais diversos domínios, com grande relevo, que valerá a pena sublinhar (embora não esteja no cerne deste nosso texto), para a qualificação das pessoas (com um relevo próprio, particularmente grande a este propósito, para o comércio de serviços). Tal é aliás sublinhado, como vimos há pouco, no primeiro título do primeiro capítulo do PNPOT, a propósito da *competitividade económica internacional*.

São recordados dados esclarecedores, que mostram bem que está aqui uma vulnerabilidade especial do nosso país. Estando numa posição mundial razoável no *ranking* dos PIB's *per capita* em paridade de poderes de compra, em 32.º lugar, são de sublinhar ainda as posição mais vantajosas que temos vindo a conseguir em determinados indicadores sociais, por exemplo de esperança de vida à nascença ou de mortalidade infantil, bem como o 26.º lugar no Índice de Desenvolvimento Humano (IDH) (p. 25). Mas é já especialmente negativa a nossa posição na qualificação das pessoas e na produtividade[6], estando em 69.º lugar na taxa de literacia adulta e sendo o nível de produtividade por pessoa empregada de 49,3% da média comunitária, em 2003[7].

5. A competitividade territorial

Neste artigo vamos centrar-nos todavia na ocupação do território, vendo em que medida se adequa, pode ser e tem sido de facto encaminhada no sentido do aumento da competitividade do país[8].

a) Uma primeira constatação a fazer, com a observação dos mapas, é de que se trata de um país com uma grande concentração de população e actividade económica (v.g. da indústria e dos serviços) na faixa litoral entre Braga e Setúbal.

Podemos ilustrá-lo com os mapas 1 e 2 (inseridos no PNPOT pp. 71, 347 e 350), apresentando dados concelhios de 2001: o primeiro com a densidade populacional e o segundo com o consumo total de electricidade, dando bem a noção da actividade económica e social (com um retrato que seria confirmado com mapas com outros indicadores, por exemplo com as localizações de sociedades ou de profissionais liberais).

---

[6] Dependente naturalmente não só da qualificação dos trabalhadores, também por exemplo, com grande relevo, da gestão empresarial.

[7] Quando o PIB *per capita* é de 74,6% da EU-27. Não sendo preciso juntar muitos indicadores mais (de abandono escolar ou ainda de formação ao longo da vida), referiremos ainda que em 2001 apenas 23,3% das pessoas entre os 20 e os 35 anos tinha como qualificação mínima o ensino secundário e só 10,8% tinha concluído o ensino superior (p. 107) (sobre o relevo de indicadores vários na apreciação dos países e das regiões pode ver-se por exemplo, em edição recente, Gadrey e Jany-Catrice, 2007).

[8] Trata-se de preocupação que o autor deste texto tem vindo a ter ao longo da sua carreira, preocupação expressada designadamente nos títulos (e nos conteúdos) de publicações de 1999, *O Ordenamento do Território Face aos Desafios da Competitividade*, e 2008, *O Ordenamento do Território num Mundo de Exigência Crescente*.

MAPA 1   MAPA 2

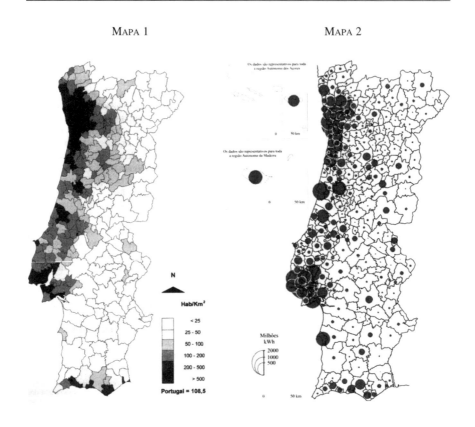

Pode mencionar-se que entre os distritos de Braga e Setúbal, uma área com cerca de 25% do território continental, está cerca de 66% da população e mais de 80% dos VABs industrial e dos serviços.

b) Face a esta realidade, poderia eventualmente entender-se que seria desejável promover uma repartição equilibrada da população (e das actividades mais ocupadoras de mão-de-obra) pelo conjunto do espaço, abandonando áreas tradicionalmente de maior ocupação e ocupando áreas que têm tido outras funções, designadamente agrícola (ou que, independentemente disso, constituem áreas a preservar, no quadro da Rede Fundamental de Conservação da Natureza: cfr. PNPOT, pp. 59-62).

Com medidas conjugadas, designadamente com a implantação de

O reforço da competitividade territorial de Portugal...

89

infra-estruturas e serviços básicos longe dessas primeiras áreas, não as servindo adequadamente, forçar-se-ia uma nova ocupação do território português.

É aliás o que vai acontecer com a implantação de duas infra-estruturas de enorme relevo, mesmo determinantes do futuro do país, o TGV de ligação a Madrid e o novo aeroporto de Lisboa[9]: levando ao empobrecimento das áreas onde está agora a maior parte da população portuguesa, no norte e no centro do país, com a criação de motivos de atracção importantes apenas mais a sul.

Não se sendo sensível a considerações de ordem social, económica, ambiental e de ocupação do território, aceita-se ou deseja-se mesmo o empobrecimento de áreas já de forte implantação e "força-se" a deslocação das pessoas para novas centralidades[10], em áreas ainda desocupadas ou menos ocupadas, só aí havendo oportunidades de emprego, ou pelo menos sendo mais favoráveis (com especial relevo para a área metropolitana de Lisboa). Passados os custos humanos e sociais das migrações, haveria uma situação mais vantajosa para quem se deslocou[11] e para o país no seu conjunto.

Acontece aliás que mesmo sem se ter verificado ainda a adjudicação dessas obras, e sem dúvida com o contributo, no norte, da perda de competitividade de sectores tradicionais, a Região Norte já é a região mais pobre do país, com 58,8%% do PIB *per capita* da UE-25 (os dados são de 2004), seguida pela Região Centro, com 64,3% (num *ranking* em que está em primeiro lugar a Região de Lisboa, acima da média da UE, com 105,8%)[12].

---

[9] Voltaremos a esta crítica em 6.2 e 6.3, crítica que está muito mais desenvolvida num recente artigo nosso (Porto, 2007c; cfr. também 2008).

[10] Numa emigração sem dúvida menos penosa (é este o "consolo"...) do que a emigração dos séculos anteriores, primeiro para outros continentes e nos anos sessenta do século 20 para países do centro da Europa.

[11] Numa "lógica", no caso português obviamente não justificável, de *people's prosperity*, que deveria prevalecer sobre a *place prosperity* (na célebre distinção de Winnick, 1961).

[12] Tendo os Açores 65,6, o Alentejo 70,3, o Algarve 77,1 e a Madeira 90,8% da média da EU-25.

Há assim uma alteração clara em relação à situação pouco mais de uma dezena de anos antes, em 1993 (cfr. Porto, 2001(9), p. 398), quando Portugal tinha 67,7% da média da EU-15 (uma UE mais rica *per capita,* antes dos alargamentos do século XXI). A região mais pobre era então a dos Açores, com 49,2% da média da União, seguindo-se a Madeira,

90 *O PNPOT e os novos desafios do ordenamento do território*

Sintomaticamente, a Região Norte é também a região com maior desemprego, com a taxa de 9,4% em 2007, num *ranking* em que todavia a Região Centro, com um tecido mais equilibrado (por certo por isso), tem a taxa de desemprego mais baixa do continente, com 5,6%.

As políticas que têm vindo a ser seguidas e que se acentuarão nos próximos anos agravarão a clivagem que estamos a referir, afectando uma vasta área (das Regiões Norte e Centro) onde vivem mais de 6 milhões de habitantes, mais de 60% da população portuguesa[13]; o que contrasta com as populações da Área Metropolitana de Lisboa, de 2,750 milhões de habitantes, e do Alentejo, de 768 mil.

Segue-se assim uma lógica, de empobrecimento das zonas mais povoadas e de "construção" de novas centralidades, que não é, felizmente para os seus concidadãos, a perspectiva dos cientistas e dos políticos dos demais países: que são sensíveis aos problemas humanos e sociais da deslocação e do desenraizamento das pessoas, evitam congestionamentos indesejáveis nos grandes centros, valorizam a preservação de espaços ainda disponíveis (não enchendo os países de betão...) e apostam antes na valorização do património construído e social (mesmo cultural) de que já dispõem[14].

---

com 50,5, o Alentejo, com 54,4, o Centro, com 55,2, o Norte, com 59,6, o Algarve, com 70,6, e Lisboa e Vale do Tejo, com 87,4%.

Regozijando-nos com os êxitos verificados, em especial nas Regiões de Lisboa, do Algarve e da Madeira, não podem deixar de causar preocupação as perdas de posição das Regiões Norte (acabámos de ver que em 1993 era a terceira mais rica do país, em valores *per capita*) e Centro (na quarta posição em 1993), em relação a uma União Europeia agora com um PIB mais baixo por habitante, com a adesão de países mais pobres.

[13] 3,720 milhões na Região Norte e 2,372 na Região Centro.

[14] As notícias reflectindo a alteração radical na "geografia" do nosso país, mesmo antes de estarem sequer adjudicadas as duas referidas infra-estruturas básicas (o TGV de ligação a Madrid e o novo aeroporto de Lisboa), sucedem-se já agora semana a semana; sendo apenas dois exemplos, a par de muitos outros, que num dos fins de semana passados, quando o *Jornal de Notícias* noticiava que os distritos do Porto, de Aveiro e de Viseu tinham os maiores números de falências do país, a revista *Focus* dava conta de projectos de milhares de milhões de euros no Alentejo (especialmente no litoral), com a criação de 15.000 empregos. Como alentejano (e como português!) rejubilo com esta segunda notícia, mas não posso deixar de lamentar a primeira...

Trata-se de retrato antecipado e sublinhado no *Tabu* do *Sol* de 21 de Março de 2008: "A Margem Sul de Lisboa, com extensão até Sines, prepara-se para ser **a nova centralidade de Portugal** nos próximos 50 anos. Esta região receberá um novo aeroporto, uma linha de alta velocidade, uma ligação ferroviária entre os portos de Sines e de Setúbal,

No nosso caso, para além de um importantíssimo problema de ordem ambiental e social, está ainda um problema de racionalidade e competitividade num quadro de economias abertas, a merecer a atenção prioritária neste artigo.

c) Com a consideração da localização dos nossos recursos, poderá pôr-se a hipótese de basear a competitividade portuguesa numa estratégia de polarização ou de bipolarização, assente apenas na área metropolitana de Lisboa ou talvez também na área metropolitana do Porto.

São duas áreas onde há já hoje uma assinalável concentração de população (40% do total), de equipamentos e de capacidade em geral. No PNPOT (p. 88) é mencionada alguma desaceleração na concentração populacional, na última década, mas não deixa de se sublinhar (p. 179) que se estima "que entre 44% e 50% do crescimento do VAB do país, no horizonte dos próximos vinte anos, poderá ocorrer no Arco Metropolitano de Lisboa (Oeste, Lezíria, Área Metropolitana de Lisboa e Alentejo Litoral)", que " o espaço metropolitano do Porto poderá, por sua vez, ser responsável por 22% a 26% do crescimento" e que, "no conjunto, estes dois espaços, que correspondiam em 1999 a 68% do PIB português, poderão representar entre 69% e 75% do seu crescimento até 2020".

Uma estratégia desta natureza, fundada na existência aí de maiores economias de escala e externas, com factores determinantes de dinamização, está na linha da "teoria" do **motor** ou dos **motores da economia** (tendo, alegadamente, efeitos positivos de arrastamento da generalidade das economias dos países). Na sua lógica, tendo Portugal de competir com metrópoles como Madrid ou Paris, com vários milhões de habitantes, teríamos de ter metrópoles de dimensão semelhante. Seria uma ingenuidade seguir uma linha de disseminação de esforços.

É todavia hoje em dia bem conhecido, em alguns casos com consequências dramáticas, que há por seu turno enormes deseconomias externas e de escala com as grandes aglomerações.

Podemos ilustrá-lo com as indemnizações compensatórias aos transportes urbanos de Lisboa e Porto ou com tantos outros custos das concen-

---

novos acessos rodoviários e uma plataforma logística no Poceirão, um investimento no valor de 500 milhões de euros…" (negrito nosso).

92   *O PNPOT e os novos desafios do ordenamento do território*

trações, ponto a que voltaremos em 6.6. Aqui, podemos chamar a atenção para a realidade dos demais países, por exemplo para a realidade francesa[15], contrapondo-a à realidade (de "organização" do espaço) que a partir da Holanda, passando pela Alemanha, vem até à Suiça, no que é conhecido por "banana de ouro" da Europa. Tendo 65% da riqueza do nosso continente, com grande parte da sua capacidade competitiva, não tem nenhum centro urbano da dimensão de Lisboa ou mesmo do Porto[16].

As novas tecnologias de informação e comunicação, v.g. com a *internet*, vieram aliás favorecer recentemente este tipo de ocupação do território, sendo indiferente estar-se colocado num pequeno centro urbano ou numa *megalopolis*: sem as deseconomias desta e com as mesmas oportunidades de gestão e de fechar negócios.

Trata-se de situação ilustrada pelo mapa 4 (não pelo mapa 3, com uma "banana" englobando também Londres...)[17]:

---

[15] Com deseconomias e custos bem ilustrados em Monod e Castelbajac (2008), de onde (pp. 19 e 110) são os mapas 3 e 4 do nosso texto.

[16] Estando Berlim, cidade mais populosa, fora da referida "banana", e longe de ser o centro económico da Alemanha. Está-se assim de acordo com as linhas de orientação do EDEC (Esquema de Desenvolvimento do Espaço Comunitário), transcritas no PNPOT (p. 38): apontando designadamente para o "desenvolvimento de um sistema de cidades policêntrico e equilibrado, bem como o reforço da parceria entre espaços urbanos e rurais" e para a "promoção de sistemas de transportes e comunicações que favoreçam um desenvolvimento policêntrico do território da União Europeia e que constituirão uma condição necessária para a boa integração das cidades e regiões europeias na UEM".

São infelizmente orientações "desconhecidas" no nosso país, perdendo competitividade e bem-estar e afastando-nos cada vez mais dos nossos parceiros da União.

Com a sua racionalidade, designadamente na ocupação do território (nos espaços em causa sem nenhuma aglomeração urbana sequer da dimensão do Porto), vale a pena sublinhar que a Alemanha tem um superave comercial (de mercadorias) de 286,2 milhares de milhões de dólares (o maior do mundo), a Holanda de 60,3 (os dois maiores saldos positivos da União Europeia...), ou ainda por exemplo que o superave da Suiça é de 16,5 (cfr. de novo o *The Economist* de 6-12 de Setembro de 2008).

No fundo, só aqui, em países sem cidades de grande dimensão e com territórios equilibrados (sem irracionalidades), além disso basicamente em territórios do interior, estamos a ter capacidade competitiva face às potências emergentes do novo mundo globalizado...

[17] Com mapas semelhantes, referindo também *performances* verificadas, pode ver--se Vandermoten e Van Hamme (2007, pp. 389, 391 e 392).

Mapa 3

Le cœur de l'Europe.

Mapa 4

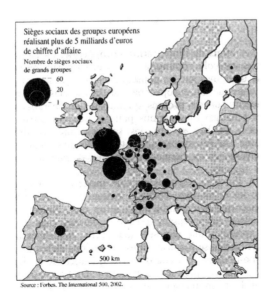

94 *O PNPOT e os novos desafios do ordenamento do território*

Os mapas 1 e 2 do nosso texto mostram bem que é possível, com todo o realismo, ter entre Setúbal e Braga um modelo desta natureza, não com uma "banana de ouro" mas com um "rectângulo de ouro", uma "área metropolitana" competitiva em termos europeus, com efeitos disseminados no conjunto do território (designadamente no interior, com a ligação a Espanha): com todas as vantagens e sem os inconvenientes de continuarem a acentuar-se os problemas de congestionamento (mesmo de segurança urbana e sub-urbana...) de Lisboa e Porto.

Apesar do empenho afirmado em vários pontos do PNPOT (não valerá a pena referi-los todos), infelizmente não é todavia este o modelo seguido no nosso país (até agora e no futuro), "preferindo-se" seguir antes o "modelo grego", de um país com a dimensão de Portugal onde é também enorme a concentração na capital (tudo "está" e "acontece" em Atenas...).

Pela nossa parte, preocupados com a qualidade de vida das pessoas e com a competitividade mundial da nossa economia, teríamos preferido os modelos da Holanda, da Alemanha e da Suíça...

d) Numa época de abertura crescente, desde logo com a Espanha, nosso único vizinho, não pode por seu turno desconhecer-se o ordenamento deste país.

O mapa da península Ibérica (mapa 5) é só por si esclarecedor do quadro em que temos de nos inserir:

É o mapa de uma área em que o "centro" demográfico e económico está em grande medida na periferia geográfica: por exemplo na Catalunha, no País Basco, na Galiza e no litoral português entre Setúbal e Braga.

Havendo de qualquer forma a posição de grande centralidade de Madrid, não poderia deixar de privilegiar-se a ligação de "todas" as áreas mais dinâmicas do nosso país a essa cidade: como grande mercado, mas sendo por seu turno seguro que seria esse o interesse espanhol. Sublinharemos por isso em 6.2 o "erro histórico" do traçado do TGV de ligação à capital espanhola, comprometendo a nossa "integração no espaço ibérico".

Mas para além de Madrid há que ter em conta que em Espanha há uma dinâmica assinalável de outras cidades do interior, com bastante grande população, quando deixou de haver qualquer forma de fronteira física entre os dois países (não se parando quando do seu atravessamento, com a concretização do "mercado único de 1993) e com os transportes terrestres a assumir naturalmente um relevo crescente.

MAPA 5

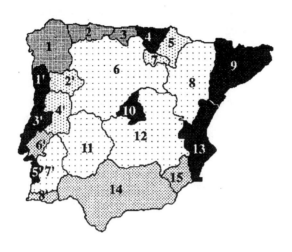

ESPANHA:
1 - Galiza
2 - Astúrias
3 - Cantábria
4 - País Basco
5 - Navarra
6 - Castela-Leão
7 - Rioja
8 - Aragão
9 - Catalunha
10 - Madrid
11 - Estremadura
12 - Castela-a-Mancha
13 - País Valenciano
14 - Andaluzia
15 - Múrcia

PORTUGAL:
1' - Norte Litoral
2' - Norte Interior
3' - Centro Litoral
4' - Centro Interior
5' - Lisboa Litoral
6' - Lisboa Interior
7' - Alentejo ou Sul Interior
8' - Algarve

hab./km2

< 30
30 - 60
60 - 90
90 - 120
120 - 150
> 150

Espanha 75 hab./km2
Portugal 105 hab./km2

Seria por isso de esperar que o interior das regiões portuguesas se fosse dinamizando e valorizando (tal como o interior da Alemanha...), a menos que houvesse uma política conducente ao seu empobrecimento, como lamentavelmente está a acontecer.

Um equilíbrio razoável nos centros urbanos do interior português, com cidades muito atractivas (não é preciso mencioná-las, todos as conhecemos!), permitiria aliás que se seguissem as políticas correctas: levando a que o interior tivesse agora, com a abertura a Espanha e à Europa, os benefícios que o litoral teve quando só tinha relevo o transporte marítimo[18]. Não poderia todavia ficar-se numa atitude passiva, e lamentavelmente tem vindo pelo contrário a seguir-se mesmo uma estratégia negativa, com várias políticas e medidas de acentuação dos desequilíbrios no nosso país, como ilustraremos de 6 a 9.

Não pode de facto haver o mínimo optimismo a este respeito, quando é o Estado a provocar desequilíbrios gravosos que sem ele não se verificariam (sem Estado Portugal seria mais equilibrado…); de nada valendo os bons propósitos que de quando em quando são afirmados. As boas vias de comunicação rodoviária que têm vindo a ser construídas, em lugar de levarem ao desenvolvimento do interior, têm vindo pelo contrário a provocar a drenagem dos seus recursos…

Mais concretamente, não vemos de forma tão favorável (admitindo vê-lo…) o que é dito no PNPOT, com a afirmação (p. 47) de que o "fim da fronteira" "não beneficiou apenas as cidades médias espanholas próximas da fronteira e dotadas de um maior potencial interactivo, resultante da sua população e do nível de concentração de funções públicas e privadas. O dinamismo destas cidades espanholas estimulou o desenvolvimento das cidades portuguesas próximas da fronteira, através do incremento das trocas comerciais, da expansão do turismo e da cooperação técnica, científica e cultural" (apontando-se a seguir alguns exemplos de cidades beneficiadas).

Tendo-se verificado, receamos todavia que seja apenas um efeito passageiro ou pelo menos sem implicações profundas, em alguns casos com a consequência de ter tido um *efeito de boom* imobiliário, mas havendo agora já dificuldades na venda e no arrendamento das casas. Enquanto em Espanha, com a regionalização e em geral a descentralização, passou a haver equilíbrio na distribuição espacial dos serviços, em Portugal continua a verificar-se, pelo contrário, um **processo de encerramento dos serviços fora de Lisboa**: em muitos casos com a diminuição da sua eficá-

---

[18] Não podendo obviamente desconhecer-se os benefícios dos serviços portuários e de outras vantagens de localização no litoral, a experiência internacional é muito clara mostrando que **pode haver grandes dinâmicas no interior** (para além dos casos de capitais de países, como Madrid ou Paris). Podemos voltar a ver a "banana de ouro" da Europa (recorde-se do mapa 4), podendo sublinhar-se as dinâmicas especialmente grandes de estados alemães do sul, casos de Baden-Wurtemberg e da Baviera, e de países como a Suíça ou a Áustria, todos eles muito longe do mar… Nos Estados Unidos da América, vários estados e cidades especialmente dinâmicos são também no interior. E a cidade agora mais emblemática da Índia, Bangalore, que desafia o mundo em novas tecnologias, é bem no interior do país...

cia e com um doloroso empobrecimento de quadros mais qualificados a nível local.

De facto, além de não ter sido invertido o movimento de reforço das duas áreas metropolitanas, especialmente de Lisboa (referido atrás, e no PNPOT também p. 179), o optimismo do documento em análise é moderado num número adiante (p. 181), com o título de *Risco de ligeiro aumento das disparidades territoriais do PIB per capita*. Trata-se de ideia repetida no primeiro parágrafo deste número, ao qual se seguem dois parágrafos optimistas, de crença em boa medida no poder equilibrador do mercado.

Há que ter aliás ainda em conta que a diminuição dos PIBs *per capita* se verifica apesar da ajuda estatística da perda da população, com a diminuição do denominador da fracção; ou seja, à custa do empobrecimento demográfico que está a verificar-se (em grande medida com a fuga da população mais jovem). E uma eventual e desejável ajuda do mercado, v.g "a atracção de investimento extra-regional (nacional ou estrangeiro)" "exigiria" que deixassem de se seguir as políticas de favorecimento do(s) centro(s) já mais favorecido(s) a que nos referiremos adiante.

Há todavia neste sentido interesses e forças contra os quais pouco ou nada podem alguns ténues movimentos a favor de um maior equilíbrio (vê-lo-emos em 9), mesmo com as oportunidades abertas com a proximidade de Espanha.

6. As infra-estruturas que "fogem das pessoas e das actividades"

Os "bons propósitos" do PNPOT são contrariados, na sua concretização e principalmente fora dela, com medidas desequilibradoras especialmente relevantes (v.g. com infra-estruturas que "fogem das pessoas e das actividades", "desconhecendo" onde elas estão...).

Os bons propósitos são claros ao longo de todo o texto, designadamente na definição e na concretização dos Objectivos Estratégicos, com os objectivos específicos e a generalidade das medidas apontadas.

O Objectivo Estratégico 1 (em boa medida concretizado pp. 226-52) consiste precisamente em "conservar e valorizar a biodiversidade, os recursos e o património natural, paisagístico e cultural, utilizar de modo sustentável os recursos energéticos e geológicos, e monitorizar, prevenir e minimizar os riscos".

Depois, mais na linha da preocupação básica deste nosso artigo, temos que: o Objectivo Estratégico 2 (pp. 253-62) consiste em **"reforçar a competitividade territorial de Portugal e a sua inserção nos espaços ibérico**, europeu, atlântico e global"; o Objectivo Estratégico 3 (pp. 262-8) visa **"promover o desenvolvimento policêntrico dos territórios e reforçar as infra-estruturas de suporte à integração e coesão territoriais"**; e o Objectivo Estratégico 4 (pp. 269-82) visa **"assegurar a equidade territorial** no provimento de infra-estruturas e de equipamentos colectivos e a universalidade no acesso aos serviços de interesse geral, promovendo a coesão social" (negritos nossos).

São propósitos inquestionavelmente correctos, v.g. numa lógica de competitividade da economia portuguesa; devendo ter-se em conta a nossa realidade, em particular a localização dos nossos recursos e ainda por exemplo a complementaridade que tem de haver com a economia (e as infra-estruturas) de Espanha, numa linha inevitável e desejável de "integração no espaço ibérico"(sublinhada no título deste texto).

São aliás bons propósitos acompanhados do reconhecimento da "inadequação da distribuição territorial de infra-estruturas e de equipamentos colectivos face às dinâmicas de alteração do povoamento e das necessidades sociais" (p.122; estando esta ideia reforçada p. 124).

Mas em alguns casos o próprio texto e para além disso, com muito maior relevo, decisões tomadas e a concretizar em breve, levarão num outro sentido, impedindo a máxima racionalidade na utilização dos recursos de que dispomos e a máxima competitividade do nosso país (a acrescer a outros custos a que não podemos deixar de ser sensíveis).

Verificamo-lo com a maior mágoa, quando é inevitável que o mundo aberto em que temos de competir no século XXI não se compadece com ineficiências de tão grande relevo.

Para algumas das reflexões que vamos fazer vale a pena ter presente o mapa seguinte (mapa 6), mapa de referência do PNPOT (cfr. pp. 205, 231e 369).

6.1. *O sistema portuário*

Mesmo com um assinalável aumento do relevo dos transportes terrestres, em boa medida com base nas infra-estruturas a que nos referiremos em 6.2, é de esperar e desejar que muito especialmente em Portugal continue a ser muito grande o relevo do transporte marítimo.

MAPA 6

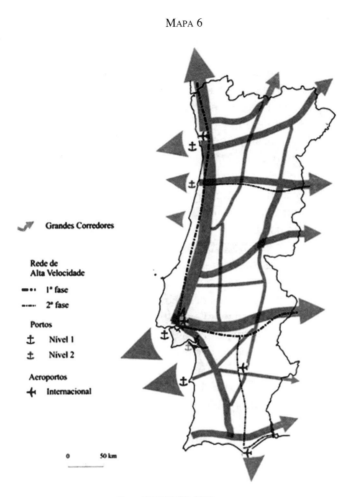

Fonte: SIG PNPOT, 2006
Acessibilidades e conectividade internacional em Portugal Continental

Trata-se do modo de transporte mais favorável em termos de custos e ambientais.

Como especial limitação, está naturalmente a impossibilidade de ser um transporte "porta a porta", pelo que há que considerar a sua articulação com outros modos de transporte, em especial com o transporte ferroviário (que por seu turno, não podendo também ser porta a porta, tem de ser complementado por ligações rodoviárias, de transporte público e privado).

100   *O PNPOT e os novos desafios do ordenamento do território*

No caso de Portugal, uma porta de entrada (e saída) na Europa, importa sem dúvida considerar as ligações de um porto de grande profundidade, como é o caso, aliás único, do porto de Sines.

Mas simultaneamente há que dar o relevo devido ao Transporte Marítimo de Curta Distância, mencionado no PNPOT (p. 255). Com todo o realismo, tem que ter-se bem presente que mais de 60% do tráfego marítimo da Europa é feito em navios de calado pequeno e médio, navios que são rentabilizados com uma carga menor (em menos tempo!) e que têm acesso a todos os portos portugueses, designadamente aos portos do norte e centro, onde tem origem grande parte das nossas exportações. Trata-se de navios que por seu turno, com um relevo ainda maior, têm acesso à generalidade dos portos do norte do continente, com um serviço de proximidade (por isso mais eficiente e mais barato) que não se verificaria com navios de grande dimensão, sem acesso a esses portos, alguns junto dos principais mercados consumidores da Europa.

Compreende-se pois que o mapa 6, bem como o texto do PNPOT, não deixem de mencionar portos de média dimensão[19].

Não se compreende todavia já a distinção que é feita quando (p. 256) se fala em "implementar uma estratégia de afirmação dos principais portos nacionais, integrando-os nas 'auto-estradas do mar' no espaço europeu, e desenvolver, em particular, uma estratégia para os sistemas portuários de Sines, Setúbal, Lisboa e das Regiões Autónomas", "inserindo os três primeiros num grande corredor rodoviário e ferroviário de acesso a Espanha e ao interior do continente europeu".

O "entusiasmo" por Sines, Setúbal e Lisboa (muito mais justificável pelo primeiro[20]) não deveria levar contudo ao esquecimento dos portos do

---

[19] Sendo de criticar contudo a ausência de referência a um porto como o porto da Figueira da Foz, muito sectorial, com o predomínio da exportação de madeira e pasta de papel, mas com um movimento apreciável, e susceptível de, desejavelmente, ser mais diversificado (em particular com a cabotagem, utilizando os trajectos de vinda dos navios actualmente sem ou com pouca carga).

Neste sentido, a imprensa de há meses (designadamente as *Beiras* e o *Diário de Coimbra* de 11 de Abril de 2008) dava nota dos investimentos que vão ser feitos neste porto, com a Secretária de Estado responsável a sublinhar o seu relevo, em articulação com os demais portos do centro e do norte do país.

[20] Há aliás o fundado receio de que a operacionalidade do porto de Lisboa fique diminuída com a ponte Chelas-Barreiro.

O reforço da competitividade territorial de Portugal...

101

"resto do país", servindo áreas muito exportadoras e também com ligações ferroviárias e rodoviárias a Espanha e aos demais países da Europa.

Por todas as razões, também em relação a eles deveria ser definida uma estratégia de promoção e articulação entre modos de transporte, a exemplo do que se faz nos "países bem organizados" do nosso continente, em muitos casos com portos de menor capacidade.

Mais concretamente, continuando o PNPOT a considerar a linha de alta velocidade Aveiro-Salamanca (cfr. o mapa 6) e dispondo-se de qualquer forma da linha da Beira Alta (cfr. *infra* a nota 24), com avultados investimentos nas últimas décadas, não se justificaria que houvesse também uma estratégia para o aproveitamento dos portos do norte e do centro, que servem áreas muito dinâmicas e exportadoras do nosso país?[21]

6.2. *O sistema ferroviário*

A este propósito assume um relevo prioritário, ou deveria ter assumido, a implantação do TGV, servindo a área de maior densidade do país e fazendo a ligação dela a Espanha; naturalmente em articulação estreita com as linhas já existentes, de bitola ibérica[22].

Trata-se de propósito afirmado no PNPOT, dispondo-se p. 264 que se deve "assegurar no planeamento da Rede Ferroviária de Alta Velocidade do território continental, a articulação com o reforço e modernização das

---

[21] Trata-se aliás de discriminação negativa que não está de acordo, como fomos adiantando já na nota 19, não só com a realidade, como com intenções de investimento e afirmações que continuam a ser feitas (ainda recentemente pelo Primeiro-Ministro em relação ao porto de Leixões, sublinhando-se o seu papel "fulcral para as exportações": cfr. *O Primeiro de Janeiro* de 1 de Abril de 2008).

[22] As linhas antigas têm vindo a ser muito valorizadas com os TGVs, conforme tem sido bem evidenciado em países como a França e a Espanha. Percorrendo-se rapidamente o trajecto de TGV, há um ganho de tempo apreciável se na própria estação ainda do TGV (sem se ter pois de mudar de modo de transporte) se tomar até ao destino um outro comboio, ainda que mais lento. Demorando-se de Lisboa até ao Porto 1 hora e 15 minutos, vale a pena tomar nesta cidade por exemplo um comboio para Guimarães, com um ganho de tempo significativo no trajecto total em relação ao uso de algum outro modo de transporte; tal como, ainda por exemplo, quem venha de Lisboa até Coimbra terá vantagem em tomar na futura estação desta cidade um comboio para a Figueira da Foz ou para Mangualde e Guarda.

102   *O PNPOT e os novos desafios do ordenamento do território*

linhas e serviços do caminho de ferro convencional" (objectivo que havia sido já afirmado p. 256).

A articulação com o interior do país havia por seu turno sido já referida p. 187, sublinhando-se que "é necessário repensar o actual sistema de mobilidade, garantindo uma satisfação mais sustentada das necessidades de acessibilidade e o reforço de um modelo territorial mais policêntrico e estruturado, nomeadamente no que se refere ao eixo ferroviário norte-sul e às redes que favoreçam as centralidades nas regiões do interior"; posição correcta sublinhada ainda p. 256, onde se estabelece o objectivo de "concluir e executar o Plano Director da Rede Ferroviária Nacional, articulando as soluções de alta velocidade nas deslocações internacionais e no eixo Lisboa-Porto-Vigo com a concretização de um plano para a rede convencional, reforçando a interoperabilidade segundo padrões europeus, com destaque para a migração da bitola...".

Lamentavelmente, com decisões tomadas, já irreversíveis, a subida que não deixará de voltar a verificar-se dos preços dos combustíveis, bem como a sua dependência geo-estratégica, vem pôr a nú o **erro histórico que Portugal está a cometer**, comprometendo também gravissimamente as gerações futuras. Não se verifica uma desejável passagem dos automóveis para os transportes públicos porque estes são de má qualidade. A promoção dos transportes colectivos em *rail*, além de dever fazer-se, tal como acontece nos países "bem organizados", por razões ambientais e de ordenamento do território, era imperioso que se fizesse ainda como única forma de se fugir ao custo económico gravosíssimo do transporte rodoviário, em especial do transporte individual.

O transporte em *rail* deveria pois ser promovido devidamente também em Portugal, por si mesmo e em articulação com outros modos de transporte, designadamente o transporte marítimo, com serviço aos portos, e ao transporte aéreo, com os aeroportos a ser servidos no seu interior, com as estações **dentro das aerogares**, pelas principais linhas de caminho de ferro (tal como acontece na Alemanha, na Suíça, na Holanda ou ainda por exemplo em França); sendo ainda indispensável ligar estas infra-estruturas aos transportes urbanos em *rail*, com metropolitanos e eléctricos de boa qualidade.

Face aos mapas 1 e 2 (veja-se também *infra* o mapa 11), era inequívoco que na implantação do TGV deveria ser privilegiada a ligação Lisboa-Porto, não só tendo-se em vista a articulação com a rede convencional como ainda, com um interesse muito especial, para se evitar o trans-

O reforço da competitividade territorial de Portugal... 103

porte aéreo entre essas duas cidades, actualmente com mais de duas dezenas de voos diários em cada sentido. Só com uma viagem ferroviária de 1 hora e 15 minutos (havendo três paragens de permeio), ou pouco mais, se evita o transporte aéreo[23].

Para além disso, teria de ter um grande relevo a ligação a Espanha, mais concretamente a Madrid (recorde-se de 5 d).

Tendo-se presente o mapa 5 *supra*, sabemos que há portugueses a defender o privilegiamento de uma ligação a França que não passasse por Madrid, julgando negativamente (como menos "patriota") quem se "resigne" com essa passagem.

Mas importa manter sempre uma posição realista, em relação aos TGVs sabendo-se que a sua rentabilidade exige o serviço a um mínimo de 5 milhões de pessoas na origem e no destino, dentro da distância (até cerca de 600 quilómetros) em que é competitivo com o avião. Não podendo deixar de ser neste quadro geográfico a medição da rentabilidade dos investimentos a fazer na Península Ibérica, de nada adianta para os cálculos saber que há em Paris cerca de 10 milhões de habitantes (ou em Londres talvez 8 milhões, só num círculo mais próximo...).

Mesmo um português não pode sentir-se bem a sugerir às autoridades espanholas um traçado de alta velocidade que não passe pela sua capital.

Para além disso, importa saber se há algum interesse português em não passar por Madrid, tratando-se do transporte de pessoas[24]. Para as pessoas do norte de Portugal, tal como para as pessoas da área de Lisboa, Madrid é e será cada vez mais um importante centro de negócios e activi-

---

[23] O caso da ligação Bruxelas-Paris é paradigmático. Tendo sido entre estas duas cidades a primeira linha aérea regular do mundo, hoje, havendo TGV's que fazem a viagem em pouco mais de uma hora, já não há aviões a servi-la. O mesmo se passará obviamente na distância semelhante (na casa dos 300 quilómetros) entre Lisboa e o Porto, afastando-se qualquer dúvida que pudesse haver quando o aeroporto de Lisboa for em Alcochete: levando-se entre o aeroporto e o centro da cidade – fica-se a 52 quilómetros do Campo Pequeno, com a travessia do rio de permeio – mais de metade do tempo da ligação ferroviária, que deixará e tomará os passageiros no coração urbano.

[24] Está fora de causa o transporte de mercadorias, que será de facto também do interesse espanhol que tenha acesso aos mercados da França e dos demais países da Europa por linhas fora de Madrid: tal como acontece agora e deverá continuar a acontecer, com melhorias nas infra-estruturas e na gestão dos serviços, na velha linha que passa pela Guarda e depois, na continuação da linha da Beira Alta, passa por Salamanca, Medina del Campo, Valladolid e Burgos, a caminho de França (via Irún e Hendaye).

104   *O PNPOT e os novos desafios do ordenamento do território*

dades culturais, a que sem complexos importa ter um acesso privilegiado. Mais concretamente, não vemos que seja um centro a "aproximar", com as oportunidades que oferece, para pouco mais de um quarto dos portugueses (mais a sul), mas não para mais de 60% (mais a norte), estando Madrid também a norte…Só assim se conseguiria afinal, **de nada adianta fugir à questão e às nossas responsabilidades**, o reforço indispensável do papel de Portugal no espaço ibérico (podemos lembrar-nos da competitividade do "todo da Holanda", ou também da Suíça, na vizinhança da poderosa Alemanha, com balança comercial superavitária…).

Vendo o problema "do outro lado", nunca compreendemos aliás que os espanhóis, olhando para os mapas, possam estar interessados apenas numa boa ligação a Lisboa. Também eles têm interesses, "saudáveis", desejáveis e naturais, no conjunto do nosso país, vendo aqui oportunidades de negócios ou ainda por exemplo para fazer turismo. Tendo a população portuguesa a localização evidenciada pelos mapas já apresentados, será crível que aos empresários espanhóis não interesse um mercado de mais de 6 milhões de pessoas, portanto muito mais do que duplo daquele a que ficarão a ter acesso? Nos termos de uma pergunta que já formulámos em outras ocasiões, terão de repente mudado a sua natureza? Estou seguro de que não, pela consideração que nos merecem, como pessoas racionais e de visão, interessados também na "integração do espaço ibérico".

O mapa da Península Ibérica (o mapa 5) é bem claro mostrando que Madrid está mesmo a norte de Coimbra, num paralelo mais perto do paralelo do Porto do que do paralelo de Lisboa.

Neste quadro, houve duas "hipóteses de trabalho", consideradas esquematicamente no mapa 7.

Uma primeira hipótese, considerada no mapa como 1ª versão, foi a do T deitado, com uma ligação a Madrid que serviria simultaneamente Lisboa e o Porto. Foi durante muito tempo a opção do Governo português[25].

Foi contudo abandonada repentinamente na Cimeira Ibérica da Figueira da Foz, no dia 28 de Abril de 2001, com a aceitação da solução em pi, a 2ª versão no mapa.

Os resultados da Cimeira foram apresentados como um sucesso, com uma "pletora" de ligações a Espanha em alta velocidade, "contentando" o norte, o centro e o sul com as quatro grandes linhas da 2ª versão do mapa 7.

---

[25] A nossa defesa (escrita) desta solução, em colaboração com Fernanda Costa e Rui Jacinto, remonta a mais de década e meia atrás (1990).

MAPA 7

É este o projecto que se mantém no PNPOT, conforme pode ver-se no mapa 6 (também com os portos, como vimos atrás, e com os aeroportos, como veremos em 6.3).

Mas com o seu custo, em países (designadamente o nosso) onde ainda há tanto a fazer, era de recear, desde o início, que nunca chegasse a concretizar-se.

Impressionava aliás em especial que houvesse assim em Espanha linhas de alta velocidade (linhas novas) a uma distância de menos de 100 quilómetros, como pode ver-se no mapa 8:

Sendo pois duvidoso que se avançasse com todas as linhas mencionadas, mais concretamente, vindo a decidir-se que não se avançaria com todas elas, poderia eventualmente "sonhar-se" com que se voltasse à solução em T.

MAPA 8

A saída da dificuldade sentida, com a óbvia falta de verbas para a concretização de um projecto tão ambicioso e tão caro, foi todavia diferente: foi a solução de manter a solução em pi, mas concretizada (pelo menos para já) só em parte: com a ligação de Lisboa a Madrid por Badajoz. Na designação feliz de Vital Moreira[26], passou-se "do T deitado para o L de Lisboa", uma ligação que "foge das pessoas" (recorde-se o mapa 1); e não pode deixar de recear-se que mesmo a ligação Lisboa-Porto, embora rentável, a única rentável[27], não seja feita...[28]

---

[26] No título de um artigo no *Público*.

[27] Como se mencionará de novo adiante, a previsão feita, tendo em conta as previsões de tráfego, é de que haja 33 comboios diários, em cada sentido, entre Lisboa e o Porto, quando se prevê que se fique por 14, também em cada sentido, na ligação Lisboa-Madrid; mostrando os exemplos dos outros países que para os TGV's serem rentáveis tem de haver uma frequência superior a 16 comboios diários em cada sentido. A experiência mostra contudo também que os resultados excedem depois sempre as previsões, com a captação e o aumento de tráfego verificados, por exemplo no caso da linha Madrid-Sevilha muitas vezes mais. Até hoje a única linha de TGV não rentável foi a de ligação Paris (ou Bruxelas...) – Londres, devido aos custos elevadíssimos do túnel sob a Mancha (e sendo a velocidade mais baixa em Inglaterra).

[28] Com o argumento repetido de que não se justifica o investimento a fazer para "ganhar 15 minutos" no trajecto...

O autor destas linhas começa todavia a estar cansado lembrando vezes sem conta que não são 15 minutos a menos, é menos cerca de 1 hora e meia: reduzindo-se das actuais 2 horas e 35 minutos do trajecto do Alfa mais rápido, aliás só um (da Estação do Oriente a Campanhã, mais 9 minutos se for de Sta. Apolónia) para 1 hora e 15 minutos. Com diferenças possíveis de uns escassos minutos, havendo menos uma ou outra paragem, é de qualquer forma uma redução para cerca de metade do tempo; não tendo nós até agora conseguido perceber que contas são feitas, ou que horários e estudos são consultados, para se dizer que o tempo total ganho é de 15 minutos...

Importa que comece a haver seriedade nas afirmações que são feitas, os fins (que desconhecemos) não podem justificar todos os meios!

Não admira que seja tão grande a redução do tempo de viagem, com os Alfas mais rápidos (os melhores comboios do país!) a fazerem no século XXI uma média pouco acima dos 100 km/hora....

A dúvida ainda poderia pôr-se se não fosse necessário construir novas linhas. Mas a linha do Norte não comporta mais tráfego, tendo que ter comboios sub-urbanos, regionais, inter-cidades e de mercadorias.

Não considerámos obviamente a hipótese de os referidos 15 minutos ganhos serem-no em relação a mais "melhorias" ("remendos") na linha do Norte. Têm vindo de facto a ser feitos, ao longo de décadas, com um custo a preços actuais de mais de 2.200 milhões de euros (mais de metade do custo total do TGV Lisboa-Porto...), praticamente sem ganho de tempo nenhum em relação ao *Foguete*, um comboio Fiat que há mais de meio século já fazia a ligação Lisboa-Porto em menos de três horas (dizem-nos que já assim acontecia mesmo antes, com um comboio designado *Flecha Dourada*). Uma análise de custos e benefícios teria evidenciado aqui só ou quase só custos, nenhuns ou quase nenhuns benefícios, sem diminuição nenhuma nos tempos de deslocação (algo de semelhante tem vindo aliás a verificar-se com os investimentos avultados feitos na linha da Beira Alta).

Agora, a alternativa ao TGV com a continuação de "melhorias" viria a custar ainda 1.400 milhões de euros para se ganharem poucos minutos, pouco ou nada se ganhando ao avião e à rodovia e não se conseguindo a desejável captação de novos públicos (a necessidade do TGV, sem alternativa, e a capacidade de ampliação dos serviços prestados foram sublinhados devidamente em entrevista ao *Tabu*, cit., de 21.3.2008, pela Secretária de Estado dos Transportes, Ana Paula Vitorino).

Para além de não ser possível, como se disse, ter a circular na mesma linha mais tipos de comboios (as melhorias na linha do Norte – desejavelmente com custos muitíssimo menores! – terão sido de qualquer forma úteis para os comboios sub-urbanos, regionais, inter-cidades, regionais e de mercadorias, além do mais servindo outros centros urbanos, provavelmente com uma cadência maior nos próximos anos), importa que em Portugal, tal como nos demais países comecem a ser feitas análises **completas** de custos e benefícios (**financeiros, económicos e sociais**). Se o custo de um investimento (no caso em apreço de qualquer modo indispensável, tendo de haver duas linhas em cada sentido) é duplo mas leva a um acréscimo de procura mais do que duplo, retirando passageiros ao

Ou seja, o que, não se atendendo aos custos e à dimensão dos mercados a servir, tinha uma lógica com que podia eventualmente concordar-se, perde qualquer lógica com uma execução parcelar. Mais concretamente, o que teria uma lógica de equilíbrio do país, com todas as grandes áreas a ter ligações a Espanha em comboios de alta velocidade (com quatro ligações), perde toda a lógica, passando pelo contrário a ser um factor de agravamento dos desequilíbrios espaciais, acentuando o fosso entre o norte e o sul (além de inviabilizar financeiramente o investimento), só com uma das ligações a Madrid.

Há que sublinhar que, em termos políticos (de promessa...), o programa do pi não foi abandonado, consta do PNPOT, do mapa que reproduzimos como mapa 6.

Quem é do norte e do centro pode pois, se "quiser", ficar com essa "consolação", olhando para o mapa... Mas a realidade é a de as demais linhas não estarem sequer calendarizadas. Está anunciado que as obras do TGV Lisboa-Madrid estarão concluídas em 2013 e as do TGV Lisboa-

---

avião e à estrada e criando novos públicos, financeiramente poderá ser mais do que justificado; mas para além disso tem de ter-se na conta devida que a acrescer aos benefícios imediatos há enormes ganhos ambientais, de ordenamento e para a economia em geral, "aproximando-se" as várias áreas do país; para não falar já na enorme e obviamente não quantificável poupança de vidas e ferimentos com as pessoas que, num número muito significativo, deixam de recorrer ao transporte rodoviário. Estima-se que a quota do mercado ocupada pelo caminho de ferro possa subir, com os TGV's, para várias vezes mais do que os actuais 4% (com um provável retomar do aumento dos preços dos combustíveis, na dependência de um pequeno número produtores). São inequívocos os êxitos conseguidos em França e em Espanha.

A razões de rentabilização dos nossos dinheiros somam-se pois razões de segurança, ambientais, de ordenamento do território e económicas em geral (mesmo de ordem familiar e cultural, com a facilidade de acesso onde se tem parentes ou onde há um espectáculo que não pode esperar-se que seja apresentado em vários locais do país) para que não possa haver a mínima dúvida em relação à vantagem de haver TGV's entre Lisboa e o Porto, mais concretamente, até à Galiza, servindo no seu interior o aeroporto de Pedras Rubras.

E, tendo de fazer-se linhas novas, por todas as razões têm de ser linhas do século XXI, não do século XIX!

Não há aliás nenhumas dúvidas a tal propósito em boa parte dos países da Europa, grandes e pequenos: passando a rede dos TGV's dos cerca de 4.000 quilómetros actuais para cerca de 20.000 já em 2020. E fora da Europa os exemplos vão do Japão e da China a um país africano bem perto de nós, a Marrocos.

-Porto em 2015, mas sobre as outras linhas não se diz se as obras começarão daqui a dez, vinte ou cinquenta anos...[29]

Ainda que a linha Aveiro-Salamanca venha um dia a ser feita, virá sempre com um atraso de décadas, que contribuirá em enorme medida, num período tão sensível do nosso processo de desenvolvimento, para a acentuação do fosso que tem vindo a agravar-se, como vimos: com a Região Norte a ser já a região mais pobre do país, com o PIB *per capita* mais baixo, seguindo-se a Região Centro (com distritos destas duas regiões a "liderar" também os números das falências).

Receamos aliás que, perversamente, seja a própria escolha errada do traçado Lisboa-Madrid, um traçado descentrado e pouco ambicioso em relação à população a servir, a levar ao adiamento para sempre (ao abandono...) da ligação pelo Vale do Vouga. Sendo aquela primeira ligação deficitária (ou quando muito equilibrada, na linha do que vimos há pouco...), com o traçado escolhido, a "fugir das pessoas"(com duas "curvas" quase em ângulo recto), será de crer que se construa uma outra linha, no caso espanhol à distância que o mapa 8 evidencia? Nestas circunstâncias, algum decisor político, daqui a dez ou vinte anos, será capaz de avançar com a segunda linha?

E alguma ilusão que pudesse haver não pode manter-se com a observação do mapa dos comboios de alta velocidade em Espanha[30], que se segue como mapa 9.

Quem tivesse ainda alguma esperança na ligação Aveiro-Salamanca é bom que veja este mapa: com as ligações espanholas a privilegiar a Galiza[31] e no sul apenas as áreas do Alentejo e de Lisboa, ainda assim com um trajecto muito longo (56 quilómetros a mais do que se fosse com o T

---

[29] *Sin fecha* (sem data), na designação em Espanha, onde aliás mesmo responsáveis de Castela-Leão têm pouco conhecimento, ou nenhum, da ligação Aveiro-Salamanca (como percebemos num colóquio em que participámos...).

[30] País onde estão já em funcionamento 1.700 quilómetros de linhas de alta velocidade, não havendo em Portugal ainda nenhuma. O nosso país, que teve no século XIX um atraso de 8 anos na implantação dos primeiros comboios, terá agora um atraso de mais de 20 anos...

[31] Bragança ficará a menos de meia hora do TGV, passando em Puerta de Sanabria. Seria bem servida se pelo menos um ou outro comboio aí parasse; o que não é todavia de esperar, não havendo perto nenhuma cidade espanhola de grande dimensão (poderá suscitar-se talvez o interesse de uma ligação atractiva a Leon, com um serviço de autocarros de grande qualidade: a partir de uma paragem que serviria também Bragança).

MAPA 9

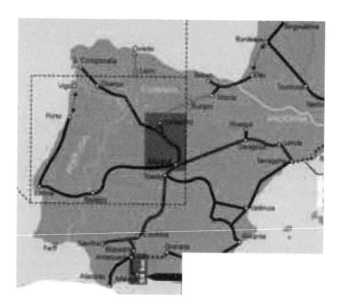

deitado, que por isso teria servido também melhor a capital portuguesa, encurtando o tempo de viagem entre as duas capitais ibéricas: cfr. Porto 2007c). Em lugar de Portugal ter uma ligação valorizadora de toda a "área metropolitana" entre Setúbal e Braga, onde poderíamos ter sinergias à escala ibérica, acabamos por ter apenas uma ligação a uma área que pesará muitíssimo menos no contexto peninsular[32].

Não está só em causa (o que não é pouco, por razões próprias e nacionais!) a perda de relevo do Porto e das demais áreas do norte e do centro de Portugal, afastadas nas ligações a Espanha e aos demais países da Europa de um modo de transporte determinante no século XXI: fica prejudicado o conjunto do país, limitado a uma pequena área, sem o contributo de regiões que ao longo do tempo têm evidenciado tanta capacidade de iniciativa (onde aliás ainda hoje, apesar de todas as contrariedades, com especial relevo para as políticas adversas que têm vindo a ser seguidas

---

[32] Num título sugestivo do *Extra* do *Público* de 21 de Dezembro de 2007, de onde é extraído o mapa 9, considerando-se também as décadas de atraso que estamos a ter, sublinha-se que o *TGV continua a passar ao lado de Portugal*.

pelo poder central, vão aparecendo – por exemplo na área do vale do Vouga – empresas privadas de enorme êxito internacional).

Não hesitamos aliás a acrescentar que teria sido toda a Península Ibérica a beneficiar com uma visão larga das coisas, com a consideração de áreas tão relevantes de Portugal[33].

6.3. *O sistema aeroportuário (o caso do novo aeroporto de Lisboa)*

A localização do novo aeroporto de Lisboa, por seu turno, sempre na preocupação de bom serviço e aumento da competitividade do país, também deveria ter sido determinada tendo em conta a população e as actividades a servir, em articulação com os outros modos de transporte: com o privilegiamento das vias férreas, de velocidade alta e normal (para corresponder a todos os tipos de procura, v.g. a procuras de distâncias diferentes)[34].

Um aeroporto do século XXI não pode ser servido basicamente pelas vias rodoviárias, por certo em grande parte dos casos com veículos individuais.

Ao abordarmos estes pontos, bem como outras vias de acessibilidade, tendo relevo para todas elas, importa voltarmos a ter presentes os mapas de Portugal: desde logo o mapa 1, com a localização da população (a que poderiam acrescer vários outros, com indicadores da localização das actividades económicas).

Face a este(s) mapa(s), não pode deixar de ser feita uma primeira reflexão sobre as distâncias entre si dos aeroportos internacionais do continente português abertos à aviação civil: Porto (Pedras Rubras), novo aeroporto de Lisboa, Beja (com abertura no próximo ano) e Faro.

Lisboa está quase de permeio entre o Porto e Faro, a 312 quilómetros da primeira e a 297 quilómetros da segunda cidade, sendo todavia o aeroporto de Pedras Rubras ainda uns quilómetros mais acima.

---

[33] Com o traçado em T o TGV português teria podido servir também a parte sul da Galiza, numa estratégia de aproximação, a todos os títulos desejável, dessa região da Espanha com o norte e o centro do nosso país; tendo-se aliás assim uma "mega-região" que Florida (2008) considera em 33.° lugar a nível mundial (ver Fonseca Ferreira, 2008 e Porto, 2008 págs. 59-61).

[34] Trata-se de preocupação tida bem em conta em Gaspar (1999, pp. 48-9), com a consideração de diferentes tipos de serviço ferroviário a um aeroporto.

112 O PNPOT e os novos desafios do ordenamento do território

Sendo assim, a localização do futuro aeroporto de Lisboa a sul do Tejo acentua a diferença, que seria atenuada (no sentido contrário, mas **ao encontro das populações**...[35]) com a sua localização na Ota.

O "privilégio" do sul é todavia reforçado, em qualquer caso, com a abertura do aeroporto de Beja à aviação civil, sendo a distância a Alcochete de cerca de 170 quilómetros e a Faro de 149 quilómetros (pouco mais que uma hora de carro...)[36].

São de facto implantações (dos aeroportos) que não têm nada a ver com a realidade do nosso país, **não têm nada a ver com o país real**, ilustrado pelo mapa 1 (são também elas infra-estruturas que "fogem das pessoas"!). A menos que se queira mudar, "forçar" essa realidade, tal como pusemos atrás como hipótese...

Não é aceitável, com especial realce, que em pleno século XXI não haja a preocupação de servir basicamente (na maior medida possível) pelas ferrovias um novo aeroporto: atenuando-se custos de congestionamento e ambientais, alargando-se sensivelmente a população e a actividade económica a beneficiar e só assim se rentabilizando os enormes investimentos que são feitos[37]; só assim se reagindo ainda de forma realista e correcta ao inevitável (no presente e no futuro!) aumento dos preços dos combustíveis.

O PNPOT não pode pois deixar de ser criticado por não ser suficientemente explícito a tal propósito. É certo que entre os objectivos estabelecidos está (p. 312) " construir o Novo Aeroporto Internacional de Lisboa com condições operacionais adequadas em termos de segurança e ambiente, ajustadas ao desenvolvimento dos segmentos de negócios estra-

---

[35] Com a observação do mapa 1 e o conhecimento da realidade portuguesa é difícil ou mesmo impossível entender que, na crítica à escolha anterior da Ota, se tenha dito que "a escolha do novo aeroporto não pode ser tomada de costas voltadas para a população" (Henriques, org., 2007, p. 12).

[36] Trata-se de "privilégio" que será atenuado, não evitado (!), se se concretizar a iniciativa da abertura à aviação civil da Base Aérea de Monta Real, a que nos referimos na nota 51.

[37] Com uma grande preocupação por todas estas componentes, por isso defendendo naturalmente a Ota, pode ver-se do autor destas linhas um trabalho já do início dos anos 90 (1992).

Recentemente foram publicados em dois volumes os contributos proporcionados num colóquio promovido pela Comissão Parlamentar de Obras Públicas, Transportes e Comunicações da Assembleia da República (Assembleia da República, 2007).

O reforço da competitividade territorial de Portugal... 113

tégicos de passageiros e carga e à promoção de conexões e interfaces dos transportes aéreos com os transportes terrestres, como forma de garantir uma maior coerência, integração e competitividade ao conjunto das infra-estruturas de transporte, enquanto factor determinante do desenvolvimento económico e social do país...".

É certo que se fala em "transportes terrestres" no plural, mas num documento orientador da estratégia de ordenamento do nosso território, onde se sublinham preocupações de "ambiente" e de "coerência, integração e competitividade" no "conjunto das infra-estruturas de transporte", não podia deixar de ficar expressado com toda a clareza que se trata de objectivos que só podem ser atingidos com os aeroportos a serem servidos, "em plena via"[38], por linhas ferroviárias de grande tráfego.

A par dos outros valores, é intolerável, voltamos a sublinhá-lo, que por falta de visão não sejam rentáveis investimentos que poderiam sê-lo, servindo-se menos e pior e sobrecarregando-se financeiramente as gerações futuras. Trata-se de responsabilidade (mesmo moral, acrescentamos nós!), de ter transportes rentáveis quando é possível tê-los, que não deixa de ser referida no PNPOT[39].

O estudo do LNEC (2008), por seu turno, não deixa naturalmente de considerar as acessibilidades ao novo aeroporto de Lisboa, designadamente as acessibilidades em *rail*. Fá-lo todavia sem medir a capacidade de resposta, mesmo o realismo, de cada uma delas, e não considera os com-

---

[38] Trata-se de "exigência" mínima de racionalidade, designada expressivamente desta forma, sublinhada no estudo da CIP (IDAD, 2007); sendo todavia grande pena que não possa ter concretização (pelo menos minimamente satisfatória) com a infeliz localização no Campo de Tiro de Alcochete proposta pela própria CIP – e aceite pelo Governo – para o novo aeroporto (sem a alteração por ela sugerida do traçado do TGV), sendo servido por um ramal (ver *infra* o mapa 10)...

A imperiosa necessidade geral de uma melhor (ou alguma..) articulação entre os modos de transporte, incluindo o transporte ferroviário, não deixa de ser referida no PNPOT, quando se chama a atenção para a "deficiente intermodalidade dos transportes, com excessiva dependência da rodovia e do uso dos veículos automóveis privados e insuficiente desenvolvimento de outros modos de transporte, **nomeadamente do ferroviário**" (negrito nosso); não se tirando todavia daqui as implicações devidas.

[39] Por exemplo p. 124 é criticada a "deficiente programação do investimento público em infra-estruturas e equipamentos colectivos, com insuficiente consideração dos impactos territoriais e dos custos de funcionamento e manutenção".

114 *O PNPOT e os novos desafios do ordenamento do território*

boios convencionais, que em Portugal, tal como nos demais, terão que continuar a ter um grande significado[40].

Trata-se de limitações que se antecipam logo quando p. 228 se diz que se "exige a exploração, nos acessos ao NAL, de diferentes ligações intermodais, nomeadamente, uma boa integração com a rede ferroviária de alta velocidade e um serviço de 'shuttle' ferroviário de elevada fiabilidade para permitir um rápido acesso a um conjunto de pontos centrais da cidade de Lisboa, dando elevada prioridade às necessidades do seu desenvolvimento turístico competitivo".

Evidencia-se pois bem aqui o que se constata ao longo do estudo: para além de uma referência sem grandes consequências ao TGV, uma preocupação quase só do serviço a Lisboa, na lógica, pois, não de um aeroporto com ambições nacionais, mas sim de um aeroporto "regional"ou mesmo apenas local.

Sendo o TGV que passa próximo do aeroporto o TGV que vem de Madrid, há que ter bem presente que, face à procura previsível (talvez com optimismo), haverá 14 comboios diários: o que pouco adianta no serviço a um aeroporto. E assim acontece com uma linha que não passa no local do aeroporto, passa muito mais a sul.

O estudo do LNEC tem um mapa bem esclarecedor (p. 185), não deixado dúvidas nem esperanças (...), com a linha do TGV e o local do aeroporto, que reproduzimos aqui como mapa 10.

Se Portugal tem a ambição, que deveria ter, de atrair para o aeroporto de Lisboa clientela de Espanha, de Badajoz e de outras cidades espanholas (para não falar já de Évora e Elvas), ou é feito um ramal de acesso ao aeroporto ou quem vem dessas origens tem de ir à estação de Lisboa, em princípio a estação do Oriente, e voltar para trás.

No primeiro caso temos mais um custo não considerado na opção Alcochete, num investimento de rentabilidade mais do que duvidosa, havendo 14 comboios diários vindos da Espanha[41].

---

[40] É excepção, mas sem consequências práticas (de nada adiantando, pois...), a referência à "rede ferroviária nacional" feita na p. 178.

[41] Custo cuja consideração teria só por si **invertido o resultado da análise financeira**, por isso também só por si a proposta do LNEC de localização em Alcochete, com a "vitória" por quatro critérios contra três...

As pessoas não estarão aliás lembradas dos números impressionantes tão divulgados quando da apresentação do estudo da CIP, com a imprensa a dar grande notoriedade a

MAPA 10

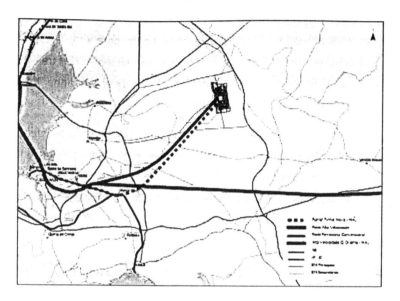

No segundo caso perde-se a atractividade que poderia haver, com a duplicação do tempo de trajecto para Lisboa, "perdendo-se" duas vezes entre 19 e 22 minutos (cfr. LNEC, 2008, p. 185), além do tempo de espera na estação (o comboio a tomar para o aeroporto pode não partir de imediato) e o incómodo de carregar as bagagens...[42]

---

uma alegada poupança de milhares de milhões de euros com esta localização? O *Diário de Notícias* de 26 de Outubro de 2007 transmitia, dando assim uma "enorme alegria", que seriam poupados 3 mil milhões de euros com a escolha de Alcochete; receando todavia nós (estamos aliás seguros, infelizmente!) que daqui a dez anos se dê notícia de um número bem superior **mas de sentido inverso**, evidenciando o erro irreparável da escolha de uma solução muitíssimo mais cara...

[42] Parece-nos por isso que, depois de os espanhóis nos terem obrigado a um trajecto tão mais longo de Lisboa a Madrid, com dois ângulos rectos na linha para se servirem Cáceres e Mérida, Portugal deveria ter feito um pequeno desvio à saída de Lisboa para se servir directamente o aeroporto (no interior da aerogare), servindo-se melhor o nosso país e atraindo-se (só assim!) clientela de Espanha. Teria sido bom que tivesse chegado finalmente a vez de **defendermos os nossos interesses**, quando estão em causa **decisões sobre o nosso território**, atraindo clientela de Espanha ao novo aeroporto de Lisboa! Mas infelizmente o concurso público para o primeiro troço do TGV em Portugal já foi aberto, do Poceirão ao Caia, **desconhecendo-se por completo** que poucos meses antes havia sido

116 · O PNPOT e os novos desafios do ordenamento do território

Não havendo por seu turno a possibilidade de passagem de comboios convencionais de grande frequência no local da aerogare, limita-se também por isso a possibilidade de o novo aeroporto ser um aeroporto **nacional**.

Um indispensável serviço em comboios convencionais, para as distâncias médias, servindo centenas de milhares ou mesmo milhões de pessoas de áreas muito populosas e dinâmicas, não foi aliás minimamente considerado, lamentavelmente, na análise de custos e benefícios (ACB) feita pelo LNEC[43].

No fundo – não vale a pena fugir à questão – **pensa-se apenas ou quase apenas no serviço a Lisboa**[44] (mesmo neste propósito, com as

---

decidida uma nova localização para o novo aeroporto de Lisboa, não na Ota mas em Alcochete. Mais uma vez em Portugal uma grande infra-estrutura é localizada "desconhecendo-se" onde estão as outras, com as quais teria de ser articulada! E recentemente é dada a notícia de que o TGV Madrid-Lisboa servirá o aeroporto de Badajoz...

A necessidade de um aeroporto minimamente atractivo e devidamente enquadrado exigiria de facto um serviço ferroviário "em plena via".

O tempo de acesso ao aeroporto ficou ainda prejudicado com a decisão tomada mais recentemente a favor da ponte Chelas-Barreiro, sendo menor se se tivesse escolhido a ligação Beato-Montijo. Não sabemos se esta circunstância foi de alguma forma ponderada na decisão, num país em que já estamos habituados a que cada infra-estrutura e cada modo de transporte seja decidido sem se ter em conta a articulação com os demais...

[43] Nas suas palavras, "a ACB considera o projecto de investimento como o sistema constituído pela infra-estrutura aeroportuária e a sua ligação à rede de transportes de nível estratégico (acesso às redes projectadas de Alta Velocidade Ferroviária e serviços de *shuttle* e às Auto-Estradas), para o acesso/regresso de passageiros e carga ao NAL".

O transporte ferroviário convencional, de tão grande importância servindo outras áreas do país, não é pois "tido nem achado"...

Sendo seguro que o acesso ao novo aeroporto de Lisboa acabará por ser feito em grande medida pelas vias rodoviárias, terá de ser reforçado o "honroso" primeiro lugar que Lisboa já ocupa, como a região da Europa com mais densidade de quilómetros de auto-estradas: 220 quilómetros por 1000Km 2, bem "à frente" das áreas "mais modestas" e de países "mais modestos" de Bremen (176), Manchester (140), Utrecht (122), Dusseldorf (118) ou Hannover (107), para não falar de Paris (Ile de France, com 51) (cfr. o *Expresso* do dia 13 de Abril de 2008). Preferíamos que ocupasse antes o primeiro lugar como a cidade da Europa melhor servida por transportes colectivos (em especial em *rail*)...

[44] A falta de ambição nacional para o novo aeroporto, comprometendo-se assim a competitividade do nosso país, está bem patente na valorização que o estudo do LNEC dá a factores urbanos, com a agravante de, contraditoriamente, acabar por defender uma solução que é muito desvantajosa mesmo para o serviço a Lisboa.

Trata-se de valorização "local", quase só local, bem expressada em vários passos: p. 201, quando se diz que "a localização do NAL" em Alcochete "pode gerar condições

O reforço da competitividade territorial de Portugal...

para promover um maior equilíbrio territorial **no interior** da AML" (negrito nosso); na p. 216, quando se fala de um insuficiente equilíbrio qualitativo em torno do estuário do Tejo"; na p. 222, falando-se na "coesão da região de Lisboa" (sem dúvida acrescentando--se: "e de Portugal"); e de um modo ainda mais claro e **determinante** para a classificação final na p. 230. Aqui, são **dadas três estrelas** à escolha de Alcochete, pelo "favorecimento do reequilíbrio da área metropolitana de Lisboa em torno do Tejo dando corpo à materialização do objectivo estratégico da 'cidade das duas margens' e à redução da pressão dos movimentos pendulares Sul-Norte"; tendo já **apenas duas estrelas** o objectivo mais alargado conseguido com a localização na Ota, de "favorecimento da afirmação de alguns pólos urbanos actualmente exteriores à área metropolitana em lógica policêntrica e de rede". É pois muito clara uma preocupação maior – **mais ponderada na classificação final, decisiva!** – com a área metropolitana do que com o país...

Para além de ter de se pôr em causa a **secundarização do país** face a um **interesse local (embora da capital)**, importa sublinhar que, contraditoriamente, se trata de uma **estratégia erradíssima de valorização de Lisboa**, ou, mais concretamente, de "equilíbrio" das duas margens do Tejo.

Considerando apenas este segundo ponto (sobre a secundarização do país não valerá a pena falar mais...), o que é preciso para equilibrar as duas margens do Tejo é que haja nos dois lados motivos de fixação para quem lá vive, deixando uma delas de ser em tão grande medida um dormitório para quem só no outro lado encontra oportunidades de trabalho favoráveis. A par de outras vantagens, consegue-se assim um alívio significativo nas travessias do rio, mais fluidas para quem por boas razões não pode deixar de ter necessidade de se deslocar a norte e a sul.

Ora, é pelo contrário um retrocesso inaceitável, mesmo para o almejado equilíbrio entre as duas margens, contribuir desnecessariamente para o congestionamento das travessias. Não deixando de ser do norte do rio, de Lisboa, Oeiras, Cascais, Sintra, etc. etc., se não 92%, pelo menos 90% das pessoas que acorrem ao aeroporto, os congestionamentos agravados por estas dezenas de milhões de passageiros/ano contribuirão, paradoxalmente, para a acentuação do desequilíbrio entre as duas margens: tornando ainda mais difícil a vida, pessoal e económica, de quem é do sul do rio.

É de facto surpreendente e estranhíssima a afirmação do LNEC (loc. cit., p. 230), de que a localização do aeroporto em Alcochete levará à "**redução da pressão dos movimentos pendulares Sul-Norte**"(negrito nosso). Estar-se-á a pensar que nas próximas décadas vai haver uma deslocação dos lisboetas e dos demais residentes a norte do rio (mais de dois milhões de pessoas) para os concelhos da margem sul, só assim deixando de haver as travessias por parte da esmagadora maioria dos clientes do aeroporto? E quem de Lisboa e arredores vai do Norte para Sul, para o aeroporto, regressará naturalmente a casa, onerando o movimento "Sul-Norte"...

A ideia ou o"sonho" de "uma cidade de duas margens" não pode aliás deixar de ser diferente em Lisboa ou em cidades como Paris ou Praga. Aqui, tal como na generalidade das capitais europeias, temos rios estreitos, que podem ser atravessados a pé, com o

118   *O PNPOT e os novos desafios do ordenamento do território*

deficiências que veremos adiante), pelo que quem vai de muitos outros locais fica obrigado a fazer aí um transbordo, com os respectivos sacrifícios pessoais e sociais, dando-se aliás assim um contributo adicional e desnecessário para o congestionamento de uma cidade já tão congestionada, prejudicando-se quem lá vive.

Como é bem evidenciado pelo mapa 10, o aeroporto será uma estação de fim de linha para o *shuttle*, uma estação *terminus* de um ramal, sem nenhuma outra utlidade, não podendo perspectivar-se que a jusante haja um prolongamento da linha e qualquer outra estação a servir.

"romantismo" tão descrito na poesia e na música. Tratando-se além disso de pontes baratas, é mesmo estimulado o seu atravessamento.

É muito diferente o caso de Lisboa, onde as pontes, inevitavelmente com portagens, devem ser atravessadas apenas por necessidade e em caso algum a pé...

E o "encanto" da cidade de duas margens, com o aumento evitável da necessidade de atravessamento do rio, fica "bem à vista" com a previsão, feita logo no dia 3 de Abril de 2008 (com o anúncio da ponte escolhida, Chelas-Barreiro), de que haverá mais 66.000 veículos a entrar diariamente em Lisboa. Trata-se todavia de "encanto" que não é "sentido" pelo Presidente da Câmara desta cidade, que se apressou, em declarações que antecederam as do próprio Primeiro-Ministro, a falar num enorme custo acrescido para a cidade, que deverá ser compensado com a afectação de alguma percentagem das portagens ao financiamento dos transportes públicos (já beneficiados aliás aí com as avultadíssimas indemnizações compensatórias a que nos referiremos em 6.6).

É este afinal o "encanto" da cidade de duas margens, com custos sociais e financeiros para cuja cobertura são exigidas compensações?

Parece-nos ainda extraordinário que depois de defenderem soluções que **não podem deixar de ter as consequências assinaladas** o LNEC ou responsáveis seus venham propor **defesas** contra elas: portagens na entrada ou na circulação em Lisboa e o protelamento da abertura ao tráfego rodoviário da nova ponte, ou seja, da utilização do tabuleiro de cima da ponte Chelas Barreiro (esse tabuleiro ficaria alguns anos sem funcionar, funcionando só o de baixo, com as linhas férreas...). Pode concordar-se com a primeira solução, de pagamento de portagens à entrada das grandes cidades, até porque são pagas na circulação indispensável entre cidades médias em outras áreas do país (com a excepção incompreensível do Algarve, a segunda região mais rica do país), no que é o seu indispensável "espaço metropolitano" (pode citar-se o caso de Coimbra, com portagens para norte, para sul, para oeste e para leste, quando estiver feita a ligação a Viseu em auto-estrada, em nenhum caso com alternativas tão favoráveis como por exemplo a algarvia N-125...; sobre as distorções e mesmo a "imoralidade" das SCUT's pode ver-se, num texto mais recente, Porto, 2007c, p. 545, ou antes *A Imoralidade das SCUT's*, na *Visão* de 8.9.2005). Mas é aceitável que se agrave o mal que se vem penalizar? E que adianta protelar algo de inevitável, a utilização rodoviária da nova ponte, além do mais deixando de começar a verificar-se logo no início, com a cobrança de portagens, a amortização do enorme investimento já feito?

Sendo assim, para além de ficar em causa a sempre indispensável rentabilização dos investimentos feitos e a fazer, cair-se-á no inevitável "círculo vicioso" conhecido dos aeroportos de outros países, com comboios só (ou praticamente só) ao seu serviço: sendo pouco frequentes por haver pouca clientela e não tendo clientela por serem pouco frequentes, não se esperando meia hora ou uma hora, depois de um voo, e utilizando-se antes o carro individual. Antecipamos já com mágoa os números das indemnizações compensatórias, a cobrir mais um transporte sub-urbano da área de Lisboa, à custa dos contribuintes de todo o país, muitos deles muitíssimo mais pobres[45] (o aeroporto será "regional" mas o sacrifício com a cobertura do défice do *shuttle* que o servirá será "nacional"...)[46].

O mapa 1 é mais uma vez esclarecedor, mostrando que por detrás de Alcochete não há de facto um *hinterland* que possa algum dia justificar comboios frequentes[47].

A localização na Ota teria sido totalmente diferente, sendo um local onde, mesmo sem haver o aeroporto, se verifica, estrategicamente, **a passagem das linhas de longe de maior tráfego do país**: de alta velocidade (o TGV) e de comboios convencionais (além de haver igualmente excelentes acessos rodoviários, por exemplo para o acesso de Lisboa e dos municípios a oeste de Lisboa, como são os casos de Oeiras, Cascais e Sintra).

---

[45] Dados recentes, divulgados no dia 11 de Abril de 2008, apontam para a acentuação da situação que vem de trás, com o poder de compra de Lisboa muito acima da média nacional.

[46] A injustiça e a distorção do mercado já hoje verificadas serão referidas *infra*, no já mencionado número 8.

[47] Com a consciência das limitações verificadas, a Comissão de Coordenação e Desenvolvimento Regional (CCDR) de Lisboa e Vale do Tejo vem propor uma nova linha de comboio convencional ligando "o Campo de Tiro de Alcochete à Linha do Norte, algures entre o Cartaxo e Santarém", ficando essa linha ligada "à Linha do Sul e à Linha do Leste para Espanha (ligação do Poceirão)" (cfr. *Diário Económico* de 19 de Março de 2008).

Concordando obviamente com a proposta, esperamos bem que seja concretizada, na esperança de que haja um fluxo razoável de passageiros e carga, beneficiados com a sua utilização (e contribuindo-se assim para algum alívio de Lisboa).

Esperando que tal aconteça, não deixa todavia de verificar-se o mencionado défice grave e injustificável no serviço ao aeroporto de comboios de alta velocidade e de comboios convencionais, com cadência suficiente (grande!), numa linha principal do país.

120 *O PNPOT e os novos desafios do ordenamento do território*

Independentemente de o aeroporto ser aí ou não, **entre Lisboa e o Porto haverá 33 TGV's diários em cada sentido, provavelmente mais**, alargando o serviço do aeroporto às áreas servidas pelas estações de Leiria, Coimbra, Aveiro e Porto[48] (e simultaneamente, com é óbvio, aumentando--se o serviço e a rentabilidade do TGV).

É sabido que muitas pessoas do norte eram (ou são ainda) a favor da manutenção da Portela, ou de um aeroporto o mais a sul possível, talvez não servido por comboios de boa qualidade: com a preocupação de rentabilizar assim o aeroporto de Pedras Rubras. A título de exemplo, a manutenção da Portela, já superlotada e rejeitando voos, obrigaria a que mais voos fossem para o aeroporto do Porto[49].

Não nos parece contudo que se tratasse de uma estratégia correcta. Sendo indiscutível que deve haver (haverá seguramente!) um novo aeroporto em Lisboa, quem é do norte ou do centro, do Porto, de Aveiro ou de Coimbra, deve sem dúvida almejar que o aeroporto de Pedras Rubras tenha o máximo de serviço. Mas só teria a ganhar em dispor, a menos de 1 hora de TGV, no aeroporto de Lisboa, sendo na Ota, de outras ligações aéreas. Não teria nada a perder, só teria a ganhar. A alternativa, com um aeroporto de Lisboa mal situado, tal como vai acontecer com a localização em Alcochete, é ter na mesma de ir aí apanhar alguns aviões, mas com ligações aéreas (Porto-Lisboa, na hipótese irrealista de se manterem…) menos convenientes (em termos pessoais e sociais; v.g. mais demoradas, com os controles de segurança e os tempos de espera, levantamento e aterragem…), utilizando o automóvel (com os inconvenientes tão conhecidos, mesmo de segurança!) ou ainda deslocando-se de comboio até Lisboa, mas tendo de ter aqui uma paragem ou mesmo um transbordo incómodo e desnecessariamente congestionador desta cidade …

---

[48] É bom lembrar que o acesso em automóvel destas cidades ao local onde vai ser o aeroporto de Alcochete, junto à A-13 (com a utilização da ponte da Lezíria) e a norte do paralelo de Lisboa, será mais rápido do que o actual acesso à Portela e representa apenas mais 10 ou 15 minutos do que o acesso ao aeroporto na Ota.

O que está em causa não é todavia o interesse privado das pessoas, mas sim o interesse geral, com a utilização de transportes socialmente mais adequados (transportes colectivos, afinal também no interesse individual dos cidadãos!).

[49] Trata-se aliás de lógica de acordo com a qual deveria ter-se defendido a Ota, julgando-se (o que não foi provado!) que teria limitações no tempo, de capacidade de expansão, passando por isso algum tráfego para o Porto…

O local da Ota é por outro lado privilegiado em termos de comboios convencionais, com **a linha do Norte já feita e a passar lá**, com um pequeno desvio (não sendo ainda necessária nenhuma nova ponte, caríssima, no estuário do Tejo, se tudo tivesse sido decidido com racionalidade desde o início: cfr. Porto, 2007c e 2008), aliviada com o TGV Lisboa--Porto e com a frequência de movimentos mostrada pelo mapa 11:

MAPA 11

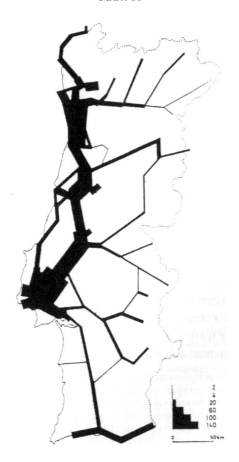

Olhando para os números ilustrativos, é de recordar que já hoje há diariamente 19 comboios entre Lisboa e o Porto (em cada sentido, entre as 6.00 e as 21.30 horas), a que se juntam comboios suburbanos para Vila

122   *O PNPOT e os novos desafios do ordenamento do território*

Franca ou ainda por exemplo para Tomar, Castelo Branco ou Guarda, todos eles servindo a Ota. Trata-se de linha que ficará aliás aliviada, para o transporte sub-urbano de Lisboa e para os comboios inter-cidades, com o TGV Lisboa-Porto (que não deverá levar contudo a que diminua a frequência dos comboios convencionais, com o tráfego entretanto criado, v.g. para os outros destinos referidos)[50].

Não acreditamos que em algum país "bem organizado", havendo um local com condições tão favoráveis como as da Ota (**ter-se-ia seguramente olhado para os mapas**!), fosse outra a localização de um grande aeroporto internacional!

Sendo difícil que no mesmo país haja mais do que um grande aeroporto com uma gama vasta de voos intercontinentais (vejam-se os exemplos da França, do Reino Unido ou mesmo da Alemanha; sendo já inquestionável o relevo de outros aeroportos para outros tipos de voos, v.g. europeus), a infeliz escolha de um aeroporto em Lisboa sem um bom serviço de comboios deverá levar – **poderá ser a consequência positiva de uma decisão errada!** – a um aproveitamento muitíssimo maior do aeroporto de Pedras Rubras, também para esse tipo de voos[51].

---

[50] Tendo presentes os mapas e os números, é difícil entender a afirmação (em Henriques, org., 2007 p. 8) de que esta localidade é um «local excêntrico face aos transportes», dizendo por seu turno Luís Gonçalves (ob. cit., p. 91), que o Poceirão "é já actualmente um importante nó ferroviário".

Acontece todavia que o transporte ferroviário não são (só) linhas, são fluxos de comboios e pessoas, com os fluxos de pessoas a ter de ser determinantes na localização de um aeroporto (de pouco relevando por exemplo ramas que venham de Sines...).

Embora estivesse agora em causa a localização em Alcochete, é curioso que no estudo encomendado pela CIP (cfr. IDAD, 2007), numa das poucas referência às ferrovias, se dissesse (p. 42): "Na região em estudo refere-se a existência das actuais Linhas do Alentejo e do Sul e respectiva concordância designada como 'Concordância do Poceirão'".

Ainda que se esteja a julgar que o Poceirão virá a ser um grande entroncamento, com muitos comboios e milhares de pessoas a fazer diariamente o transbordo, há que recordar que a localização sugerida agora para o aeroporto é vários quilómetros a norte, a nordeste de Alcochete... (cfr. o mapa 10).

[51] Não deixamos de saudar a iniciativa, agora renovada (ver por exemplo o *Expresso* de 13.6.2008, o *Diário de Coimbra* de 15.6.2008 e *As Beiras* de 16.6.2008), referida já na nota 36, de abertura da Base Aérea de Monte Real à aviação civil.

Trata-se de iniciativa em que o autor deste artigo esteve activamente envolvido (mesmo por razões institucionais, como presidente da Comissão de Coordenação da Região Centro: cfr. CCRC, 1981) há duas décadas e meia, que perdeu todavia relevo quando se tomou a decisão, correcta e mantida por vários governos e maiorias, de instalar

O reforço da competitividade territorial de Portugal...   123

Assim poderá e deverá acontecer com a paragem do TGV de ligação à Galiza no próprio aeroporto, no interior da aerogare (em "plena via")[52],também se possível com alguma ligação à rede de bitola ibérica, em extensões das linhas actuais.[53]

O que seria conseguido com o aeroporto na Ota, com um serviço rápido em TGV a pessoas vindas de Leiria, Coimbra e Aveiro, é conseguido em Pedras Rubras, sendo por exemplo muito mais rápido, mesmo para quem seja de Leiria, tomar o avião no Porto, depois de um trajecto de menos de uma hora, do que em Alcochete, com mudança de comboio ou

---

o novo aeroporto de Lisboa na Ota (seguindo-se uma sugestão feita então por um alto responsável da Força Aérea, como sendo a alternativa ideal em relação a Monte Real...).

Ganha agora de novo relevo com **"o erro de Alcochete"**.

Trata-se todavia de iniciativa, aliás com custos muito baixos e por isso rentável (por exemplo com os serviços a Fátima, a Leiria, a Coimbra e à Figueira da Foz: um mercado de muito maior relevo do que o de Beja!) que não põe em causa a necessidade de haver na região boa ligação aos aeroportos maiores, v.g. vocacionados para as ligações regulares principais (e não sendo fácil que o TGV Lisboa-Porto páre em Monte Real). Estão em causa serviços complementares.

[52] Está previsto que seja servido. Mas é imperioso que não se trate de serviço com um ramal (como em Alcochete...), é indispensável que o TGV para a Galiza tenha uma estação no interior do aeroporto, tal como acontece com os exemplos estrangeiros que importa imitar. Só assim serviremos uma vasta e importante área do país e atrairemos, no interesse de ambas as partes, uma grande "clientela" de Espanha (na mega-região a que nos referimos na nota 33)!

É esta naturalmente a solução defendida pela Comissão de Coordenação e Desenvolvimento da Região Norte (CCDRN), como sendo, nas palavras do seu Presidente, a "que melhor serve os interesses do Norte" (*O Primeiro de Janeiro* de 17 de Junho de 2008). Não se trata todavia apenas de servir melhor o Norte, servem-se também muito melhor outras áreas do país, beneficiado ainda, tal como a Espanha, com o serviço muito mais favorável prestado à Galiza. O Aeroporto de Pedras Rubras é aliás já hoje procurado anualmente por cerca de 400.000 galegos, uma percentagem muito elevada dos seus algo mais do que 4 milhões de passageiros (com o crescimento maior do país, no último ano). É pois muito claro o significado das perspectivas muito favoráveis que se abrirão com uma estação do TGV dentro da aerogare.

[53] Para que se verifique uma exploração eficaz e rentável do aeroporto de Pedras Rubras é ainda indispensável que seja independente das dos demais aeroportos portugueses e entregue a um consórcio privado, tal como está apresentada a candidatura por um consórcio da maior credibilidade. Só com concorrência podemos ter um aeroporto comercialmente "agressivo", com especial relevo para a captação da clientela da Galiza; "obrigando" ainda – só assim – a que desejavelmente sejam também mais baratas as tarifas em de utilização em Lisboa.

124 *O PNPOT e os novos desafios do ordenamento do território*

pelo menos alguma demora em Lisboa até se chegar (em TGV ou no *shuttle*) ao aeroporto, com um acréscimo de tempo de mais de 20 minutos[54].

O fortalecimento do aeroporto de Pedras Rubras, com a estação do TGV dentro da aerogare, levará ainda a um reforço muito substancial do apoio que pode ser dado à Galiza. O aeroporto do Porto tem mais movimento do que qualquer dos aeroportos galegos e já atrai muitos cidadãos desta região: sendo a sua utilidade muito acrescida com um serviço directo de TGV (a viagem de Vigo demorará menos de meia hora).

Ao privilegiar-se o acesso ao(s) aeroporto(s) por vias férreas não está aliás a dizer-se nada de estranho ou desconhecido (com frequência temos pessoalmente tal sensação, quando falamos nisso...), basta olhar para os bons exemplos dos outros países, que não admitimos (nem nós nem o país!) **que os decisores portugueses não conheçam.** Na Alemanha, na França, na Holanda ou na Suíça **os aeroportos principais são servidos no seu interior, com estações dentro deles, pelas principais linhas férreas nacionais,** alargando-se enormemente o serviço proporcionado, rentabilizando-se os investimentos feitos nos dois modos de transporte e redu-

---

[54] Trata-se de diferença atenuada se de facto, como por vezes se anuncia e é fortemente desejável que aconteça, os 33 TGV's vindos do Porto seguirem até à aerogare de Alcochete, tendo aí o seu *terminus*. Poderá ser uma estação operacionalmente muito mais favorável do que a do Oriente; e é inequívoca a melhoria do serviço proporcionado assim ao aeroporto, alargado a mais alguns milhões de pessoas.

Nesta lógica, justificar-se-ia ainda que na sua sequência alguns comboios (TGV's) seguissem para Madrid, com o desvio da linha para norte que referimos na nota 42 (tendo sublinhado aí que só assim conseguiremos atrair para o aeroporto de Alcochete uma desejável clientela de Espanha, com os comboios de ligação a Lisboa). Seriam mais uns quilómetros, mas dispensar-se-iam os quilómetros "mais a direito" que estão previstos (recorde-se ainda uma vez o mapa 10), de pouco relevo para o serviço a Espanha, demorando-se apenas alguns minutos mais. Mas, como se disse, com enorme mágoa, a esperança de que assim pudesse acontecer desvaneceu-se com a abertura do concurso da linha do TGV para Madrid a partir do Poceirão. Mais uma vez em Portugal uma grande infra-estrutura é feita "desconhecendo-se" onde estão as outras. No caso, a errada alteração na localização do novo aeroporto de Lisboa teria obviamente de levar a que se alterassem os traçados das infra-estruturas complementares (atenuando-se assim os inconvenientes desse erro...). Mas tal não aconteceu, continuando a passar-se tudo como se o aeroporto fosse na mesma na Ota. Começamos pois o século XXI com mais uma ineficácia grave, comprometedora do nosso futuro, num mundo que não "perdoa" irracionalidades no ordenamento do território...

Não será possível alterar ainda os termos do concurso, alterando-se o troço inicial?

O reforço da competitividade territorial de Portugal...	125

zindo-se substancialmente os custos de segurança e ambientais (v.g.de congestionamento) dos transportes individuais[55].

Importando pois, por razões de todas as naturezas (acentuando-se, agora e no futuro, razões de dependência e económicas graves em relação aos combustíveis!) que na escolha da localização do novo aeroporto de Lisboa se tivesse dado atenção primordial aos acessos por *rail*, não poderia todavia desconhecer-se que haverá sempre muitas pessoas que demandarão o aeroporto por rodovia: em particular pessoas de Lisboa e de concelhos como Cascais e Sintra[56], onde continuará a estar uma grande parte dos utilizadores: no fundo, uma grande parte dos mais de 90% de utilizadores que vivem a norte do Tejo, com o novo aeroporto a sobrecarregar os acessos com três ou quatro dezenas de milhões de passageiros dentro de poucas décadas (mesmo deixando de haver voos Lisboa-Porto)[57].

---

[55] A generalidade dos cidadãos desses países, "menos ricos" e "ricos", usa predominantemente os transportes colectivos no acesso aos aeroportos, "não lhes caindo por isso os parentes na lama", para recorrer a uma expressão tradicional portuguesa. Já criaram assim hábitos que é bom que passemos a ter também em Portugal, com enorme benefício pessoal e social.

Em relação ao aeroporto *Charles de Gaulle* foi sublinhado, há mais de quinze anos, que com ele, "avant la fin de l'année 1996, seront ouverts un nouveau terminal, une piste supplémentaire, ainsi qu'un module d'échanges. Ce dernier, situé au cœur de l'aeroport, et proche de l'actuel CDG et du futur terminal, est un lieu hautement stratégique et symbolique. Il accueillera, entre autres, les reseaux routiers, mais aussi surtout les lignes du RER et du TGV! L'autoroute et le train arrivant au pied des avions : cette interconnexion entre les lignes aériennes, ferroviaires et routières, constiue une première mondiale...» (*L'Aéroport du Troisième Millénaire*, em *Atlas* da Air France, Janeiro de 1992, pp. 37-40).

Com um entusiasmo compreensivel, "esquece-se" que não era de facto uma "première mondiale", já acontecia assim por exemplo com os aeroportos principais da Alemanha, da Holanda ou da Suíça; não podendo nós deixar de ter um sentimento de inveja e pena, sem nenhuma esperança de que algo de semelhante se verifique em Portugal, no mundo tão exigente do século XXI...

[56] A distância de Cascais ao aeroporto de Alcochete é de 74 quilómetros, sendo ainda maior a distância de Sintra, num caso e no outro mais 20 do que no acesso à Ota. Terão pensado nisso as pessoas influentes desses dois concelhos que com tanto entusiasmo apoiaram activamente o "movimento anti-Ota"?

Virão agora naturalmente as pressões para uma nova ponte, Algés-Trafaria, bem como para mais alguns quilómetros de auto-estradas de ligação, reforçando-se a posição cimeira que Lisboa já tem na Europa com a ocupação do espaço com esse tipo de infra-estruturas rodoviárias (referida na nota 43).

[57] De acordo com o estudo do LNEC (p. 179), pode prever-se que o aeroporto tenha

126 *O PNPOT e os novos desafios do ordenamento do território*

Ora, a localização em Alcochete (quando comparada com a da Ota), é mais distante para a maior parte das pessoas que demandam o aeroporto pela via rodoviária, obriga (sem alternativa) a portagens mais elevadas e sujeita inevitavelmente os cidadãos, por mais pontes que se façam, a congestionamentos na travessia do Tejo (dados a extensão a atravessar e o custo das obras, em pontes ou túneis, que virão sempre com atraso em relação ao movimento que se vai gerando)[58]. A determinadas horas do dia será mais rápido ir de Leiria ao aeroporto em Alcochete, junto à A-13, do que de Cascais a esse local. É de esperar aliás que a essas horas, com o congestionamento das pontes de Lisboa, para pessoas desta cidade e de concelhos vizinhos (a oeste e a norte) será mais rápido ir (*v.g.* pela CREL) até à ponte de Vila Franca ou da Leziria (passando "à porta" da Ota...) para tomar a A-13, que passa junto ao aeroporto de Alcochete...

Considerando ainda custos ambientais (a que são de acrescer os custos energéticos), o estudo do LNEC (p. 193) não deixa naturalmente de reconhecer que "a localização na zona da Ota apresentaria a vantagem de menores custos de funcionamento do sistema de transportes terrestres e de menores externalidades deste sistema". Acrescenta-se que com esta localização há "menor tempo gasto pelos passageiros no acesso ao NAL, melhor acessibilidade ao triângulo Cascais-Estoril-Sintra, a Leiria e a Coimbra, e de uma forma geral ao Centro e Norte do País".

---

em 2017 um movimento de 19 milhões e em 2050 um movimento de 43 milhões de passageiros.

As pessoas que utilizam as vias rodoviárias são aliás também interessadas directas nos bons acessos ferroviários, evitando congestionamentos desnecessários nos trajectos a fazer, libertando-se pois a rodovia para quem não pode deixar de a utilizar.

[58] Os **custos de antecipação de pontes (ou túneis)** por causa de o aeroporto ser na margem sul deveriam aliás ter sido considerados na comparação feita pelo LNEC entre as localizações em causa: não sendo a mesma coisa ter de se fazer um investimento de milhares de milhões de euros agora ou de aqui a alguns anos...

Juntando-se os custos adicionais de linhas de caminhos de ferro indispensáveis, já referidas atrás, o custo total dos terrenos (mesmo terrenos do Estado têm valor económico, que não pode deixar de ser considerado como custo: se pode construir-se neles um aeroporto, poderiam acolher outras construções) e o custo de deslocação do Campo de Tiro de Alcochete (diz-se no estudo do LNEC que também teria de proceder-se a esta mudança sendo o aeroporto na Ota; muito nos admirando que só agora se fale nisso, estando aqui desde há meio século uma base aérea importante do nosso país...), pode ver-se mesmo por alto que é de facto **muitíssimo mais cara** a solução de Alcochete (acrescento ainda a compensação de 2,1 milhares de milhões de euros dadas aos municípios da área da Ota).

No parágrafo seguinte diz-se, por seu turno, que "a localização no CTA (H6B) apresenta a vantagem de **uma maior fiabilidade** do acesso a Lisboa nos cenários de Terceira Travessia do Tejo Chelas-Barreiro rodo-ferroviária. Melhor acessibilidade à Península de Setúbal, a Évora, a Elvas/Badajoz, e ao sul do País" (negrito nosso).

Além de não percebermos o que se quer dizer com a afirmação de "maior fiabilidade" do trajecto referido (o que é "maior fiabilidade", e "maior fiabilidade" em relação a que trajecto?), será de recordar que o sul do país é servido já pelos aeroportos de Beja e Faro e de perguntar se não deveria ter-se lembrado a diferença nos números de habitantes e de utilizadores do aeroporto num caso e no outro (várias vezes superior, muitos milhões mais, no primeiro caso...).

Receamos que para a rejeição generalizada da Ota, apesar de os acessos serem muito mais rápidos e baratos, terá contribuído, a par da extraordinária campanha "contra" que foi feita (nunca havíamos assistido a outra semelhante no nosso país, lamentavelmente "bem" sucedida!), a diferente atractividade estética dos trajectos. Enquanto que o trajecto pela A-1 até à Ota é pouco atractivo, por uma auto-estrada antiga e com vários painéis dos lados (é mais atractivo o trajecto pela CREL, para quem viesse de Cascais e dos demais concelhos a oeste), o acesso por uma ponte a caminho de Alcochete (onde aliás se é obrigado a andar mais devagar...) tem a atractividade de se desfrutar da beleza do estuário do Tejo.

Com interesse especial para a análise deste artigo, sobre a competitividade territorial de Portugal, não pode deixar de ser dada por fim atenção a uma das variáveis consideradas no estudo do LNEC: a de "competitividade e desenvolvimento económico e social"(mencionada logo na p. 22 e desenvolvida pp. 212 ss.).

Foi uma das sete variáveis consideradas, por seu turno uma das quatro que determinaram (**cada uma só por si**...) a "vitória por quatro três", tangencial, em relação à localização na Ota[59].

---

[59] Na "campanha anti-Ota" foi dado ainda grande relevo, com enorme repercussão na imprensa, a uma alegada insegurança para a navegação aérea nessa localização.

Não deixámos de ficar preocupados no início, naturalmente a pensar nos outros mas, como se compreenderá, também a pensar em nós próprios, pois viajamos com grande frequência. Tratar-se-ia de variável a sobrepor-se a todas as demais, pondo um "ponto final" na questão.

Ficámos todavia sossegados quando vimos num texto básico publicado (Henriques, org., 2007, p. 39) tal perigo ser ilustrado com um desastre aéreo em que, em Julho de 1955,

Trata-se todavia de variável que, podendo **impressionar**, **esmagar** mesmo, à primeira vista, deixa muitas dúvidas e mesmo perplexidades, a diferentes propósitos.

---

perderam a vida os pilotos de oito F-24 da Força Aérea: num desastre que ocorreu todavia numa serra nas imediações de Coimbra, a mais de 160 quilómetros da Ota (o autor destas linhas nunca esquecerá o horror desse dia, sendo então aluno do Liceu D. João III).

Simultaneamente, foi dado também muito relevo à saturação próxima do aeroporto, chegando a dizer-se que tal aconteceria em 13 anos.

O problema da segurança não é naturalmente levantado sequer no estudo no LNEC. Depois de a problemática de "segurança, eficiência e capacidade das operações do tráfego aéreo" ser enunciada no início (p. 22), entre os 7 "factores críticos para a decisão", nas conclusões (p. 279) o estudo é muito claro com a afirmação de que "é técnica e economicamente viável, em ambas as localizações (zona da Ota e zona do CTA), a construção de uma infra-estrutura aeroportuária com características adequadas para satisfazer a finalidade e os pressupostos de base que enformaram a decisão governamental de dotar Lisboa de um novo aeroporto, tendo em vista o horizonte de funcionamento de 2017 a 2050".

Não poderia ser-se mais claro!

Podendo ser-se já sensível à possibilidade ilimitada de expansão, será de perguntar se uma eventual necessidade de expansão na segunda metade do século XXI, para além de cinco ou seis dezenas de milhões de passageiros, justificará um serviço muito pior na primeira metade do século. Como escrevemos noutro local, trata-se de consideração que deveria ter levado a que o aeroporto da Portela não tivesse sido instalado aqui, dado que seis décadas depois (agora) não poderia manter-se. Estamos todavia seguros de que foi bom que assim tivesse acontecido, para Lisboa e para o país. E quando o aeroporto na Ota chegasse à saturação, na segunda metade do século, seria tempo de se ter "Ota *mais* um" (tendo então o movimento que justificaria – só esse movimento! – haver dois aeroportos na mesma área urbana, tal como acontece – quase só aí – em Londres e Paris, não em Madrid, Bruxelas ou Amesterdão...).

É já correcto o que se diz p. 281 sobre o aeroporto em Alcochete: "o espaço disponível e as características físicas (orográficas e outras) desta zona permitem uma flexibilidade e uma capacidade de expansão, quer para o aumento do número de pistas quer para instalação de uma cidade aeroportuária, que não se encontra na zona da Ota. Considerando as duas pistas previstas, a maior capacidade em número de movimentos das aeronaves que a localização na zona do CTA garante, com a possibilidade de funcionamento independente das pistas, é já de si uma vantagem acrescida".

São vantagens reais, mas a contrapor às vantagens, também reais e muito superiores, da localização na Ota, servindo muito melhor o país; tendo de perguntar-se ainda se são compagináveis com as exigências de ambiente que não podemos deixar de passar a ter em Portugal (com um aumento do número de pistas e a cidade aeroportuária de que vamos falar a seguir).

E, como referimos há pouco, mesmo por razões de ordenamento do território não se justificará que se vá além de um determinado volume de tráfego, de algumas dezenas de milhões de passageiros: devendo ir-se então para a utilização de outro aeroporto.

O reforço da competitividade territorial de Portugal... 129

Alicerça-se em grande medida na possibilidade de em Alcochete haver um cidade-aeroporto, algo nunca concretizado e caracterizado (...), que **daria a Portugal uma vantagem competitiva em termos mundiais**. Assim poderia acontecer por haver em Alcochete uma disponibilidade de terrenos que não há na Ota.

A primeira pergunta a fazer[60] é naturalmente sobre se não se estará já a pensar no que se afirma querer evitar mas é bem de recear (não se pode ser ingénuo...), que o novo aeroporto não ficará limitado ao terreno onde não haverá objecções ambientais. Tal cidade exigirá alegadamente já 3.800 hectares, provavelmente mais, comprometendo-se valores básicos a preservar (provavelmente as autoridades da EU não admitirão tal devassa...)[61].

Por outro lado, é de perguntar se a nossa competitividade, ou a competitividade de qualquer país, poderá estar baseada nesse tipo de cidade. Estando o aeroporto não longe de Lisboa, bem como de outros centros urbanos (apenas a título de exemplo, Oeiras, com o seu parque tecnológico, ou mesmo Coimbra, com todos os seus serviços universitários), a nossa competitividade não estará antes numa linha de policentrismo, com a participação de infraestruturas várias (quase todas já existentes e de grande prestígio)?

---

[60] Face ao que se diz a seguir, compreende-se bem que a Comissão de Coordenação e Desenvolvimento Regional (CCDR) de Lisboa e Vale do Tejo, com as responsabilidades que lhe cabem, defenda que "Alcochete não deve ter cidade aeroportuária" (cfr. o *Diário Económico* de 18 de Março de 2008). Nas palavras correctas e sensíveis do seu Presidente, Fonseca Ferreira, "as actividades deverão ser distribuídas por várias zonas": "Havemos de reservar um espaço na envolvente do aeroporto para acolher actividades logísticas, eventualmente indústrias e residências, mas não vemos que se vá construir uma grande cidade aeroportuária em torno do aeroporto. Consideramos mais que parte dos defeitos do aeroporto se devem distribuir".

Assim deve acontecer, seguindo-se os exemplos dos países melhor organizados, não só por razões de ordenamento e ambientais como de competitividade mundial.

[61] Como seria de esperar, o Instituto de Conservação da Natureza e da Biodiversidade (ICNB) veio "chumbar", embora sem força vinculativa, a escolha de Alcochete (cfr. o *Diário de Notícias* de 31 de Março de 2008).

O receio de que esteja de facto a prever-se (a desejar-se?) uma enorme ocupação de terrenos (indevida?) resulta por exemplo, a par de outros passos, da crítica do LNEC à localização na Ota (p. 209), pela "dificuldade em acomodar uma 'cidade aeroportuária' segundo um modelo de **área extensa** e contígua ao aeroporto" (negrito nosso).

Poderia ser-se mais claro?

Não vemos aliás que seja esse o modelo dos grande aeroportos da Europa e de fora da Europa, podendo distinguir-se a título de exemplo o de Frankfurt, servindo infra-estruturas (as melhores!) localizadas de um modo policênctrico no território nacional alemão.

Por fim, a par ainda de outras perplexidades, não vemos que relevo possa ter alguma componente percentual (não em valores absolutos) de exportações de indústrias ou de maior nível tecnológico alegadamente mais perto de Alcochete do que mesmo de Lisboa: circunstâncias que podem não ter nada a ver com os passageiros (empresários e quadros) ou com as mercadorias que demandam o transporte aéreo (não serão por exemplo automóveis ou ramas de petróleo...).

Trata-se de dúvidas que se acentuam com a observação dos quadros em que o estudo do LNEC (pp. 225 e 226) pretende evidenciar estas **impressionantes** e **decisivas vantagens competitivas de Alcochete**, quadros que é importante reproduzir aqui:

QUADRO 1

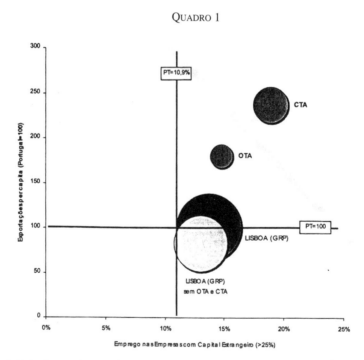

As "bolhas" representam a quota nas exportações nacionais em %. (GRP – Grande Região de Polarização)

Fonte: Quadros de Pessoal, 2004

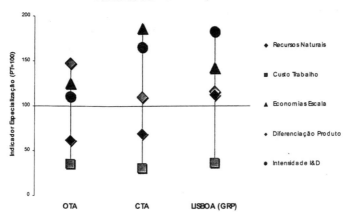

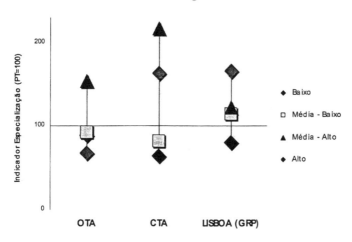

Fonte: Quadros de Pessoal, 2004

A especialização das áreas restritas de influência da Ota e do CTA
(Indicador de especialização calculado com base no Valor Acrescentado)

São vantagens que colocam **Alcochete mesmo acima de Lisboa**. Na lógica do argumento, admitindo que em Lisboa houvesse um terreno com todas as características para localizar um grande aeroporto internacional (com boas aproximações, sem riscos, etc.), ainda assim **Alcochete ganha-**

132 *O PNPOT e os novos desafios do ordenamento do território*

ria, com a sua maior internacionalização e o seu mais elevado nível tecnológico...

Concordando-se com que o sul do Tejo não é um "deserto", não exageremos no sentido oposto, considerando a área nordeste do Campo de Tiro de Alcochete como sendo o "paraíso" ou mesmo o "céu": o centro do mundo em termos de internacionalização, inovação tecnológica e competitividade...

6.4. *A implantação dos centros de apoio mais qualificantes*

Um aproveitamento eficiente dos recursos do país exige em muitos casos serviços de proximidade, que deverão ser colocados em centros urbanos das várias regiões.

Voltaremos a este ponto em 7, quando falarmos da regionalização.

Mas mesmo não havendo regiões, há que ter sensibilidade para a necessidade de se reforçar a malha urbana nacional.

Trata-se de necessidade a que o PNPOT é sensível, em termos gerais e com várias propostas de articulações urbanas. Assim acontece com a sugestão já referida de promoção de cidades do interior, em articulação com a dinâmica de centros urbanos espanhóis, bem como, no território entre Setúbal e Braga, para além da promoção das áreas metropolitanas de Lisboa e Porto, com a sugestão de valorização do "polígono Leiria--Coimbra-Aveiro-Viseu".

Para que assim aconteça, tem de haver serviços de proximidade, capazer de dar resposta ajustada e pronta a quem os procura: podendo ser serviços leves, com um custo total menor do que o custo enorme de serviços centralizados.

A existência de serviços de qualidade em todas as regiões é além disso condição indispensável para que se mantenham nelas quadros mais qualificados, designadamente pessoas mais jovens. A razão decisiva para a "sangria" para Lisboa não é o nível das remunerações, mas sim a possibilidade de valorização profissional, com capacidade de iniciativa e funções de responsabilidade[62].

---

[62] Entre muitos outros exemplos, será de referir o caso lamentável das delegações regionais do INE, no Porto, em Coimbra, em Évora e em Faro, que deixaram de poder ter as tarefas de investigação de que anteriormente se encarregavam, com mérito indiscutível.

Tem de reconhecer-se todavia que há serviços que não devem ser repartidos, ou que pelo menos exigem uma coordenação nacional. Mas não há nada que justifique que tudo o que é nacional seja na capital, podendo lembrar-se de novo países bem organizados, como são os casos da Suiça ou da Alemanha, ainda aqui dentro de cada estado, com a desconcentração das sedes dos serviços, localizadas em cidades variadas. A própria França, com uma penosa tradição de centralismo, que tanto a tem prejudicado, deu alguns passos significativos, com a localização de serviços nacionais fora de Paris.

Para além de outras razões, em Portugal foi-se criando a imagem de que algo que seja nacional tem de ser na capital. É em grande medida um **problema cultural**, impondo-se que no século XXI haja uma **mudança de mentalidade**, com a aceitação de que em outras cidades e com outros cidadãos pode haver também responsabilidades nacionais[63].

Os serviços de várias naturezas – do ensino à saúde ou ao apoio económico – podem e devem ser proporcionados em todo o território, sendo excepções os casos em que não se justificam estruturas descentralizadas ou pelo menos desconcentradas.

Só para ilustrar com outra realidade do continente português, a realidade dos valores culturais construídos, ligados à nossa história riquíssima, podemos ver onde está o património classificado reproduzindo, como mapa 12, o mapa que consta da p. 120 do PNPOT.

Há um grande equilíbrio, entre as regiões e em cada região, sendo também muito rico o património que se encontra em zonas do interior mais desfavorecido.

Justificar-se-á pois que seja desconcentrado ou mesmo descentralizado muito do que diga respeito à conservação do património, bem como naturalmente serviços de apoio a um desejável turismo cultural, que cada vez mais proporcione a sua visita a interessados do país e do estrangeiro (valorizando-se assim o tecido social e económico das suas áreas, com alojamentos, restaurantes, iniciativas culturais, etc.).

---

[63] O problema já não se põe, não se levantando a mesma dúvida, quando se trata da prestação obrigatória do serviço militar ou do pagamento de impostos, não havendo a estes propósitos reservas à responsabilização e à participação nacionais das várias regiões...

MAPA 12

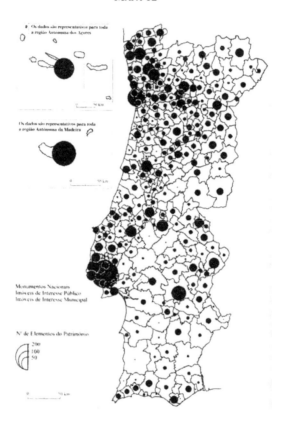

7. Os fundos "estruturais" da União Europeia e as verbas do PIDAC

Ao contrário do que acontece no nosso país, há na União Europeia a preocupação com um maior equilíbrio territorial. Portugal tem pois a sorte de estarem e participarem em Bruxelas responsáveis (incluindo naturalmente a participação aí dos responsáveis portugueses…) com outro tipo de perspectiva.

Numa lógica de promoção de um maior equilíbrio, as regras dos fundos estruturais, em particular do FEDER, apontam para que se apoiem em maior medida as regiões mais desfavorecidas, com a maioria das verbas destinadas às regiões objectivo 1, chamadas agora de "convergências", as que têm um PIB *per capita* abaixo de 75% da média comunitária.

Se se seguisse em Bruxelas a lógica, referida atrás, do "motor" ou dos "motores" das economias, não haveria a política regional da União que, em termos economicamente correctos, tanto tem promovido Portugal. De um modo crescente com a globalização, a Europa tem de competir com os Estados Unidos, com o Japão ou agora também com a China e com a Índia, devendo por isso "puxar" pelo que tem mais vantagens competitivas na Europa: na Alemanha, na França, no Reino Unido ou na Holanda.

Deveriam ir pois para aqui (não para Portugal...), para onde, com realismo, a Europa tem mais capacidade para responder aos desafios da globalização, as verbas de eventuais fundos estruturais.

Portugal muito tem beneficiado por na União Europeia não se ter seguido esta lógica: seguindo-se antes uma lógica de desenvolvimento territorial mais equilibrado, com o qual se conseguem vantagens de bem-estar e de competitividade (numa lógica de "regiões nascentes": cfr. Porto, 2001(9), p. 384).

Mas o que pelos nossos responsáveis é julgado bom em Bruxelas já não é julgado bom entre nós, acentuando-se os desequilíbrios internos, com legislação discriminatória, favorecedora das áreas mais favorecidas (vê-lo-emos melhor em 8), em particular com uma canalização muito maior de fundos públicos para estas áreas (beneficiadas aliás já com economias de escala e externas de diversas índoles...).

Trata-se de uma estratégia assumida. Quando ficou claro que a Região de Lisboa não poderia continuar a ser considerada no objectivo 1 (assim acontece agora também com as regiões da Madeira e do Algarve), foi anunciado logo pelos responsáveis políticos que tal afastamento seria compensado com verbas do Fundo de Coesão e do PIDAC (cfr. Porto, 2001, pp. 403-6).

Assim acontece na linha do que já se vinha passando, podendo apenas a título de exemplo recordar-se que em 2001 48,4% das verbas regionalizadas do PIDAC foram para os distritos de Lisboa, Setúbal e Porto, basicamente para as duas áreas metropolitanas. São além disso despendidas fundamentalmente em Lisboa, em iniciativas "nacionais", as verbas não regionalizadas.

Analisando o que se tem verificado com os Quadros Comunitários de Apoio, constata-se que, ainda que haja um maior equilíbrio nas verbas em geral (em especial com o FEDER), mesmo um favorecimento *per capita* das regiões mais desfavorecidas, tem-se verificado uma concentração enorme com as iniciativas mais qualificantes: a título de exemplo, logo no

136 *O PNPOT e os novos desafios do ordenamento do território*

I Quadro Comunitário de Apoio foi especialmente agravador dos desequilíbrios o apoio do Fundo Social Europeu, com uma capitação na Região de Lisboa e Vale do Tejo mais do que dupla das capitações nas Regiões Norte, Centro e do Algarve; no I e no II Quadros foi muito grande a concentração das verbas de investigação e desenvolvimento tecnológico (I & D); podendo recordar-se ainda a concentração total das verbas para renovação urbana que se verificou com o II Quadro Comunitário (cfr. as referências em Porto, 2001(9), p. 404).

Tem vindo pois a contribuir-se assim para a acentuação do fosso de que temos vindo a falar, enfraquecendo-se o nosso país quando era tão importante fortalecê-lo, face a um mundo de tanta exigência.

8. A "fuga" a legislação e medidas iguais para todo o país, favorecendo-se as áreas já mais favorecidas

Não deixando de ter presente um ou outro caso em que há discriminação positiva em relação a zonas mais desfavorecidas, designadamente no domínio fiscal, assumem especial gravidade e maior relevo os programas e medidas dos "responsáveis" nacionais preocupados apenas com as zonas mais favorecidas (com um âmbito territorial limitado a estas zonas...).

Recuando uns anos atrás, pode recordar-se um programa privilegiado de recuperação de barracas limitado às áreas metropolitanas de Lisboa e Porto. Como sublinhámos então (Porto, 1998, pp. 69-70), infelizmente não é todavia só aqui que "há barracas e carências de habitação, há-as igualmente em outras zonas do país". Podendo dizer-se que o problema "é mais agudo em Lisboa e no Porto", "tal não deixaria de ser tido na conta devida com uma legislação de âmbito nacional, pelo contrário, sê-lo-ia exactamente na medida correcta. A título de exemplo, estando em Lisboa e Porto 99% dos cidadãos carenciados iriam para aí 99% dos apoios financeiros, mas não seria já violado o princípio da igualdade entre os cidadãos, sendo atendida igualmente a carência de qualquer pessoa, mesmo uma só" (mas também **portuguesa**, ou residente no nosso país...), "que por pouca sorte viva fora das áreas metropolitanas portuguesas".

A par de muitos outros exemplos, em que podem incluir-se todos ou quase todos os grandes projectos nacionais[64], pode referir-se também um

---

[64] Por exemplo a Expo-98, um tipo de certame que na generalidade dos outros paí-

O reforço da competitividade territorial de Portugal... 137

programa muito recente de construção de salas de aula, limitada às áreas metropolitanas de Lisboa e Porto: passível das mesmas críticas que o programa de extinção de barracas[65].

Julgamos aliás que está mesmo em causa o respeito por princípios constitucionais básicos, em particular pelo princípio da igualdade, com especial gravidade tratando-se de legislação no domínio social. Verifica-se com ela uma discriminação inaceitável, mesmo intolerável, entre os cidadãos do nosso país[66].

---

ses não tem lugar nas capitais (teve lugar neste ano em Espanha a Exposição Mundial de Saragoça, seguindo-se à de Sevilha...). E agora a recuperação da zona ribeirinha de Lisboa começa a ser anunciada como a "obra do regime" da governação Sócrates (cfr. o *Sol* de 25 de Abril de 2008). Por nós, teríamos preferido que a "obra do regime" fosse a promoção do interior mais desfavorecido (mas com potencialidades!) do nosso país...

É importante sublinhar que só as ligações ferroviárias a fazer em Alcântara, numa extensão de alguns quilómetros, custarão 407 milhões de euros (apenas uma pequena parcela do total a afectar à recuperação ribeirinha...): ou seja, quase tanto como 30 quilómetros de linha de TGV, um décimo da ligação Lisboa-Porto! Deverá perguntar-se, naturalmente, se se justificaria o investimento caso se procedesse a uma análise rigorosa e completa de custos e benefícios (que naturalmente não será feita, estando aliás a decisão já tomada...).

Monod e Castelbajac poderiam pois juntar este exemplo aos que deram numa edição anterior da sua obra (cit., 8ª ed., 1994, p. 7), mostrando a enorme desproporção dos custos das obras em áreas urbanas congestionadas: com a primeira extensão regional do metropolitano de Paris a custar tanto como a auto-estrada Paris-Marselha e o periférico da capital tanto como a auto-estrada Paris-Bordéus.

São os custos das *megalopoles*, para que infelizmente caminhamos em Portugal, mas que não se verificam em países com um ordenamento do território correcto, como acontece (recordemo-lo de novo) com a Holanda, a Alemanha ou a Suíça.

[65] Uma incompreensível "aceitação" da existência de "dois países" leva ainda por exemplo às enormes diferenças nas dotações orçamentais dos três principais hospitais universitários do país. Sendo maior o Hospital da Universidade de Coimbra, em camas e serviços prestados tem um financiamento muito abaixo do financiamento dos hospitais de Lisboa e do Porto....

Os exemplos sucedem-se pois nos diferentes sectores.

[66] O artigo 13.º da Constituição, depois de sublinhar, no n.º 1, que "todos os cidadãos têm a mesma dignidade social e são iguais perante a lei", dispõe no n.º 2 que "ninguém pode ser privilegiado, beneficiado, prejudicado, privado de qualquer direito ou isento de qualquer dever em razão da ascendência, sexo, raça, **território de origem**, religião, convicções políticas ou ideológicas, instrução, situação económica, condição social ou orientação sexual" (negrito nosso). Falando-se em "território de origem" e não em "território de residência" poderá dizer-se talvez que um transmontano ou um beirão que vá para Lisboa deixa de estar prejudicado, não sendo afectado pela sua origem. Já nos retorquiram aliás várias vezes, quando procurámos defender situações de igualdade entre os cidadãos

138   *O PNPOT e os novos desafios do ordenamento do território*

Mas o caso mais grave, *v.g.* em termos de verbas públicas, continuará a ser, de forma agravada de ano para ano, o caso do financiamento dos défices dos transportes colectivos urbanos de passageiros, cobertos pelo Estado nas áreas metropolitanas (de Lisboa e Porto) e já não nos demais centros urbanos do país[67].

Verifica-se assim uma situação injustificável nos planos da equidade e económico. Havendo défices também em outras cidades, são as Câmaras a cobri-los, à custa dos cidadãos (com impostos mais elevados ou a impossibilidade de prestação de outros serviços, v.g. de apoio social), a menos que não haja défice porque os cidadãos são sacrificados com tarifas muito mais elevadas do que nas duas áreas metropolitanas...Já em relação a Lisboa e ao Porto são, como se disse, os cidadãos de todo o país a sofrer um sacrifício (mais sentido pelos mais pobres) que só aproveita aos cidadãos de duas áreas privilegiadas[68].

---

do nosso país, que a solução está em irmos para Lisboa, nada proibindo esta migração. Mas para além de outras considerações, mesmo do interesse do país e dos próprios lisboetas, beneficiados sem tal afluxo (congestionador e agravador das condições de vida para quem lá está), é evidente que quem imigra continua a estar prejudicado com a sua origem, não dispondo à partida de casa, outros valores materiais, mesmo do enquadramento profissional e social de quem de lá é natural. Há pois um prejuízo resultante do "território de origem".

Não pode de facto fugir-se à exigência de os portugueses terem os mesmos direitos em todo o territórios nacional!

[67] Um outro caso a apontar poderá ser o dos jogos nacionais, a lotaria ou o totobola, de âmbito nacional, por isso com receitas de todo o país, mas que revertam apenas a favor da Santa Casa da Misericórdia de Lisboa: por isso com apoios sociais basicamente apenas nesta área.

[68] De nada adianta o argumento de que em Lisboa e no Porto temos empresas públicas, nacionais, sendo municipais as empresas ou os serviços dos demais municípios. Além de as indemnizações compensatórias cobrirem também défices de empresas privadas (no caso de Lisboa), será de sublinhar que todos os demais municípios, **igualmente municípios portugueses**, aceitarão de bom grado que sejam também empresas públicas nacionais a fornecer os respectivos transportes urbanos... E nada impede que assim aconteça!

Está aliás em causa, com esta situação, a necessidade imperiosa de **a lei portuguesa definir o que é competência do Estado ou das autarquias**: mais concretamente, a necessidade de estabelecer, sem que se aceitam excepções, a quem cabe a responsabilidade dos transportes colectivos urbanos de passageiros.

É de razoabilidade elementar – além do respeito por outros valores, mesmo constitucionais – que haja esta definição! Mas alguma maioria será capaz de o fazer?

Procurando sugerir uma solução realista, solicitada então pelo Governo, mas que, como seria de esperar, não foi considerada, pode ver-se Porto (1990). Recentemente houve iniciativas parlamentares de os Verdes e do PCP, visando atenuar a injustiça que se veri-

O reforço da competitividade territorial de Portugal...

139

Temos assim uma situação não só iníqua como ineficiente, com uma distorção na economia através da criação artificial de uma excepção[69], deixando além disso de haver incentivo – indispensável numa lógica de racionalidade – a que se verifique uma maior eficiência no sistema de transportes (sabendo-se que o dinheiro virá do OE, sendo em muito maior medida outros cidadãos a sofrer o sacrifício...).

O escândalo mais recente é o de, com a subida dos preços dos combustíveis, o Governo assegurar o congelamento dos preços dos passes sociais apenas em Lisboa e no Porto. O Primeiro-Ministro alegou que nos demais casos a responsabilidade seria dos municípios, com a razão "formal" já referida (e devidamente criticada na nota 68) de que só ali se trata de empresas do Estado (lembrámos todavia já que são concedidas indemnizações compensatórias também a empresas privadas...). Não estando todavia talvez convencido, ou totalmente convencido, com esta "razão",

---

fica; mas foram rejeitadas, com os votos contra da maioria actual (cfr. o *Diário da Assembleia da República*, I série, de 24.5.2008, pp. 35.6.

[69] Compreensivelmente, os responsáveis da União Europeia, em especial o Tribunal de Justiça das Comunidades, vão estando cada vez mais atentos a que se trata de distorções da concorrência que não se limitam ao plano interno, "afectam" "as trocas comerciais entre os Estados-Membros", "falseando" ou "ameaçando" "falsear a concorrência, favorecendo certas empresas ou certas produções". Com ajudas públicas em determinadas áreas urbanas estão a ser ajudadas as empresas aí localizadas, em relação às empresas de áreas desse e dos demais países onde não há este tipo de "benesses". Na sequência de indicações anteriores, o Acórdão Altmark não podia ser mais claro, em relação ao caso em análise: no seu n.º 77 diz-se que"...não está de forma alguma excluído que uma subvenção pública concedida a uma empresa que apenas fornece serviços de transporte local ou regional e não fornece serviços de transporte fora do Estado de origem possa, não obstante, ter influência sobre as trocas comerciais entre Estados-Membros" (no n.º 78 é posta em causa, mais concretamente, a possibilidade de concorrência no próprio serviço de transportes, por empresas estabelecidas noutros Estados-Membros, dados os benefícios proporcionados às empresas locais) cfr. Siebert, 2000 e, mais recentemente, Prosser, 2005, p. 145, Schwalbe, 2006 e Grötke, 2007.

Naturalmente, com o favorecimento das áreas de Lisboa Porto não nos preocupa (tanto) o prejuízo na concorrência provocado a empresas de outros países, preocupa-nos muitíssimo mais o prejuízo causado às demais áreas do país, principalmente aos seus cidadãos: estando aliás em causa não apenas um problema de concorrência, acima disso está em causa o respeito por um princípio básico de equidade entre os cidadãos do nosso país. E preferiamos obviamente que fossem as autoridades do meu país a preocupar-se com os nossos concidadãos mais desfavorecidos e a afastar a iniquidade em análise, não os responsáveis de Bruxelas e do Luxemburgo...

140   *O PNPOT e os novos desafios do ordenamento do território*

alegou ainda na Assembleia da República que nas duas áreas metropolitanas há diariamente "movimentos pendulares de trabalhadores".

O Governo **do país** não pode porém desconhecer que também no Barreiro, em Setúbal, em Coimbra, em Aveiro ou ainda por exemplo em Braga há trabalhadores, muitos de recursos modestos, que têm de usar diariamente os transportes colectivos a caminho dos seus empregos (em "movimentos pendulares"!). Compreender-se-á pois que, face à desigualdade assim verificada, o presidente da Associação Municipal de Municípios tenha lamentado a existência no nosso país de "portugueses de primeira" e "portugueses de segunda"[70]

Nunca será possível "ultrapassar" situações de injustiça e distorção clamorosa do mercado com a elaboração de argumentos mais ou menos formais. A única solução terá de estar no seu afastamento[71]: não acreditando todavia nós que algum Governo venha a ser capaz de o fazer, dadas as circunstâncias (as forças…) que referiremos em 9[72].

---

[70] Cfr o *Diário de Notícias* de 30 de Maio de 2008. Do protesto do Presidente da Câmara de Coimbra é dada notícia por exemplo em *As Beiras* e no *Diário de Coimbra* de 17 e 18 de Junho de 2008, referindo que a aumento do gasóleo já provocou nos últimos meses um défice de 400 mil euros aos SMTUC's (Serviços Municipalizados de Transportes Urbanos de Coimbra), à custa apenas dos munícipes respectivos.

Aproveita o ensejo para referir mais uma desigualdade insuportável – **a juntar a todas as demais…**, a desigualdade verificada nos serviços de abastecimento de águas e saneamento, em Lisboa feitos pela EPAL, por isso sem encargos para o município. Justifica-se pois que conclua com a afirmação de que "também gostava de ter uma Câmara assim"!

[71] Um outro caso de injustiça e distorção gritantes está nas SCUTS, referido já atrás, na nota 44; sendo de lamentar também que até agora nada tenha sido feito, com excepção da reintrodução de portagens na CREL e nuns troços a norte, numa maioria anterior (sugerindo soluções realistas e justas, com discriminações positivas do interior, podem ver-se textos do autor, designadamente os referidos nessa nota).

Lamentavelmente, a imprensa portuguesa só tem dado relevo às iniciativas que têm procurado sanar as injustiças, mostrando o tempo a mais que se demora pelos trajectos alternativos. Sensibiliza-se assim a opinião pública contra medidas correctas. Nunca vimos, pelo contrário, uma reportagem sequer mostrando o tempo a mais que se levaria para ir pela EN-1 de Lisboa ao Porto, a alternativa em relação a uma auto-estrada em que sempre se tem pago portagens. O público não é sensibilizado, pois, a favor de quem foi sempre "prejudicado". Seria bom que algum jornal, rádio ou televisão fizesse em breve uma reportagem neste sentido. Fica aqui o desafio.

Injustiças e distorções antigas são de facto aceites, erguendo-se pelo contrário a opinião pública contra medidas que, "modestamente", visam apenas que todos os cidadãos portugueses sejam tratados de igual modo…

[72] No favorecimento **real** (esquecendo-se as promessas …) das zonas já mais favo-

O reforço da competitividade territorial de Portugal...   141

Ainda em 2007[73] constata-se que dos 411,112 milhões de euros atribuídos em indemnizações compensatórias se destinaram aos transportes
colectivos urbanos de Lisboa mais de 100 milhões, ou seja, cerca de um
quarto do total. Trata-se de verba muito superior à totalidade do que foi

---

recidas há de facto uma **grande coligação política nacional, inultrapassável, da direita
à esquerda**, pelas razões que veremos em 9.

[73] Por determinação da Resolução do Conselho de Ministros n.º 149/2007, de 28 de
Setembro. Mais uma vez, é quando se chega ao quarto trimestre do ano "a beneficiar" que
são atribuídas as verbas, depois de se saber quais são os défices a cobrir... Quando em todos
os demais casos as verbas públicas a que se tem direito são conhecidas com os orçamentos
elaborados no ano anterior, sabendo-se que não se pode ir além do que está orçamentado
("sentiu-o na pele" o autor deste texto, tendo estado mais de duas dezenas de anos à frente
de serviços do Estado português...), com as indemnizações compensatórias não há o mesmo
incentivo ou exigência de rigor: vai-se gastando e o Estado perto do fim do ano preenche o
que falta... Foge-se assim designadamente a uma das exigências básicas para que se aceite
uma compensação no quadro comunitário, não sendo uma "ajuda". Nas palavras de
Prosser (2005, pp. 144-5), "the parameters on the basis of which the compensation is cal-
culated must be **established in advance** in an objective and transparent manner" (negrito
nosso): o que não é de forma alguma o caso com as indemnizações compensatórias portuguesas! "If the basis for payment is not set in advance but where it becomes apparent after
the event that the operation of services meeting the public service obligations is not eco-
nomically viable, that will constitute state aid (loc.cit.); ajuda ilegal, acrescentamos nós.

Mas a situação agravou-se ainda em 2008, com as indemnizações a ser anunciadas
só em Outubro e os transportes urbanos de Lisboa e Porto a terem, sem paralelo, um
aumento de 9%!

Temos em Portugal uma situação também muito grave (para além das referidas no
texto) com a RTP, não só dadas as verbas envolvidas como porque se fomenta assim uma
concorrência desleal com as televisões privadas. Admitindo que haja obrigações de serviço público a satisfazer, as indemnizações a conceder deveriam ser na medida do seu
custo, na linha dos ensinamentos do referido Acórdão Alkmar (cfr. Porto e Almeida,
2007). Mas é mais do que evidente que estão muito para além disso as indemnizações
compensatórias atribuídas à RTP, 152,258 milhões de euros em 2007, 36,15% do total das
indemnizações compensatórias portuguesas, muito mais do que o dobro do total atribuído
à CP e à REFER juntas; que acrescem além disso às receitas de publicidade, ao imposto
(regressivo e injustíssimo...) que é cobrado com as contas da electricidade e às integra-
ções de dinheiro público no capital social, ainda agora mais 50,7 milhões em 2008 e 52,4
em 2009 (400 milhões desde 2002!).

Com relevo particular para este nosso texto, trata-se ainda de verbas com impacto
fundamentalmente em Lisboa, onde se concentra uma enorme parte dos serviços (contribuindo assim para a acentuação dos desequilíbrios espaciais no nosso país, tal como acontece com muitas outras empresa públicas, que bem poderiam estar localizadas noutros concelhos: cfr. Porto, 1988a).

142 *O PNPOT e os novos desafios do ordenamento do território*

atribuído à CP e à REFER, 67,5 milhões (alguns provavelmente também destinados à área de Lisboa...), a um serviço nacional que, chegando a áreas desfavorecidas do país, já justificará este tipo de apoios. No Porto o apoio aos transportes colectivos urbanos foi em 2007 de 28,492 milhões de euros[74].

Aplaudimos aliás, quando da maioria anterior, a possibilidade de criação de novas áreas metropolitanas, além de outras razões com a esperança ingénua de que pudessem ser um pretexto para terem alguns dos regimes especiais das áreas metropolitanas de Lisboa e Porto; ou, melhor, para que acabassem ou deixassem de ser **regimes de excepção**, com o alargamento a várias outras áreas.

Trata-se de possibilidade (ou "esperança...") agora afastada.

9. Uma questão em aberto: a vantagem, mesmo a necessidade, da implantação das regiões administrativas

Não julgamos que alguém com seriedade acredite que o Estado de um país centralizado leve a cabo uma política de promoção de um maior equilíbrio espacial.

Desempenha alguma função redistributiva em relação às pessoas, tributando (com alguns dos impostos...) em maior medida os mais ricos e favorecendo mais, em termos percentuais, os mais carenciados (com transferências ou com o fornecimento de serviços e outros bens de que aproveitam em medida maior: v.g. através da segurança social). Mas não pode haver a esperança de que tenha uma política minimamente eficaz de promoção regional.

A ciência política dá-nos hoje elementos de análise para se compreender que não pode ser de outro modo, dado que não há interesse político, designadamente interesse eleitoral, em favorecer as zonas mais desfavorecidas[75].

---

[74] É um apoio também inaceitável, dado que nada recebem os restantes concelhos do país, já mais desfavorecidos nos demais propósitos. Mas não pode deixar de sublinhar-se que o metropolitano do Porto, sendo mais extenso do que o de Lisboa, tem cerca de metade do dinheiro deste último (12,558 milhões de euros, contra 24,305 milhões atribuídos ao metropolitano da capital...)

[75] Para o estudo das determinantes dos políticos deram contributos pioneiros autores como Downs (1957) ou Buchanan e Tullock (1962) (cfr. entre nós Cavaco Silva, 1988).

O caso português mostra bem a inevitabilidade do que se verifica, sendo dos distritos de Lisboa, Setúbal e Porto, em grande medida das duas áreas metropolitanas, 42% dos deputados, e ainda com frequência de Lisboa os cabeças de lista de distritos mais desfavorecidos; a que acrescem, com relevo obviamente ainda maior, os membros do Governo e quase todas as pessoas que têm poder real na administração pública.

De nada adianta que um ou outro responsável partidário seja do interior: de um distrito onde o seu partido possa ter quando muito mais um ou dois eleitos, que pouco adiantarão para a maioria necessária para se formar governo[76].

A falta de regionalização acaba por levar pois, inevitavelmente, a que os governantes de um país centralizado, bem como os técnicos que os aconselham, tenham uma preocupação em maior medida "local", mais concretamente, com a área mais populosa da capital, sem preocupações ou ambições nacionais: tal como se notou atrás no modo como se consideraram as variáveis determinantes da localização do novo aeroporto de Lisboa[77].

A par da ilustração acerca da determinação dos políticos, a ciência política tem vindo a fornecer-nos elementos acerca da determinação da administração, dos "burocratas"[78], neste caso tendo especial relevo o objectivo do aumento da dimensão dos seus serviços. Nas palavras de Cavaco Silva, expondo esta perspectiva (loc.cit., p. 496), "os burocratas, não menos do que os políticos, procuram satisfazer os seus objectivos privados e não os da sociedade como um todo…"; "assim, na sua actuação,

---

[76] Assim se justificará aliás que as medidas favorecedoras das áreas metropolitanas, em especial da área de Lisboa (naturalmente a par de outras), no conjunto do país, se acentuem agora, a cerca de um ano dos actos eleitorais (sendo particularmente"emblemáticos", com destinatários – eleitores – diversos dessas áreas, a promoção da área ribeirinha da capital e o congelamento dos preços dos passes sociais em Lisboa e no Porto).

[77] Num comentário de "mau gosto" que nos foi dado ouvir num colóquio, Portugal já é de facto um país regionalizado, com as "regiões" dos Açores, da Madeira e de Lisboa…

Quando pessoas do continente, em especial de Lisboa, exprimem grande "sofrimento" com os alegados "favores" financeiros às regiões insulares, será bom que tenham presentes os números muitíssimo mais elevados dos favores financeiros à nossa capital (como os referidos em 6.6).

[78] Para a elaboração da "teoria da burocracia" foram especialmente marcantes os contributos pioneiros de Tullock (1965), Downs (1967), Niskanen (1971, 1973 e 1975) e Peacock (1978).

144   *O PNPOT e os novos desafios do ordenamento do território*

os burocratas tendem a favorecer o empolamento dos serviços públicos e o aumento do número dos seus subordinados, ignorando os custos sociais que daí resultam, assim como favorecem a manutenção de serviços económica e socialmente ineficientes".

O que a "teoria económica da política" (*public choice*) veio evidenciar não se confina naturalmente aos políticos nacionais e aos serviços centrais, aplica-se também aos políticos e aos burocratas regionais. E não pode obviamente dizer-se que alguns deles, designadamente os últimos, sejam melhores "pessoas" ou melhores gestores. São todos cidadãos com qualificações e com preocupações.

Mas há duas razões determinantes para que as condutas sejam diversas quando é maior a proximidade dos cidadãos.

A primeira, com relevo para os políticos, diz respeito à necessidade de obra feita para se conseguir ser eleito, necessidade muito mais sentida num nível próximo dos cidadãos. Está em grande medida aqui[79] a justificação para que os municípios portugueses, fazendo 13,5% da despesa pública total, façam mais de um quarto do investimento público total. A"hora da verdade" aparece de quatro em quatro anos, com as eleições a exigir que se mostre a obra (assim se explica também que sejam muito menores as "derrapagens"...).

Por outro lado, com relevo para os burocratas, acontece que a proximidade dos serviços descentralizados, por isso também naturalmente de menor dimensão, evidencia os casos em que se está para além do indispensável. Conhecem-se as pessoas e o que faz cada uma delas. Já um serviço central, com a invocação de que é "nacional", poderá muito mais facilmente ser pretexto para uma burocracia que de forma alguma é necessária. Um caso ilustrativo será o do Ministério da Agricultura português, que em determinado momento tinha em Lisboa (não nos campos...) mais pessoal que a Comissão das Comunidades Europeias. É muito fácil fazer passar a ideia de que uma estrutura, por ser nacional, tem que ser pesada. O cidadão comum aceita com facilidade que tenha de ser assim[80].

---

[79] Sem dúvida tendo-se bem presente que há funções *estaduais*, da defesa nacional à justiça ou à educação, menos dependentes de investimentos; podendo justificar em alguma medida as diferenças percentuais referidas no texto.

[80] Curiosamente, as "lógicas" de centralismo e de dimensão levam a que sejam também desproporcionados os serviços e as despesas dos municípios maiores, muito em particular do município da capital, apesar de beneficiar do que é proporcionado pelos servi-

O *reforço da competitividade territorial de Portugal...*

Sendo uma tendência natural, mais do que compreensível, só poderá ser contrariada se houver um conhecimento próximo desses exageros e uma força que se contraponha: com a experiência internacional a mostrar inequivocamente que só acontecerá assim com sistemas descentralizados, onde é possível um escrutínio próximo da administração e os políticos têm a pressão referida para mostrar obra realizada...

Nesta linha, não pode todavia ser uma descentralização apenas para autarquias muito numerosas e grande parte delas de pequena dimensão, como é o caso, no nosso país (e nos demais), dos municípios (para não falar já das freguesias). Sob pena de não haver a escala bastante para se assegurar a eficácia dos serviços e a promoção de acções de grande envergadura, levando a um desenvolvimento auto-sustentado, tem de haver a descentralização para autarquias intermédias de maior dimensão, para regiões administrativas, tal com está previsto nos artigos 255.° a 262.° da Constituição da República Portuguesa[81].

A par das demais razões, de eficácia na programação e na acção, só com um número reduzido de regiões bem dimensionadas se dará um contributo relevante para que se beneficie de uma outra das virtualidades da descentralização, mais concretamente da regionalização: o alívio das finanças públicas. Ao contrário da ideia que poderia haver (ou que se afirma, embora sabendo-se que não corresponde à verdade...), de que haveria aumento de encargos com a multiplicação de serviços, a experiên-

---

ços governamentais aí localizados (dos serviços culturais a tantos outros, seguramente de maior relevo dos que os custos de apoio a estes serviços; qualquer outro município gostaria de trocar de posição...). O caso português á paradigmático, com as Câmaras Municipais das áreas metropolitanas de Lisboa e Porto (com as economias de escala e externas que deveriam verificar-se com a proximidade dos cidadãos e dos serviços...) a ter mais de metade (51%) do total dos funcionários das autarquias (só a Câmara de Lisboa tem mais de 10.000 funcionários...), quando servem 39,6% da população portuguesa...

Infelizmente, estamos assim na linha dos piores exemplos, com o *Mayor* de Londres a ter um orçamento maior do que o da Comissão Europeia e o *Maire* de Paris maior do que o conjunto das Instituições da União (cfr. Begg, 2004). Perguntamos, pela última vez, se não seria melhor ter presentes e imitar os exemplos da Alemanha, da Holanda ou da Suíça, entre outros com os resultados de competitividade referidos na nota 16.

[81] Devendo ainda englobar potencialidades complementares, no norte e no centro (não apenas no sul) as áreas do litoral e do interior, sendo aliás seguro que nos termos constitucionais previstos estas últimas áreas serão especialmente consideradas e contempladas (sobre a falta de razoabilidade do mapa sujeito ao referendo de 1998 pode ver-se Porto, 1998).

146 *O PNPOT e os novos desafios do ordenamento do território*

cia internacional evidencia exactamente o contrário: o alívio geral verificado em relação aos regimes centralizados.

Quem não fique convencido pode olhar para o exemplo do país vizinho, com regiões (as Comunidades Autonómicas) muito mais pesadas do que futuras regiões portuguesas[82], contribuindo todavia para que as contas públicas de Espanha tenham um saldo positivo (e tendo tido um papel decisivo para o crescimento dos últimos anos, contribuindo por seu turno para uma diminuição sensível da taxa de desemprego do país).

Trata-se de mais um bom exemplo da necessidade de se promover um maior equilíbrio e uma maior competitividade territorial: numa linha que temos pena de que não seja seguida pelo nosso país, quando são tão grandes e difíceis os desafios da abertura das economias.

10. Conclusões

É sem dúvida de saudar que o PNPOT tenha sido sensível à necessidade de se ter uma melhor organização do espaço português, não apenas com a preocupação de se melhorar a qualidade de vida dos nossos cidadãos, também com uma preocupação básica de competitividade, num mundo cada vez mais aberto e exigente.

Exprime por isso a necessidade de se promover uma maior racionalidade, designadamente nos objectivos afirmados, visando-se evitar os congestionamento e as ocupações indevidas do nosso território e dando-se oportunidade à expressão das forças existentes nas nossas regiões, em particular no nosso tecido urbano.

Não nos parece todavia que estejam sempre nesta linha as medidas propostas, pelo menos explorando-as na medida possível. Assim acontece de um modo especialmente grave no domínio dos transportes, sem que se faça sobressair, de forma clara, a necessidade de se dar prioridade aos transportes em *rail* (ferroviários e em eléctricos, nos centros urbanos), por

---

[82] Mais concretamente, temos chamado a atenção para que a criação de regiões em Portugal, correspondendo às áreas das CCDR's (como é proposto pelo movimento *Regiões Sim*), não obrigará a nenhum aumento de pessoal ou de infra-estruturas físicas, que não são menores do que as sedes de regiões por exemplo em França ou na Itália.

Haveria um grande alívio, isso sim, nos serviços centrais portugueses, por isso no peso orçamental.

O reforço da competitividade territorial de Portugal... 147

si mesmos e em articulação indispensável com os outros modos de transporte

É preocupante além disso que haja propostas que se sabe que não serão cumpridas, pelo menos num horizonte previsível (das nossas vidas, mesmo para quem é novo...), afectando gravemente o equilíbrio e a competitividade ibérica do nosso país (e prejudicando também a Espanha...): tal como acontece com a ligação em TGV do centro e do norte a Madrid. De que adianta alimentar ilusões, com um mapa que não será concretizado? O desenvolvimento não pode viver de sonhos, depende de acções concretas; é isso que exigem os nossos concidadãos, em especial os mais desfavorecidos.

No campo das infra-estruturas, é ainda especialmente grave e penosa uma decisão post-PNPOT, a decisão de se localizar em Alcochete o próximo aeroporto de Lisboa: comprometendo-se irremediavelmente as lógicas de racionalização dos modos de transporte e de preservação da ocupação de espaços mais sensíveis, preocupações que deveriam estar no centro das nossas atenções. Com o abandono destes valores, fica também "ferida de morte" a competitividade territorial do nosso país, não se servindo adequadamente algumas das suas áreas mais dinâmicas (designadamente uma parte importantíssima da área de Lisboa...).

Não pode ainda desconhecer-se, quando está em causa um documento como o PNPOT, que os desequilíbrios do nosso país são "obra dos homens", não das nossas circunstâncias naturais: com especial relevo para legislação "de favor" aplicada apenas à(s) área(s) já mais favorecida(s), podendo apontar-se, a par de outros casos também graves, a cobertura pelo Estado dos défices apenas dos transportes colectivos urbanos de Lisboa e Porto (com muito maior relevo no primeiro caso) ou o apoio indevido a empresas públicas cuja actividade está aí localizada.

Sob pena de exercícios como o do PNPOT continuarem de ser apenas exercícios académicos, que ajudam a "salvar as nossas almas" e a "levar-nos para o Céu", com a afirmação de excelentes propósitos, importa que comecem a ter-se presentes e a seguir-se em Portugal as experiências dos outros países e os ensinamentos da ciência política.

Na Europa e fora da Europa são mais competitivos os países espacialmente mais equilibrados, evitando as deseconomias dos grandes centros e beneficiando das dinâmicas verificadas a nível regional (com as novas tecnologias de informação e comunicação a facilitar ainda mais este tipo de desenvolvimento); e é por seu turno bem claro que um sistema político centralizado vai reforçando a defesa dos interesses constituídos e encobrindo as ineficiências de estruturas burocráticas desproporcionadas.

Não pode de facto fugir-se à única via possível de promoção da competitividade territorial do nosso país, sem mais demoras, quando são crescentes e cada vez mais difíceis os desafios da concorrência europeia e mundial: a via, consagrada na Constituição, da implantação das regiões administrativas no continente português.

Só um Estado moderno pode dar resposta aos desafios do futuro, mesmo já do presente.

BIBLIOGRAFIA

ASSEMBLEIA DA REPÚBLICA, 2007 – *O Novo Aeroporto Internacional de Lisboa*, Colóquios e Conferências Parlamentares, promovido pela Comissão Parlamentar de Obras Públicas, Transportes e Comunicações, Lisboa

BEGG, IAN, 2004 – *The EU Budget: Common Future or Stuck in the Past?*, Briefing Note do Centre for European Reform

CAVACO SILVA, ANÍBAL, 1978 – *Políticos, Burocratas e Economistas*, em *Economia*, vol. 2, pp. 491-502

CCRC (Comissão de Coordenação da Região Centro), 1980 – *A Abertura da Base Aérea de Monte Real à Aviação Civil*, Coimbra

CEDOUA (Centro de Estudos de Direito do Ordenamento, do Urbanismo e do Ambiente da Faculdade de Direito da Universidade de Coimbra), org., 2007 – *Programa Nacional da Política de Ordenamento do Território* (*PNPOT*), Almedina, Coimbra

CENTRO DE ESTUDOS GEOGRÁFICOS DA UNIVERSIDADE DE LISBOA, 2007 – *GEOPHILIA. O sentir e os sentidos da Geografia*, Homenagem a Jorge Gaspar, Lisboa

DOWNS, ANTHONY, 1957 – *An Economic Theory of Democracy*, Harper and Row, Nova Iorque

1967 – *Inside Bureaucracy,* Little, Brown and Co., Boston

FLORIDA, RICHARD 2008 – *Who's is Your City? How the creative economy is making where to live the most important decision of your life*, Basic Books, Nova Iorque

FONSECA FERREIRA, ANTÓNIO 2008 – *A Alta velocidade (AV) como Alvanca de uma estratégia de Desenvolvimento Económico,* comunicação apresentada no Debate sobre a Alta Velocidade promovido pela Ordem dos Engenheiros, no Porto, em 30 de Junho de 2008

FRANKEL, JEFFREY A. E ROMER, DAVID, 1999 – *Does Trade Cause Growth?,* in *The American Economic Review*, vol. 89, pp. 379-99

GADREY, JEAN E JANY-CATRICE, FLORENCE, 2007 – *Les Nouveaux Indicateurs de Richesse*, Repères, La Découverte, Paris

GASPAR, JORGE, 1999 – *A Localização do Novo Aeroporto no Contexto do Desenvolvimento do Território*, Comissão de Coordenação da Região Centro, Coimbra

150   *O PNPOT e os novos desafios do ordenamento do território*

GREFFE, XAVIER, 2005 – *La Décentralisation*, Repères, La Découverte, Paris
GROTKE, FRIEDRICH, 2007 – *Europaische Beihilfenkontrolle und Standortwetbe-werbe. Eine Ökonomische Analyse*, Lucius & Lucius, Stuttgard
HENRIQUES, MENDO CASTRO, org., 2007 – *O Erro da Ota e o Futuro de Portugal*, Tribuna, Lisboa
IDAD (Instituto de Ambiente e Desenvolvimento), 2007 – *Localizações Alternativas para o Novo Aeroporto de Lisboa*, estudo encomendado pela CIP (Confederação da Indústria Portuguesa), Aveiro
LNEC (Laboratório Nacional de Engenharia Civil), 2008 – *Estudo para Análise Técnica Comparada das Alternativas de Localização do Novo Aeroporto de Lisboa na Zona da Ota e na Zona do Campo de Tiro de Alcochete*, 2ª fase – *Avaliação comparada das duas localizações*, Lisboa
MONOD, JÉRÔME E CASTELBAJAC, PHILIPE DE, 2008 – *L'Aménagement du Territoire*, 14ª ed., Col. Que sais-je?, Presses Universitaires de France (PUF), Paris
NISKANEN, WILLIAM, 1971 – *Bureaucracy and Representative Government*, Aldine-Atherton, Chicago
    1973 – *Bureaucracy: Servant or Master?*, Institute of Economic Affairs, Hober Paperback n.5, Londres
    1975 – *Bureaucrats and Politicians*, em *Journal of Law and Economics*, vol. 18, pp. 617-43
PORTO, MANUEL, 1988 – *As Empresas Públicas e o Desenvolvimento Regional em Portugal*, em *Planeamento e Administração*, Boletim da Comissão de Coordenação da Região de Lisboa e Vale do Tejo, n.º 1, pp. 19-26
    1990 – *A Problemática do Défice dos Transportes Colectivos Urbanos: Apreciação e Sugestão de Soluções*, separata do *Boletim de Ciências Económicas* da Faculdade de Direito da Universidade de Coimbra
    1992 – *A Localização do Novo Aeroporto de Lisboa e a sua Articulação com os Demais Modos de Transporte* demais, Estudos para o Planeamento Regional e Urbano, n.º 38, Centro de Estudos Geográficos da Universidade de Lisboa, INIC, Lisboa
    1998 – *O Não de um Regionalista, face a um projecto sem justificação, numa Europa concorrencial e exigente,* ed. do autor, com o apoio do PPE, Coimbra
    1999 – *O Ordenamento do Território Face aos Desafios da Competitividade*, Almedina, Coimbra
    2001(9) – *Teoria da Integração e Políticas Comunitárias*, 3.ª ed., Almedina, Coimbra (4.ª ed., no prelo, de 2009)
    2004(9) – *Economia. Um Texto Introdutório*, 2.ª ed., Almedina, Coimbra, (3.ª ed., no prelo, de 2009)
    2007a – *The New Map of the World*, em *Temas de Integração*, n.º 24, 2.º semestre de 2007, pp. 9-36

O reforço da competitividade territorial de Portugal...

2007b – *Deslocalizações e Fornecimentos Externos ("outsourcing"): algo de novo para a teoria e para as políticas económicas?*, em Faculdade de Direito da Universidade de Coimbra, *Nos 20 Anos do Código das Sociedades Comerciais, Homenagem aos Profs. Doutores A. Ferrer Correia, Orlando de Carvalho e Vasco Lobo Xavier*, Coimbra Editora, vol. III, Coimbra, pp. 397-429

2007c – *A Articulação entre os Modos de Transporte: o Transporte Ferroviário e o Novo Aeroporto de Lisboa*, em Centro de Estudos Geográficos da Uniuversidade de Lisboa, *GEOPHILIA...*, cit., pp. 543-68

2008 – *O Ordenamento do Território num Mundo de Exigência Crescente: das ambições do PNPOT à contradição de investimentos em vias de concretização*, Almedina Coimbra

PORTO, MANUEL E ALMEIDA, JOÃO NOGUEIRA DE, 2007 – *State Aids in Portugal*, em *Temas de Integração*, n.º 22, 2.º semestre de 2006, pp. 181-93 (publicado também em Paul F. Nemitz ed., *The Effective Application of EU State Aid Procedures. The Role of National Law and Practice*, Kluwer, Alphen aan der Rijn, 2007, pp. 343-54)

PORTO, MANUEL, COSTA, FERNANDA E JACINTO, RUI, 1990 – *As Grandes Infraestruturas de Ligação Terrestre de Portugal aos demais Países Comunitários (TGV e Auto-Estrada)*, em *Desenvolvimento Regional*, Boletim da Comissão de Coordenação da Região Centro, n.º 28-29

PROSSER, TONY, 2005 – *The Limits of Competition Law; Markets and Public Services*, Oxford University Press, Oxford

SACHS, JEFFREY E WARNER, ANDREW, 1995 – *Economic Reform and the Process of Global Integration*, em Brookings Papers on Economic Activity (96), pp. 7-118

SANTOS-PAULINO, AMELIA, 2005 – *Trade Liberalisation and Economic Performance*, em *The World Economy*, vol. 28, pp. 783-821

SCHWALBE, ULRICH, 2006 – *Der "More Economic Approach" in der Beihilfenkontrolle*, em Andreas Bartosch, Hans W. Friedriszick, Justus Haucap, Michael Knoblich, Wernhard Möschel e Ulrich Schwalbe (ed.), *Der "More Economic Approach" in der Beihilfenkontrolle*, Duncker & Humblot, Berlim, pp. 11-37

SIEBERT, HORST, 2000 – *Zum Paradigma des Standswettwerbs*, Mohr Siebeck, Tubingen

TULLOCK, GORDON, 1965 – *The Politics of Bureaucracy*, Public Affairs Press, Washington

VANDERMOTEN, CHRISTIAN E VAN HAMME, GILLES, 2007 – *Structures et Performances des Métropoles Européennes à l'Heure de la Mondialisation* em Centro de Estudos Geográficos da Universadade de Lisboa, GEOPHILIA..., cit., pp. 379-98

WANG, CHENGANG, LIU, XIAMING E WEI, YINGQI, 2004 – *Impact of Openness on Growth in Different Country Groups*, em *The World Economy*, vol. 26, pp. 393-411

WINNICK, L., 1961 – *Place Prosperity vs. People Prosperity: Welfare Considerations in the Geographical Redistribution of Economic Activity,* em *Essays in Urban and Land Economics*, Universidade da Califórnia, Los Angeles, pp. 273-83.

O PROGRAMA NACIONAL DA POLÍTICA DE ORDENAMENTO DO TERRITÓRIO (PNPOT), O PROCESSO DE URBANIZAÇÃO E O SISTEMA URBANO EM PORTUGAL

FERNANDA PAULA OLIVEIRA
Assistente da Faculdade de Direito de Coimbra

1. Considerações preliminares

A Lei de Bases da Política do Ordenamento do Território e do Urbanismo (LBPOTU)[1], e posteriormente o Regime Jurídico dos Instrumentos de Gestão Territorial (RJIGT)[2], vieram, entre outras coisas, instituir um sistema de gestão (*rectius* planeamento) territorial que funciona com base em instrumentos de planeamento organizados em três níveis distintos em função dos interesses públicos que com os mesmos as entidades por eles responsáveis visam salvaguardar: o âmbito nacional, o âmbito regional e o âmbito municipal.

Foi naquele primeiro diploma legal que se previu, pela primeira vez e de uma forma expressa, a necessidade de se elaborar e fazer aprovar para Portugal um Programa Nacional da Politica de Ordenamento do Território (PNPOT).

Este instrumento de "gestão do território" surge caracterizado nesta lei, antes de mais, como um instrumento de âmbito nacional, categoria que integra ainda, para além dele, a dos planos especiais de ordenamento do

---

[1] Lei n.º 48/98, de 8 de Agosto, alterada pela Lei n.º 54/2007, de 31 de Agosto.

[2] Decreto-Lei n.º 380/99, de 22 de Setembro, modificado pelo Decreto-Lei n.º 53/2000, de 7 de Abril, pelo Decreto-Lei n.º 310/2003, de 10 de Dezembro, pela Lei n.º 58/2005, de 29 de Dezembro, pela Lei n.º 56/2007, de 31 de Agosto, e pelo Decreto-Lei n.º 316/2007, de 19 de Setembro

154   *O PNPOT e os novos desafios do ordenamento do território*

território[3] e dos planos sectoriais[4]. Nesta perspectiva o PNPOT apresenta-se como um programa que define o *quadro estratégico* para o ordenamento do espaço nacional, estabelecendo *directrizes* a considerar no ordenamento regional e municipal bem como a forma de compatibilização entre os diversos instrumentos de política sectorial com incidência territorial [alínea a) do n.º 2 do artigo 7.º].

Ainda de acordo com a LBPOTU, e considerando aquela finalidade específica, o PNPOT apresenta-se, a nível nacional – a par dos planos regionais de ordenamento do território, a nível regional, e dos planos intermunicipais de ordenamento do território, a nível local – como um *instrumento de desenvolvimento territorial*, isto é, um instrumento de natureza *estratégica* que traduz as *grandes opções com relevância para a organização do território*, estabelecendo as *directrizes genéricas* sobre o modo de uso do mesmo e consubstanciando o quadro de referência a considerar na elaboração de instrumentos de planeamento territorial [alínea a) do artigo 8.º]. Surge ainda como um instrumento de cooperação com os demais Estados membros para a organização do território da União Europeia (artigo 26.º do RJIGT).

Precisamente por ter um conteúdo deste tipo (estratégico e de directiva), o PNPOT surge, no âmbito do sistema de gestão territorial instituído pela Lei de Bases, como um instrumento desprovido de eficácia directa e imediata em relação aos particulares, sendo os seus destinatários, antes, as restantes entidades públicas que devem cumprir as suas orientações e integrar as respectivas directivas nos instrumentos da sua responsabilidade (artigo 11.º, n.º 1).[5]

De previsão legal, o PNPOT transformou-se, a partir de 4 de Agosto de 2007, numa realidade jurídica. Com efeito, a Lei n.º 58/2007, de 4 de

---

[3] A categoria dos planos especiais de ordenamento do território integra os planos de ordenamento das áreas protegidas, os planos de ordenamento da orla costeira, os planos de albufeiras de águas públicas e os planos de ordenamento de estuários.

[4] Os planos sectoriais são planos com incidência territorial da responsabilidade dos diversos sectores da administração central, nomeadamente nos domínios dos transportes, das comunicações, da energia e recursos geológicos, da educação e da formação, da cultura, da saúde, da habitação, do turismo, da agricultura, do comércio e indústria das florestas e do ambiente.

[5] Por isso o PNPOT integra um capítulo final com *directrizes para os restantes instrumentos de gestão territorial* e quadros identificadores das medidas prioritárias a alcançar e do tipo de intervenção pública por elas responsável.

(PNPOT), o processo de urbanização e o sistema urbano em Portugal 155

Setembro[6] aprovou o primeiro Programa Nacional de Ordenamento do Território em Portugal, alterando os pressupostos do sistema de planeamento português, que passou a dispor de um instrumento enquadrador da política de ordenamento do território e, ao mesmo tempo, coordenador dos restantes instrumentos com repercussão territorial, fornecendo uma visão integrada deste.

Mais, a referida aprovação correspondeu a uma manifestação da dinâmica de elaboração de instrumentos de gestão territorial da responsabilidade da Administração central. Com efeito, esta ocorreu ao mesmo tempo que o Governo "acelerava" os procedimentos tendentes à aprovação de planos regionais de ordenamento do território.

Esta dinâmica teve a sua primeira manifestação com a publicação da revisão do Plano Regional de Ordenamento do Território do Algarve imediatamente seguida da publicação do PNPOT, encontrando-se em elaboração os planos regionais de ordenamento do território do Alentejo, do Norte, do Oeste e Vale do Tejo e do Centro.

2. O sistema urbano no PNPOT

O PNPOT integra, naquilo que interessa no âmbito da nossa intervenção, um conjunto de reflexões, directrizes e orientações fundamentais sobre o sistema urbano e o processo de urbanização que se pretendem para Portugal.

Com efeito, do PNPOT decorre, não apenas uma explicitação do que foi o processo de urbanização em Portugal ao longo de mais de 20 anos – identificando em particular as dificuldades com que o mesmo se defrontou e os problemas que colocou –, mas também a indicação dos caminhos que, a este propósito, devem ser trilhados.

Sendo, nos termos da lei, função específica do PNPOT o estabelecimento das *grandes opções com relevância para a organização do território nacional* que servirão de referência aos restantes instrumentos de gestão do território, e apresentando-se o mesmo como um instrumento de cooperação com os demais Estados Membros para a organização do território da União Europeia, a referência, no seu seio, ao sistema urbano e ao

---

[6] Rectificada posteriormente pelas Declarações de Rectificação n.º 80-A/2007, de 7 de Setembro e n.º 103-A/2007, de 2 de Novembro.

156   O PNPOT e os novos desafios do ordenamento do território

processo de urbanização permitem concluir pelo relevo destas questões na consecução daqueles que se entendem ser os seus objectivos mais imediatos (e que são, afinal, os objectivos últimos do ordenamento do território): o desenvolvimento territorial integrado; a atenuação de assimetrias regionais e o estabelecimento de igualdade de oportunidades entre os cidadãos (cfr. artigo 27.º).

Precisamente pelo relevo desta questão, determina o artigo 28.º que o PNPOT deve, na definição do modelo de organização espacial do território, estabelecer *"as opções e as directrizes relativas à conformação do sistema urbano..."* [alínea a) do artigo 28.º).

Por este motivo a referência ao sistema urbano surge no PNPOT em vários momentos, integrando quer o seu *Relatório* – que para além do enquadramento territorial das políticas nacionais e regionais, integra ainda a estratégia e o modelo territorial a adoptar, fornecendo, entre outras coisas, o diagnóstico do ordenamento do território em Portugal nos últimos anos[7] –; quer o respectivo *Programa de Acção* – que enumera os *objectivos estratégicos* (na sequência da sua previsão pela Resolução de Conselho de Ministros n.º 76/2002, de 11 de Abril), concretizando-os em *objectivos específicos* bem como em medidas concretas para a sua operacionalização.[8] Com efeito, e como veremos, alguns dos objectivos (estratégicos e específicos) do PNPOT fornecem *orientações, directivas* e *medidas* a adoptar para a instituição de um determinado modelo de sistema urbano para Portugal.

Por isso uma análise, ainda que necessariamente breve, de cada um destes documentos que compõem o PNPOT apresenta-se como imprescindível para obtermos uma visão mais clara e precisa sobre esta questão.

---

[7] De acordo com o artigo 29.º, n.º 2 do RJIGT, o Relatório do PNPOT define os cenários de desenvolvimento e fundamenta as orientações estratégicas, as opções e as prioridades da intervenção político-administrativa em matéria de ordenamento do território.

[8] Determina o n.º 3 do artigo 29.º do RJIGT que o programa de acção do PNPOT estabelece os objectivos a atingir numa perspectiva de médio e longo prazo; os compromissos do Governo em matéria de medidas legislativas, de investimentos públicos ou de aplicação de outros instrumentos de natureza fiscal ou financeira, para a concretização da política de desenvolvimento territorial; *as* propostas do Governo para a cooperação neste domínio com as autarquias locais e as entidades privadas, incluindo o lançamento de programas de apoio específicos; as condições de realização dos programas de acção territorial previstos no artigo 17.º da Lei de Bases da Política de Ordenamento do Território e de Urbanismo; e a identificação dos meios de financiamento das acções propostas.

3.1. *O sistema urbano e o processo de urbanização em Portugal: diagnóstico*

Decorre de uma forma muito clara do Relatório do PNPOT que a evolução do sistema de povoamento em Portugal teve como pano de fundo duas tendências complementares: o despovoamento de vastas áreas rurais e a urbanização das populações. Efectivamente, e tal como aí se refere, em 2001 mais de 3/4 da população residente no Continente concentrava-se em *áreas* com características *predominantemente urbanas*, tendo o ritmo da urbanização sido particularmente intenso nas décadas de 60 e 70.

Compulsando os vários dados dispersos neste documento, e articulando-os com outras fontes, podemos concluir terem sido as seguintes as marcas caracterizadoras do sistema urbano em Portugal nos últimos anos:

a) O *reforço das Grandes Áreas Metropolitanas de Lisboa e do Porto*, que funcionaram como pólos de atractividade, mesmo em termos de distribuição da população, com a consequente perda para as sub-regiões do interior Norte e Centro;

b) O *reforço do processo de litoralização*, com emergência de alguns sistemas urbanos polinucelados, com destaque para diversos centros urbanos de maior dimensão e dinamismo, embora sem terem o tamanho demográfico de cidade média de acordo com os padrões europeus;

c) A acentuada divergência entre espaços urbanos e rurais;

d) O crescimento de pequenas e médias aglomerações acompanhado do alargamento dos perímetros urbanos e de uma dispersão geográfica de funções, potenciando a destruição das paisagens e aumentado os encargos com infra-estruturas;

e) A ausência, nos instrumentos de planeamento do território, da programação das intervenções nele previstas, tendo potenciado a ocorrência de iniciativas privadas desgarradas umas das outras (assente em licenciamentos isolados indutores de uma irracional ocupação dos solos), sem articulação e carentes de movimentos associativistas e de parcerias público-privadas de relevo;

f) A insuficiência de infra-estruturas urbanas e de equipamentos e espaços públicos;

g) O abandono e a degradação dos centros históricos, com a deslocação da população para periferias sub-equipadas e desqualificadas;

158   *O PNPOT e os novos desafios do ordenamento do território*

h) O aumento do número de fogos devolutos e degradados dentro dos perímetros urbanos dos grandes centros e o seu congestionamento durante o dia;

i) A perda de identidade de algumas periferias urbanas e, em situações mais flagrantes, também dos centros urbanos, induzindo uma segregação social/territorial;

Curiosamente o sistema urbano assim caracterizado foi, em grande parte, resultado do modelo de planeamento do território adoptado que, a par de uma previsão sobredimensionada dos perímetros urbanos e da falta de programação das intervenções previstas, não conseguiu alcançar uma adequada articulação entre os vários níveis de planeamento (e de planos de municípios vizinhos).[9]

Todos estes factores foram ainda agravados por uma deficiente fiscalidade urbanística (favorecedora especulação imobiliária) e pela ausência de uma política dos solos que fornecesse às entidades públicas os meios para que estas adquirissem, no momento oportuno, os solos necessários, para os fins pretendidos e por preços adequados.

Não obstante, as dinâmicas territoriais mais recentes, assim o afirma o PNPOT, apontam no sentido:

a) da estabilização do peso das áreas metropolitanas no total da população residente;

b) do reforço das cidades médias, com destaque para os centros urbanos do litoral;

c) da afirmação do dinamismo de alguns centros do interior em contexto de despovoamento rural; e

d) do reforço do policentrismo funcional e da suburbanização no interior das áreas metropolitanas.

Note-se que, dos *vinte e quatro problemas para o ordenamento do território* identificados pelo PNPOT, alguns dizem directamente respeito ao sistema urbano e ao processo de urbanização. São eles:

---

[9] Neste sentido *vide* o nosso "As virtualidades das unidades de execução num novo modelo de ocupação do território: alternativa aos planos de pormenor ou outra via de concertação de interesses no direito do urbanismo?" *in Revista de Direito Regional e Local*, n.º 2, Abril-Junho de 2008, p. 17-18.

(PNPOT), o processo de urbanização e o sistema urbano em Portugal   159

a) A expansão urbana desordenada e correspondentes efeitos na fragmentação e desqualificação do tecido urbano e do espaço envolvente;

b) A expansão desordenada das áreas metropolitanas e outras áreas urbanas, invadindo e fragmentando os espaços abertos, afectando a sua qualidade e potencial ecológico, paisagístico e produtivo e encarecendo as infra-estruturas e a prestação de serviços públicos;

c) O despovoamento e fragilização demográfica de vastas áreas;

d) O insuficiente desenvolvimento dos sistemas urbanos não metropolitanos e da sua articulação com espaços rurais envolventes enfraquecendo a competitividade e a coesão territorial do país;

e) A degradação da qualidade de muitas áreas residenciais, sobretudo nas periferias e nos centros históricos das cidades e persistência de exclusão de importantes segmentos da população a acesso condigno a habitação, agravando disparidades sociais intra-urbanas;

f) A insuficiência de políticas públicas e de cultura cívica no acolhimento e integração de imigrantes acentuando a segregação espacial e exclusão social nas áreas urbanas.

3.2. *A estratégia e o modelo para o sistema urbano no PNPOT*

3.2.1. *As estratégias de base*

Feito o diagnóstico e identificados os problemas para o ordenamento do território em Portugal associados ao sistema urbano, fundamental é apontar o modelo que se pretende instituir, tarefa que cabe em especial ao PNPOT, como resulta do previsto na alíneas a) do n.º 1 do artigo 28.º do RJIGT nos termos do qual este instrumento de gestão territorial "... *estabelece as directrizes relativas à conformação do sistema urbano, das redes, das infra-estruturas e equipamentos de interesse nacional...*".

Nesta tarefa de construção de um modelo de sistema urbano para Portugal através do fornecimento de directivas e de orientações no que a este diz respeito, o PNPOT baseou-se em algumas estratégias europeias e noutras de carácter nacional.

Assim, e com relevo, realçam-se alguns dos princípios orientadores para o desenvolvimento territorial sustentável Europeu constantes da Conferência de Hanover (2000), a saber:

160   *O PNPOT e os novos desafios do ordenamento do território*

– a promoção da coesão territorial através de um desenvolvimento social e económico mais equilibrado das regiões e de uma maior competitividade;
– o incentivo do desenvolvimento gerado pelas funções urbanas e a melhoria da relação cidade-campo; e
– a promoção de uma acessibilidade mais equilibrada.

Por sua vez também o *Esquema de Desenvolvimento do Espaço Comunitário* (EDEC) forneceu referências fundamentais para a elaboração do PNPOT em termos de enquadramento das opções de Portugal no contexto europeu. Pela sua particular importância para este efeito, destacam-se:

– o desenvolvimento de um sistema de cidades policêntrico e equilibrado;
– o reforço da parceria entre espaços urbanos e rurais;
– a promoção de um sistema de transportes que favoreça um sistema policêntrico do território; e
– a paridade no acesso a infra-estruturas e conhecimento.

Do ponto de vista do direito interno acentua-se, em especial, pelo seu relevo, a articulação do PNPOT com a *Estratégia Nacional de Desenvolvimento Sustentável* (ENDS), documento que enquadrará estrategicamente as políticas de desenvolvimento do país nos próximos anos. Neste sentido, o PNPOT assumiu como seu o grande desígnio apontado pela ENDS: fazer de Portugal, no horizonte de 2015, um dos países mais competitivos da União Europeia, num quadro de qualidade ambiental e de coesão e responsabilidade social.

Daquela estratégia realça-se, com relevo na questão que aqui nos ocupa, o seu *quarto objectivo*: "*reduzir o impacto negativo do posicionamento periférico de Portugal na Europa, actuando ao nível das redes, do sistema urbano e da competitividade e atractividade das cidades e áreas metropolitanas, assegurando uma melhor articulação das políticas e instrumentos de ordenamento do território conducente à salvaguarda do seu valor estratégico no longo prazo, ao mesmo tempo que se promovem padrões mais elevados de qualidade de vida em todo o território nacional.*"

Como metas a atingir para satisfazer o referido objectivo do ENDS destacamos:

(PNPOT), o processo de urbanização e o sistema urbano em Portugal 161

– A promoção, qualificação e controlo do processo de urbanização, tendo o ano de 2020 como horizonte o crescimento das duas grandes áreas metropolitanas para que estas não excedam 40% da população nacional;
– A abrangência de todo o território nacional por planos regionais de ordenamento do território e por planos especiais de ordenamento do território, em fase efectiva de implementação;
– A Adopção e implementação, até 2010, de uma Estratégia nacional para as Cidades que coloque em vigor os princípios da Agenda 21 Local e que integre a dimensão da reabilitação urbana em pelo menos 80% dos municípios;
– A promoção do mercado de arrendamento da habitação através da penalização fiscal dos fogos devolutos.

3.2.2. *Os desafios para o Ordenamento do território*

Assumindo-se como um instrumento chave para a concretização da ENDS, o PNPOT coloca em relevo o contributo das políticas de ordenamento do território para que Portugal seja um espaço sustentável e bem ordenado; uma economia competitiva, integrada e aberta; um território equitativo em termos de desenvolvimento e bem-estar; e uma sociedade criativa e com sentido de cidadania.

A prossecução de alguns destes objectivos tem, de acordo com o PNPOT, implicações directas no sistema urbano.

Assim, para o PNPOT, a estruturação de nucleações que contrariem a tendência para a urbanização contínua ao longo da faixa litoral de Portugal Continental torna-se indispensável para que Portugal se apresente como um *espaço sustentável e bem ordenado*.

Por sua vez, considera o PNPOT ser necessário, para garantir que a *economia portuguesa se apresente competitiva integrada e aberta*, reforçar a integração do território continental através de uma organização mais policêntrica do sistema urbano e valorizar o papel estratégico da Região Metropolitana de Lisboa, da aglomeração urbano-industrial do Noroeste, do polígono Leiria-Coimbra-Aveiro-Viseu e das regiões turísticas de valia internacional do Algarve, da Madeira e de outros pólos emergentes de desenvolvimento turístico. Deve ainda, para alcançar este objectivo, estruturar-se os sistemas urbanos sub-regionais de forma a garantir que estes se

162   *O PNPOT e os novos desafios do ordenamento do território*

apresentam como pólos regionais de competitividade, em particular no interior.

Mais. Para que Portugal se apresente como um *território equitativo em termos de desenvolvimento e bem-estar*, considera o PNPOT dever assumir-se o sistema urbano como critério orientador do desenho das redes de infra-estruturas e de equipamentos colectivos, cobrindo de forma adequada o conjunto do País e estruturando os sistemas de acessibilidades e mobilidades em função de um maior equilíbrio no acesso às funções urbanas de nível superior. Torna-se, ainda, fundamental, de acordo com este documento estratégico, promover redes de cidades e subsistemas urbanos locais policêntricos que, numa perspectiva de complementaridade e especialização, permitam a qualificação dos serviços prestados à população e às actividades económicas.

3.2.3. *O modelo: objectivo estratégico 3 – Promover o desenvolvimento policêntrico dos territórios e reforçar as infra-estruturas de suporte à integração e à coesão territorial.*

3.2.3.1. *O objectivo estratégico e os objectivos específicos*

No *Programa de Acção* do PNPOT, o capítulo do Programa das Políticas contém seis objectivos estratégicos, decompostos em objectivos específicos e medidas que particularizam o rumo traçado para o País, explicitando para cada um as principais linhas de intervenção a desenvolver, as acções prioritárias que permitirão concretizar o rumo e as linhas de intervenção propostas, bem como o quadro de compromissos das políticas com incidência territorial e a análise de responsabilidades de acção governativa. Estes dois últimos aspectos visam clarificar as responsabilidades e as exigências de coordenação institucional.

Dos seis objectivos estratégicos identificados naquele Programa de Acção é o objectivo estratégico 3 – Promover o desenvolvimento policêntrico dos territórios e reforçar as infra-estruturas de suporte à integração e à coesão territorial –, aquele que maiores implicações tem quanto ao sistema urbano e ao processo de urbanização que se visa instituir, sendo decomposto, por sua vez, em quatro objectivos específicos, integrados naquele objectivo mais geral. São eles:

(PNPOT), o processo de urbanização e o sistema urbano em Portugal 163

1. Reforçar os centros urbanos estruturantes das regiões, em particular nas regiões menos desenvolvidas;
2. Estruturar e desenvolver as redes de infra-estruturas de suporte à acessibilidade e à mobilidade, favorecendo a consolidação de novas centralidades urbanas e de sistemas urbanos mais policêntricos;
3. Promover um desenvolvimento urbano mais compacto e policêntrico no Continente, contrariar a construção dispersa, estruturar a urbanização difusa e incentivar o reforço das centralidades intra-urbanas;
4. Promover um desenvolvimento integrado dos territórios de baixa densidade e das zonas rurais ajustado à sua diversidade, considerando em especial as necessidades e a especificidade das áreas mais vulneráveis e despovoadas.

3.2.3.2. *Medidas prioritárias*

Considerando os objectivos apontados, identifica o PNPOT as medidas prioritárias que os permitem concretizar e, assim, fundar um novo modelo para o processo de urbanização e uma nova configuração do sistema urbano a instituir. Exporemos aquelas que, na nossa perspectiva, apresentam maior relevo e que correspondem, ao fim e ao cabo, às que visam concretizar o objectivo específico n.º 3.

Não podemos deixar de considerar, na nossa exposição, o facto de algumas destas medidas se encontram já em fase de concretização. São exemplo disso as recentes alterações legislativas ao Regime Jurídico dos Instrumentos de Gestão Territorial operadas pelo Decreto-Lei n.º 316/2007, de 19 de Dezembro.

a) Articulação entre processo de urbanização e mobilidade

Medida especificamente dirigida ao legislador é a que aponta para a necessidade de alteração do quadro legal de forma a garantir que nas áreas metropolitanas de Lisboa e do Porto e nas aglomerações urbanas de maior dimensão ocorra uma maior articulação entre o processo de urbanização – isto é, o processo de criação e de desenvolvimento de novas urbanizações –, com o sistema de transportes.

164 *O PNPOT e os novos desafios do ordenamento do território*

Com efeito, de acordo com o PNPOT, a previsão e a criação de novas áreas urbanas, através dos instrumentos jurídicos especificamente vocacionados para o efeito – mais concretamente, através da sua previsão em planos de pormenor e da sua concretização através do licenciamento de operações de loteamento –, apenas deve ser promovida desde que devidamente salvaguardada a adequada ponderação do seu impacto no sistema de mobilidade.

b) Reforço da componente estratégica dos Planos Directores Municipais

Um dos problemas que se vêm apontando aos planos directores municipais de primeira geração é, precisamente, o facto de os mesmos não terem sido antecedidos da definição de uma estratégia plenamente estruturada. Em regra foram eles mesmos que estabeleceram a referida estratégia e, mesmo assim, apresentaram-na, quase sempre, em linhas de desenvolvimento demasiado generalistas e frequentemente não concretizadas em acções específicas.[10]

Pelo contrário, em vez de estratégicos, os planos directores municipais acabaram por se apresentar como instrumentos rígidos, que tudo visaram definir e controlar, impedindo a flexibilidade necessária a uma sua mais rápida adequação à realidade a que se aplicam.

Ora, a medida prevista no PNPOT a que aqui nos referimos – de reforço do carácter estratégico dos planos directores municipais –, logrou já consagração com a alteração feita ao Regime Jurídico dos Instrumentos de Gestão Territorial operada pelo Decreto-Lei n.º 316/2007, de 19 de Setembro. Com efeito, este diploma veio reforçar a dimensão estratégica do plano director municipal determinando caber-lhe, essencialmente, a definição da política municipal de ordenamento do território e de urbanismo e as demais políticas urbanas.

---

[10] Talvez por isso estes instrumentos de planeamento não foram suficientemente estruturantes das cidades: as redes de circulação, a estrutura ecológica, as centralidades e os equipamentos surgiram quase sempre insuficientemente explicitados nos mesmos e, sobretudo, mais sujeitos a protecções do que a soluções formais e funcionais de relacionamento com a envolvente.

Tal significa que o plano director municipal se deve apresentar cada vez menos como um instrumento capaz de, como o fez durante anos, servir de base à gestão urbanística concreta, surgindo antes como um instrumento que visa enquadrar e ser concretizado pelos demais planos de âmbito municipal.[11] E este aspecto torna também particularmente necessário e urgente que os municípios "desçam" na escala do planeamento, e elaborem planos mais precisos (de urbanização e de pormenor) que concretizem a estratégia constante do plano director municipal bem como as políticas urbanas nele previamente definidas. Ganha, por isso, especial actualidade a crítica que alguns vinham fazendo ao défice de existência de planos mais concretos, apelando-se para a necessidade de se promover a respectiva elaboração de uma forma mais sistemática.[12]

O reforço do carácter estratégico dos planos directores municipais e a necessidade de se elaboraram instrumentos de planeamento mais concretos, acabam por ter reflexo, ainda que indirecto, no restante de planeamento de nível municipal, que aqui referiremos, ainda que em traços genéricos.

Assim, a reconfiguração dos planos directores municipais veio a ter implicações na configuração jurídica quer dos planos de urbanização, quer nos planos de pormenor.

No que concerne aos primeiros, a sua caracterização passa a depender não da área territorial a que se aplicam (o perímetro urbano), mas antes, e essencialmente, das finalidades que regulamentam: finalidades urbanas. Por este motivo, para além da situação anteriormente já admitida – de os planos de urbanização abrangerem solo rural complementar que se apresente como necessário para estabelecer uma intervenção integrada de planeamento às áreas integradas no perímetro urbano a que se aplicam[13] –,

---

[11] Ainda mesmo na sua configuração anterior, já se vinha afirmando não serem os "...*PDM os instrumentos de planeamento que mais favorecem uma correcta gestão urbanística do território municipal...*" dada a escala a que são elaborados, o que lhes permite praticamente delimitar apenas perímetros urbanos e aglomerados, dificultando "...*a apreciação de loteamentos e edificações, cujas orientações só podem emanar de forma mais precisa de planos de escala inferior: de urbanização e de pormenor.*" Cfr. António José Magalhães Cardoso, *Gestão Territorial*, Coimbra, 2001, pp. 6-7.

[12] Neste sentido, *vide* Isabel Moraes Cardoso, "Défice de Planos de Urbanização e de Planos de Pormenor", in *Arquitecturas*, N.º 7, Dezembro de 2005, pp. 41 e 42.

[13] A integração de solo rural complementar na área de incidência de planos de urbanização não constava da versão inicial do Regime Jurídico dos Instrumentos de Gestão Territorial, tendo a ela sido aditada pelo Decreto-Lei n.º 310/2003, de 10 de Dezembro, que recuperou a redacção que constava no Decreto-Lei n.º 69/90, de 2 de Março.

166   *O PNPOT e os novos desafios do ordenamento do território*

passa agora a admitir-se que os mesmos abranjam outras áreas do território municipal (solo rural) que, de acordo com os objectivos e prioridades
do plano director municipal, possam ser destinadas a usos e funções urbanas, como sucede com áreas destinadas a parques industriais, logísticos ou
de serviços e ainda a empreendimentos turísticos e equipamentos e infra-
-estruturas associadas (artigo 87.°).

Os planos de urbanização passam, assim, a assumir uma função de
estruturação de uma determinada área do território municipal, independentemente de se tratar de solo urbano ou rural, destinando-se a articular
funções e redes sobre a sua área de intervenção, estruturando o espaço,
definindo regimes de uso do solo e critérios para a sua transformação e
estabelecendo, ainda, uma programação para a respectiva ocupação.[14]

Deste modo, o facto de uma área ser abrangida por um plano de urbanização, que regula os usos urbanos nela admitidos, não significa a sua
reclassificação como solo urbano.

No que concerne aos planos de pormenor, o legislador vem permitir
agora que o seu conteúdo material se apresente mais flexível (e, por isso,
mais variado), na medida em que dependerá sempre das *condições da área
territorial a que se aplicam* (que terá de ser uma área contígua do território municipal) e dos *objectivos que com os mesmos os municípios pretendem alcançar* (objectivos esses explicitados nos respectivos termos de
referência e na deliberação da sua elaboração). Por esse motivo, deixou de
fazer sentido a referência expressa aos planos de pormenor com conteúdo
simplificado: o conteúdo do plano de pormenor há-de depender sempre da
conjugação daqueles dois factores, pelo que "um conteúdo simplificado"
pode ser "o conteúdo" normal de um plano de pormenor.

Prevêem-se é, agora, modalidades específicas de planos de pormenor
– planos de intervenção em espaços rural[15], planos de pormenor de reabi-

---

[14] Neste sentido *vide Guia das alterações ao Regime Jurídico dos Instrumentos de Gestão
Territorial*, DGOTDU, 2007, Documentos de Orientação 03/2007.

[15] Os planos de intervenção em espaço rural diferenciam-se daqueles com a mesma
designação que se encontravam anteriormente integrados na categoria dos planos de pormenor de conteúdo simplificado (a que se refere a Portaria n.° 385/2005, de 5 de Abril),
na medida em que, ao contrário deles, encontram-se aggora essencialmente preordenados
para regular a urbanização, a edificação e os usos complementares às actividades desenvolvidas em solo rural, tendo deixado de privilegiar o ordenamento deste solo. Assim, a
referida Portaria, que estabelecia o conteúdo documental do projecto de intervenção em

(PNPOT), o processo de urbanização e o sistema urbano em Portugal   167

litação urbana e planos de pormenor de salvaguarda – aos quais o legislador associa conteúdos materiais próprios em função de determinadas finalidades correspondentes a regimes legais relativos à salvaguarda de certos interesses públicos, designadamente, os decorrente da Lei de Bases da Política e do Regime de Valorização do Património Cultural Português[16], no caso dos planos de pormenor de salvaguarda, ou o regime jurídico da reabilitação urbana, no caso dos respectivos planos de pormenor.[17]

O reforço do carácter estratégico do plano director municipal não afasta a possibilidade de os planos de urbanização e de pormenor poderem alterar as suas disposições (desde que, naturalmente, tais alterações não coloquem em causa a referida estratégia), não estando estas alterações agora sujeitas a ratificação. Esta solução encontra-se em conformidade com o reforço da competência e da responsabilidade dos municípios em matéria de planeamento que veio a ser promovida com a última alteração legislativa ao RJIGT. Com efeito, a regra é, agora, precisamente por o PNPOT se encontrar em vigor, a de os planos municipais não estarem sujeitos a ratificação governamental; apenas a ela se encontram sujeitos os planos directores municipais quando pretendam alterar as opções constan-

---

espaço rural, deve considerar-se tacitamente revogada. Neste sentido, *Guia das alterações ao Regime Jurídico dos Instrumentos de Gestão Territorial*, cit.

[16] Os planos de pormenor de salvaguarda, que o RJIGT remete para a Lei n.º 107/2001, de 10 de Setembro, encontram nela uma regulamentação mínima (cfr. artigo 53.º) remetendo esta, por sua vez, para legislação complementar ainda inexistente.

[17] O plano de pormenor de reabilitação urbana abrange solo urbano correspondente à totalidade ou parte de um centro histórico, delimitado em plano director municipal ou plano de urbanização, uma área crítica de recuperação e reconversão urbanística, nos termos do artigo 41.º da Lei dos Solos, ou uma área de reabilitação urbana constituída nos termos da lei (artigo 91.º-A, n.º 5).

Quanto a esta área de reabilitação urbana, pensamos que o legislador se refere às *unidades de intervenção* delimitadas, nos termos do Decreto-Lei n.º 104/2004, de 7 de Maio, pelas sociedades de reabilitação urbana (em relação às quais o município pode optar por fazer aprovar, antes da aprovação do documento estratégico por aquelas entidades, um plano de pormenor).

Uma vez, porém, que estas unidades de intervenção correspondem sempre a parte de *zonas históricas* ou de *áreas críticas de recuperação e reconversão urbanística* (que são as áreas onde podem actuar as sociedades de reabilitação urbana), pensamos que a menção a estas à margem daquela primeira situação se visa referir ao facto de os municípios poderem, sem que tenham de constituir sociedades de reabilitação urbana, elaborar planos de pormenor para estas áreas com objectivos de reabilitação.

168   *O PNPOT e os novos desafios do ordenamento do território*

tes de um plano regional de ordenamento do território ou de um plano sectorial, tendo a resolução do conselho de ministros que ratifica o plano director municipal por função, nestes casos, aprovar também as alterações àqueles instrumentos de gestão do território.

Fora destas hipóteses entende-se que o município se encontra dentro do âmbito da sua decisão própria, podendo, por isso, os planos de urbanização ou de pormenor alterar o plano director municipal, ainda que tal alteração consista numa reclassificação dos solos, embora quando esteja em causa a reclassificação do solo como urbano, a mesma se encontre sujeita ao princípio da excepcionalidade e da necessidade consagrado no art. 72.º, n.º 3 do RJIGT. Esta alteração não está, como antes, sujeita a ratificação, precisamente porque em causa está a modificação de um plano (o plano director municipal), também não sujeito a este trâmite procedimental.[18]

> *c) Definição nos PROT do quadro estratégico de organização dos sistemas regionais de ordenamento do território, designadamente nos domínios ecológico, urbano e das acessibilidades e mobilidade, tendo em conta os objectivos do reforço de centralidades, de um desenvolvimento urbano mais compacto e do controlo e disciplina da dispersão da construção*

Uma das principais dificuldades apontadas ao processo do planeamento português nos últimos anos, e que não deixou de ter responsabilidades nas deficiências que afectaram estes instrumentos de planeamento, foi, precisamente, a ausência de instrumentos integradores de carácter

---

[18] De acordo com as alterações legais promovidas pelo Decreto-Lei n.º 316/2007, verifica-se, no que à ratificação diz respeito, uma degradação da sua função: de tutela de legalidade, a mesma passa a funcionar como um mecanismo de aproveitamento do procedimento de elaboração do plano municipal para simultaneamente se proceder à alteração do plano de hierarquia superior (plano regional ou plano sectorial).

Assume-se, assim, a ratificação, como um mecanismo de intervenção excepcional, com funções específicas no âmbito da flexibilização do princípio da hierarquia dos planos. Chama-se, no entanto, a atenção para o facto de alguns planos sectoriais poderem ser aprovados por decreto-lei ou decreto regulamentar (artigo 41.º do RJIGT), situação em que não nos parece suficiente que a sua alteração possa ser formalizada por intermédio da ratificação do plano director municipal, que tem a forma de resolução do conselho de ministros.

(PNPOT), o processo de urbanização e o sistema urbano em Portugal 169

regional prévios à elaboração dos planos directores municipais de primeira geração.

Compreende-se, assim, a urgência da medida aqui enunciada: de definição nos PROT do quadro estratégico de organização dos sistemas regionais de ordenamento do território a serem tidos em conta pelos níveis inferiores de planeamento.

A aceleração, dada pelo Governo, ao procedimento de elaboração dos planos regionais de ordenamento do território determinou também que esta medida fosse, pelo menos em parte, imediatamente posta em execução, o que ocorreu designadamente no âmbito das já referidas alterações ao Regime Jurídico dos Instrumentos de Gestão Territorial. Com efeito, a este propósito, veio este diploma introduzir a necessidade de os planos regionais de ordenamento do território darem particular relevo ao *sistema ambiental*, e delimitarem a *estrutura regional de protecção e valorização ambiental*, de modo a constituir uma estrutura ecológica regional que se imponha aos planos municipais no momento da definição dos seus próprios sistemas ambientais [artigos 53.º, alínea d), e 54.º, n.º 2, alínea c)].

Esta medida do PNPOT foi também imediatamente seguida por todos os PROTs em elaboração de forma a que a estratégia que os mesmos definem para a organização dos sistemas regionais de ordenamento do território possa servir já de quadro de referência aos municípios na definição que estes se encontram a fazer das opções de desenvolvimento e gestão territorial no âmbito do processo generalizado de revisão dos respectivos planos directores municipais.

Exemplo disso mesmo é o Plano Regional de Ordenamento do Território do Algarve (PROTAL), aprovado pela Resolução do Conselho de Ministros n.º 102/2007, de 3 de Agosto e alterada pela Resolução do Conselho de Ministros n.º 188/2007, que, não obstante publicado no Diário da República um dia antes da publicação do próprio PNPOT, veio integrar e cumprir já esta medida ao definir uma estratégia para os seus sistemas urbano, de turismo, do litoral, ambiental e de acessibilidade e mobilidade, com base na qual fundamenta o modelo territorial proposto.

No que concerne ao *sistema urbano*, propõe-se o PROTAL transformar uma rede urbana fragmentada e formada por justaposição de aglomerados urbanos «incompletos», numa rede urbana coerente e competitiva, capaz de dinamizar a economia e reforçar a projecção internacional do Algarve. Propõe-se, assim, consolidar um sistema policêntrico,

170   *O PNPOT e os novos desafios do ordenamento do território*

apoiado nas complementaridades entre os diversos centros urbanos, de forma a criar aglomerações que permitam um elevado nível de competitividade e uma boa inserção nas redes urbanas nacional e europeia. Estabelece assim o PROTAL um sistema, que, como aponta o PNPOT, visa alcançar o objectivo do *reforço de centralidades* e de *promoção de um desenvolvimento urbano mais compacto* contrariando a *dispersão da construção*.

No que diz respeito ao *sistema do litoral* determina o PROTAL, numa perspectiva de valorização do património natural, que qualquer actuação nesta área deverá ter como objectivo fundamental a preservação, defesa e valorização dos valores ambientais e a manutenção de um equilíbrio adequado entre o recurso territorial e a sua procura, em especial para usos turísticos, de forma a contrariar a intensa pressão exercida sobre o mesmo. Para o efeito, estabelece este instrumento de gestão territorial um conjunto de severas restrições a ocupações futuras.

No que concerne ao *sistema de acessibilidade e mobilidade*, o PROTAL integra-o no seu modelo territorial através da definição das ligações estruturantes ao nível dos diversos modos de transporte, em articulação com a estruturação do espaço económico e urbano.

O *sistema ambiental* da Região do Algarve, enquanto sistema estruturante do modelo de desenvolvimento da Região, é composto pela *Estrutura Regional de Protecção e Valorização Ambiental*, pela *Estrutura Hidrográfica Fundamental e Recursos Hídricos* e pelas *estruturas complementares*. O conjunto de todos os valores e recursos naturais e seminaturais identificados para o sistema ambiental deverá, nos termos do PROTAL, integrar a Estrutura Ecológica Municipal nos respectivos instrumentos de gestão territorial, devendo estes estabelecer medidas de restrição ou de fomento consoante as condicionantes e as aptidões diagnosticadas em cada área de intervenção.

Por fim, o PROTAL estabelece um *sistema de turismo*, que, dada a particular novidade para que aponta, aqui referiremos com mais pormenor.

Assim, de relevo a propósito deste sistema, é a opção do PROTAL de "desterritorializar" os *núcleos de desenvolvimento turístico*: ao contrário do que sucedia até aí, a sua localização deixa de ser previamente identificada em plano municipal, passando o PROTAL a prever para toda a Região uma dotação máxima de alojamento de 24 000 camas distribuída por Unidades Territoriais. Tal significa, desde logo, que todo o território da Região passa a ter a potencialidade para acolher um *núcleo de desenvolvi-*

mento turístico, desde que não inviabilizada por servidões e condicionantes legais e esteja em conformidade com as disposições do PROTAL.[19]

A criação concreta de um *núcleo de desenvolvimento turístico* dependerá, assim, da promoção, por parte da câmara municipal, de um concurso para a selecção de propostas em conformidade com um caderno de encargos aprovado pela assembleia municipal. O próprio PROTAL identifica critérios de qualificação a cumprir pelos projectos que venham a ser apresentados a concurso, e critérios de avaliação para a classificação e para a escolha daqueles, uns e outros de ordem urbanística, económica, social e ambiental. Estes critérios poderão, contudo, ser adaptados às especificidades de cada sub-unidade territorial em que o PROTAL divide a Região do Algarve, e densificados de acordo com as estratégias a prosseguir pelos municípios.

Uma leitura atenta dos referidos critérios identificados no PROTAL permite concluir, desde logo, que este instrumento de gestão territorial deixa, não obstante a sua prévia identificação genérica, uma grande margem de discricionariedade aos municípios para, na sujeição de cada *núcleo de desenvolvimento turístico* a concurso público, determinar, em concreto, numa perspectiva dos interesses municipais, a sua densificação.

Durante a discussão pública do PROTAL foram suscitadas várias dúvidas quanto à constitucionalidade e legalidade do sistema de turismo instituído. Em causa estava, essencialmente, a determinação, pelo PROTAL (na prática por uma Resolução de Conselho de Ministros, que é o acto jurídico que o aprova) da abertura, por parte dos municípios, de concursos públicos para a instalação de *núcleos de desenvolvimento turísticos* – áreas onde se poderão instalar empreendimentos turísticos fora dos perímetros urbanos.

É que, com o PROTAL, de uma decisão dos *núcleos de desenvolvimento turístico* pelo município no âmbito do *plano director municipal*, passou-se para uma sua decisão no âmbito de um *concurso público* onde todo o território está aberto à possibilidade da localização dos mesmos.

Ora, em nossa opinião, e como tivemos oportunidade de o afirmar em Parecer especificamente elaborado para o efeito[20], esta nova opção nada tem de inconstitucional ou de ilegal.

---

[19] Esta solução pressupôs a alteração dos planos directores municipais em vigor – alteração esta de carácter simplificado (ou agora, por adaptação) –, de forma a deles retirar a identificação territorial dos núcleos de desenvolvimento turísticos previstos.

[20] Cfr. Parecer jurídico elaborado em parceria com a Mestre Fernanda Maçãs e que

172   *O PNPOT e os novos desafios do ordenamento do território*

Por um lado, em nada viola, como foi então argumentado, o princípio da reserva de lei em matéria de bases do ordenamento do território e do urbanismo, por não retirar aos planos municipais de ordenamento do território tarefas que lhe são especificamente conferidas por aquela lei de bases: as tarefas de classificação e qualificação dos solos. De facto, a concretização de um *núcleo de desenvolvimento turístico* dependerá sempre, nos termos do PROTAL, da prévia elaboração e entrada em vigor de um *plano de urbanização* ou de um *plano de pormenor* para a área respectiva, pelo que se pode afirmar serem estes instrumentos, dos quais constarão, com maior relevo, os termos da execução daqueles núcleos, que conferirão força jurídica vinculativa àquela decisão de localização. Efectivamente, não sendo aprovado qualquer deste tipo de planos, a proposta que tenha ganho o concurso público não poderá vir a ser efectivada, o que demonstra que a decisão de localização do *núcleo de desenvolvimento turístico* na sequência do concurso (aquela que identifica qual a proposta ganhadora) não é a decisão fundamental quanto à localização do mesmo, mas o plano de urbanização ou de pormenor que venha a ser elaborado na sua sequência e que absorve aquela decisão, sendo esta desprovida de eficácia jurídica sem o referido plano.

Cumpre-se, assim, a exigência legal de que a qualificação dos solos – isto é, a determinação, em concreto, do uso dominante (o turístico) – deve ser feita por intermédio de plano municipal de ordenamento do território.[21]

Deste modo, de um regime como o consagrado no anterior PROT – em que a decisão de localização dos *núcleos de desenvolvimento turístico* era remetida para os municípios no âmbito do *plano director municipal* – passa-se para um outro, em que aquela decisão é tomada no âmbito de um *concurso público,* que precederá a necessária e indispensável elaboração de *planos de urbanização* ou de *pormenor* onde a referida localização será

---

consta em anexo aos *Quadros Síntese de Ponderação* integrados no *Relatório do apuramento dos resultados da discussão Pública ao Plano Regional de Ordenamento do Território do Algarve.*

[21] Também esta solução não coloca em causa a tarefa fundamental de classificação dos solos conferida aos planos directores municipais, porque o que o PROTAL regula é a localização de núcleos de desenvolvimento turísticos *fora dos perímetros* e, portanto, no *solo rural,* o que pressupõe, claramente, já cumprida a tarefa de classificação dos solos no âmbito dos planos municipais.

(*PNPOT*), *o processo de urbanização e o sistema urbano em Portugal*   173

plasmada.[22] Onde efectivamente o novo PROTAL inova é quanto à formação da decisão de planeamento da Administração, que passa a ser procedimentalizada e contratualizada[23], já que, quanto ao restante, a Administração não está dispensada de ter de observar os procedimentos legalmente estabelecidos para a elaboração dos planos territoriais.

Finalmente, impõe-se realçar que a inovação introduzida no PROT-AL, além de não violar nenhuma norma da Constituição nem da LBOTU, também não contraria qualquer princípio fundamental subjacente ao procedimento de planeamento urbanístico. Pelo contrário, verifica-se que a obrigatoriedade de desencadeamento de um procedimento contratual até permite cumprir, em maior medida, princípios fundamentais subjacentes ao procedimento de planeamento urbanístico.

Assim, desde logo, cumpre-se o *princípio da igualdade* (e também da concorrência), já que, ao abranger a totalidade do território, não se promove, como em regra sucede com o actual sistema, uma sobrevalorização fundiária das áreas que o plano municipal afecta a estes fins.

Por seu lado, não se encontrando territorializados os *núcleos de desenvolvimento turístico* no âmbito do plano director municipal, o procedimento de escolha das áreas vocacionadas para o efeito (e, indirectamente, dos privados que terão a oportunidade de concretizar empreendimentos turísticos) não poderá ser outro que não o do procedimento concursal, que é a forma normal da Administração associar os particulares ao exercício de funções tipicamente públicas – como são as da prossecução dos interesses públicos, do correcto ordenamento do território e do desenvolvimento turístico –, garantindo a *transparência* nas relações dos promotores, designadamente turísticos, com a Administração pública, princípio que igualmente se pretende alcançar no âmbito do procedimento

---

[22] Trata-se de uma *pré-decisão* ou *decisão preliminar* consubstanciada num acordo base, celebrado entre o promotor e o município, cujo conteúdo o município se auto-vincula a assumir na futura elaboração do plano de urbanização ou de pormenor.

[23] O novo modelo acentua a *via participativa*, quer através do concurso para a selecção da melhor proposta, quer quanto à contratualização da decisão de planeamento: em suma, o que se pode dizer é que, dentro dos limites do poder discricionário de planeamento da Administração, o conteúdo dos planos territoriais de implantação de um *núcleo de desenvolvimento turístico* é afinal o resultado de uma *proposta contratualizada* entre a Câmara Municipal e o promotor. Sobre a importância e papel da via consensual (acordos e contratos) em matéria de planeamento urbanístico, cfr. Alejandro Huergo LORA, *Los contratos sobre los actos y las potestades adminsitrativas*, Civitas, Madrid., 1998, pp. 36 ss.

de elaboração de planos municipais, mas cujo controlo é mais difícil de alcançar.

Acresce que o procedimento concursal, identificando, no caderno de encargos, os aspectos fundamentais a que terá de se dar cumprimento do ponto de vista do interesse público, e permitindo a apreciação simultânea de várias propostas privadas, acolhe o cumprimento do *princípio da ponderação de interesses* co-envolvidos na ocupação do território, princípio este que corresponde à própria essência e natureza da tarefa planificatória.

Para além de tudo, prevendo o PROTAL a sujeição a consulta pública dos projectos apresentados na fase da sua selecção, garante ainda o princípio fundamental de planeamento urbanístico da *participação pública*.

Tendo em consideração os vários tópicos acabados de referir, terá de se concluir que o procedimento concursal estipulado garante o cumprimento dos mesmos princípios fundamentais que devem ser cumpridos no âmbito das decisões planificadoras referentes à ocupação do território, a que acresce, como vimos, a necessidade (e não a dispensa) de instrumentos de planeamento municipal que integrem estas opções.

É por este motivo, aliás, que se deve aceitar neste caso como lícita a imposição pelo PROTAL de elaboração de planos de urbanização e de pormenor. Com efeito, esta imposição por parte de instrumentos de planeamento da responsabilidade da administração estadual nem sempre é legítima se atentarmos no facto de os planos de urbanização e os planos de pormenor (ao contrário dos planos directores municipais) serem instrumentos de iniciativa municipal de existência facultativa, com a consequência de a decisão da sua elaboração dever ser reservada ao âmbito da autonomia decisória que nesta matéria é reconhecida aos municípios.

Assim, de um ponto de vista acentuadamente jurídico-político, esta imposição por parte da Administração estadual poderia causar perplexidades, tendo em consideração os princípios de ordem constitucional do respeito pela autonomia das autarquias locais e da subsidiariedade, princípios que impelem para que a "intromissão" governamental nos "assuntos do município" se limite ao mínimo possível.

No caso, a definição, num instrumento de planeamento de imputação estadual, do tipo de actuação planificadora que o município deve encetar justifica-se precisamente pela necessidade de cumprimento da exigência legal de a qualificação dos solos ser efectivada/plasmada num instrumento de planeamento municipal.

(PNPOT), o processo de urbanização e o sistema urbano em Portugal 175

Sempre se poderia afirmar que, estabelecendo o próprio PROTAL os critérios de qualificação para efeitos de admissão das propostas e os critérios de avaliação para a classificação e escolha das mesmas, este instrumento de planeamento de imputação estadual retira grande parte do poder de decisão aos municípios.

Uma leitura atenta de cada um daqueles critérios permite, contudo, concluir que tal assim não é, deixando o PROTAL uma ampla margem de discricionariedade ao município na determinação, *in concretu*, de cada um deles e uma sua densificação e adaptação às respectivas estratégias municipais. Com efeito, o que se verifica, a este propósito, é uma clara repartição de atribuições decorrente de um condomínio de interesses co-envolvidos: sendo o ordenamento do território e o turismo interesses públicos com claras repercussões locais e supra-locais (regionais), terá de se admitir que ambas as vertentes destes interesses sejam devidamente salvaguardadas – definindo o PROT os critérios a que devem obedecer os projectos de um ponto de vista do *interesse regional*, mas permitindo que os municípios os densifiquem em função das suas próprias estratégias de modo a, por esta via, salvaguardar os *interesses eminentemente locais* envolvidos.[24]

Com idêntico relevo, por apontar igualmente para uma opção "desterritorializada" no âmbito do PROTAL, são os *núcleos de desenvolvimento económico* que, a par dos *núcleos de desenvolvimento turístico*, cor-

---

[24] Note-se que um dos aspectos que maior relevo assumirá no âmbito de funcionamento do sistema de turismo previsto no PROTAL, é, no que à delimitação de *núcleo de desenvolvimento turístico* diz respeito, a distribuição, por concelho, do contingente de camas turísticas dentro do limite máximo de 24 000 para o conjunto da Região definidas no PROT. Não tendo sido alcançado, aquando da elaboração do PROTAL, acordo entre os vários municípios quanto à distribuição deste número de camas, entendeu-se que o controlo de uma adequada e equitativa distribuição apenas poderia ser alcançada através do estabelecimento de um conjunto de princípios gerais e da necessidade de se ter em devida consideração o parecer do Observatório do PROTAL no que a este propósito diz respeito. A capacidade reguladora deste organismo estará, em grande parte, dependente da capacidade de autocontenção e de coordenação entre os vários municípios de uma mesma unidade territorial. Não nos choca, porém a solução alcançada. É que a mesma salvaguarda o interesse regional (distribuição de camas pelas várias unidades territoriais para efeitos regionais) não lhe competindo a salvaguarda dos interesses municipais. Ou seja, fundamental, da perspectiva do PROTAL é a distribuição de camas pelas unidades territoriais que definiu. Se o número de camas, dentro de cada uma daquelas unidades, vai ser absorvida por um só ou distribuída por vários municípios, é já indiferente da perspectiva regional, estando em causa apenas e exclusivamente interesses de ordem local que não cabe ao PROT salvaguardar.

176 *O PNPOT e os novos desafios do ordenamento do território*

respondem, nos termos do PROTAL, a *investimentos estruturantes* para a Região.

Em causa estão, num e noutro caso, investimentos relacionados com empreendimentos públicos, privados ou mistos, constituídos, designadamente, por infra-estruturas, equipamentos e outros bens ou serviços adequados ao desenvolvimento de actividades económicas, e que se consideram relevantes para a modernização e o crescimento das actividades económicas em geral, a transformação do tecido económico e social e a estabilidade da estrutura produtiva. Por este motivo, o PROTAL os classifica como dotados de um *elevado grau de interesse público regional.*

Característica específica destes *investimentos* é, como referimos, a ausência da sua prévia localização ("territorialização") em plano director municipal, facto que se compreende por, na maior parte das vezes, ser difícil ou mesmo impossível identificar, com antecipação, não apenas o tipo de investimento que pode vir a ocorrer, mas também as suas necessidades específicas (designadamente em termos de área territorial e das respectivas componentes), sendo preferível, por isso mesmo, "deixar em aberto" a possibilidade de os mesmos se localizarem nas áreas que lhes forem mais adequadas.

A diferença entre os dois subtipos de investimentos estruturantes previstos no PROTAL – *núcleos de desenvolvimento económico* e *núcleos de desenvolvimento turístico* –, está no facto de a localização destes últimos, como vimos, estarem dependentes da prévia abertura de um concurso público, ao contrário da aprovação dos primeiros que pressupõe um procedimento específico desencadeado mediante solicitação do promotor interessado à câmara municipal. Tal aprovação subentende a avaliação prévia do interesse regional do empreendimento por parte da autarquia local, da CCDR Algarve e da entidade da administração central competente em razão da matéria, ouvido o Observatório do PROTAL, e pressupondo a aprovação de plano de pormenor ou de plano de urbanização que deverá ser objecto de contratatualização entre o promotor a autarquia local e, quando for o caso, a Administração central. A sua realização dependerá ainda de Reconhecimento de Interesse Público (RIP) por despacho conjunto dos membros do Governo com a tutela do ordenamento do território, bem como de outras tutelas em razão da matéria e de um procedimento de Avaliação de Impacte Ambiental.

No que concerne aos *núcleos de desenvolvimento económico*, o PROTAL identifica os tipos de investimentos que, de uma forma mais

(PNPOT), o processo de urbanização e o sistema urbano em Portugal 177

imediata, a eles podem ser reconduzidos: pólos de competitividade regional para a promoção do desenvolvimento ligado à inovação empresarial e social, parques temáticos ou complexos desportivos e actividades que, pela sua natureza, aconselham uma localização exclusiva, em contextos bem integrados no território, adequados às características climáticas, paisagísticas e ambientais da Região e do sítio em causa, e compatíveis com o Modelo Territorial do PROTAL. Não afasta, porém, este instrumento de gestão territorial, a possibilidade de naqueles poderem ser integrados *empreendimentos turísticos.* Com efeito, embora os *núcleos de desenvolvimento económico*, por corresponderem, em regra, a infra-estruturas e actividades económicas preferencialmente relacionadas com novas formas de economia, em especial as vocacionadas para as áreas do conhecimento, não integrem, por princípio, componentes de alojamento, podem, em situações específicas (no caso dos *núcleos de desenvolvimento económico* de tipo II[25]), incluir *alojamento associado*, admitindo-se, ainda, excepcionalmente, a aplicação desta figura a *empreendimentos turísticos.*

A distinção, dentro do *núcleos de desenvolvimento económico* de tipo III, entre dois subtipos distintos – os que admitem alojamento associado e aqueles que integram empreendimentos turísticos – é feita com base em diferentes critérios. Embora ambos dependam de um reconhecimento de interesse público (RIP), a integração, nesta figura, de empreendimentos turísticos pressupõe que este interesse público assuma *relevo nacional para a actividade turística*, determinada em sintonia com o Plano Nacional Estratégico do Turismo (PENT) para o período 2006-2015.

Uma questão que se colocou já na prática, a propósito da concretização dos núcleos de desenvolvimento económico, é a de saber se estes carecem de ser transpostos para os planos directores municipais para poderem ser aplicados, sendo certo que a alteração (no PROT designada de *simplificada* e que, nos termos da actual legislação, corresponde a uma alteração por adaptação) promovida aos planos directores municipais, apenas foi desencadeada para proceder à adequação dos *núcleos de desenvolvimento turístico* aos novos trâmites do PROTAL.

Antes de mais, a ser necessária, não se compreende porque motivo a alteração aos planos directores municipal apenas foi promovida para integrar os *núcleos de desenvolvimento turístico* e não já os *núcleos de desen-*

---

[25] O PROTAL identifica três tipos de *núcleos de desenvolvimento económico* consoante a dimensão da sua área de intervenção.

178   *O PNPOT e os novos desafios do ordenamento do território*

volvimento económico. Com efeito, embora a implementação dos *núcleos de desenvolvimento económico* apareça referida no ponto 2.1.3. do Capítulo V do PROTAL como gerando a necessidade de uma alteração simplificada (*rectius* por adaptação) dos vários planos directores municipais, a mesma não aparece identificada, tal como o exige a alínea b) do n.º 2 do artigo 59.º do RJIGT, na Resolução do Conselho de Ministros que aprovou o PROTAL, indiciando, precisamente, esta desnecessidade.

Torna-se, contudo, relevante questionar, partindo do princípio ser efectivamente necessário proceder a uma alteração por adaptação aos planos directores municipais para que os *núcleos de desenvolvimento económico* possam ser aplicados (invocados) imediatamente, em que se traduziria esta alteração.

Esta questão assume pertinência por a legislação actualmente em vigor determinar, de forma expressa, não disporem os planos regionais de ordenamento do território de eficácia plurisubjectiva (isto é, de eficácia directa em relação aos particulares), apenas vinculando entidades públicas. E, por este motivo, as opções destes instrumentos devem ser vertidos para os planos directores municipais passando a vincular os particulares apenas por intermédio destes.

Note-se, contudo, que este aspecto do regime jurídico dos instrumentos de gestão territorial não pode querer significar que os planos directores municipais passam a ser o repositório (para repetição) de todas as normas dos instrumentos de gestão territorial de escalão superior sem eficácia plurisubjectiva, não tendo que ser vertidos para os mesmos as normas daqueles.

A ausência de eficácia directa dos planos regionais em relação aos particulares apenas se justifica se considerarmos o grau de densidade e o objecto das suas normas. Com efeito, tendo em conta o sistema de gestão territorial introduzido pela LBPOTU, os planos regionais são, nos termos do seu artigo 7.º, n.º 2, alínea b) do RJIGT, instrumentos de definição do *quadro estratégico* para o ordenamento do território do espaço regional em estreita articulação com as políticas nacionais de desenvolvimento económico e social, *estabelecendo as directrizes orientadoras* do ordenamento do território. Por seu lado, o artigo 8.º da LBPOTU integra estes planos nos *instrumentos de desenvolvimento territorial* que correspondem a instrumentos de natureza *estratégica* (e não de ocupação concreta dos solos) que traduzem as *grandes opções* com relevância para a organização do território, estabelecendo *directrizes de carácter genérico* sobre o modo de

(PNPOT), o processo de urbanização e o sistema urbano em Portugal   179

uso do mesmo (e não regras desse uso e a sua definição concreta), consubstanciando o quadro de referência na elaboração de instrumentos de planeamento territorial [artigo 8.º, alínea a)].

Ou seja, os planos regionais não vinculam directamente os particulares porque, em regra, não dispõem de normas que determinem, de forma directa, a concreta ocupação de parcelas precisas do território, não afectando, por isso, o direito de propriedade que sobre as mesmas incide. O que as mesmas fornecem são *orientações* e *directivas* para os municípios, que devem, com base nelas, definir as concretas regras de ocupação do território.

Mas, se isto é assim, em regra, a verdade é que pode acontecer que os planos regionais "territorializem" determinadas opções. Efectivamente, apesar de estes instrumentos de gestão territorial possuírem normas com uma densidade muito reduzida, o que justifica o regime que para ele foi estatuído – de ausência de eficácia plurisubjectiva –, a verdade é que lhes cabe, nos termos da Lei de Bases e do Regime Jurídico dos Instrumentos de Gestão Territorial, a identificação da *rede regional de infra-estruturas* e da *rede regional de equipamentos*, que têm ou que podem ter uma *espacialização precisa* [cfr. artigo 9.º, n.º 1, alínea b) da LBPOTU e artigo 62.º, alínea b) do RJIGT]. Ora, de acordo com o regime fixado para os planos regionais, não obstante estes identificarem a localização de uma determinada infra-estrutura de carácter regional, a Administração não pode opor esta solução aos particulares para impedir que os mesmos levem a cabo utilizações ou ocupações dos solos incompatíveis com aquelas, dado o carácter não vinculativo das suas normas em relação àqueles.

Ora, é precisamente em relação a este tipo de normas (que territorializam opções) *e apenas em relação a elas*, que o RJIGT determina, de forma a garantir a sua plena operatividade, a necessidade do seu rápido acolhimento em planos de eficácia plurisubjectiva, de modo a que possam ser operacionalizadas (através da sua imposição directa em relação aos particulares). É precisamente isso que decorre do disposto no artigo 97.º, n.º 1, alínea c), do RJIGT, que determina estarem sujeitas a uma alteração por adaptação (anteriormente adaptação simplificada), as alterações aos planos municipais de ordenamento do território decorrentes da *"incompatibilidade com a estrutura regional do sistema urbano, das redes, das infra-estruturas e dos equipamentos de interesse regional definida e a delimitação da estrutura regional de protecção e valorização ambiental"*.

180 *O PNPOT e os novos desafios do ordenamento do território*

Ora, no caso em apreço – dos *núcleos de desenvolvimento económico* – não está em causa uma opção territorializada do PROTAL que, para poder ser imposta (oposta) aos particulares, tenha de ser "transposta" para o plano director municipal. Pelo contrário, o PROTAL tem, neste caso, auto-suficiência normativa para poder dar origem a um *núcleos de desenvolvimento económico*, que terá de ser, posteriormente, concretizado num plano municipal: precisamente o plano de urbanização ou de pormenor que será objecto de negociação e contratualização com o município. E será por intermédio deste plano municipal que aquelas opções do PROTAL produzirão efeitos em relação aos particulares.

Discordamos, pois, de qualquer posição que defenda a impossibilidade de utilização da figura dos *núcleos de desenvolvimento económico* enquanto esta não for integrada (repetida?) em plano director municipal.

d) Incentivo a novas parcerias para o desenvolvimento de programas integrados de reabilitação, revitalização e qualificação das áreas urbanas, reforço e agilização o papel das Sociedades de Reabilitação Urbana e rever o enquadramento fiscal e financeiro das operações integradas nestes programas

De acordo com esta medida específica, de um urbanismo de expansão urbana devemos passar, gradualmente, para um urbanismo de reabilitação, revitalização e requalificação das áreas urbanas, aliada, de perto, a preocupações e objectivos sociais – visando a reversão de situações de escassez, envelhecimento e empobrecimento da população e de aumento da insegurança e da criminalidade nas áreas de intervenção – bem como a objectivos de melhoria do ambiente urbano.

Curiosamente não existe em Portugal um regime próprio e específico de reabilitação urbana que não seja o constante do Decreto-Lei n.º 104/2004, de 7 de Maio, que instituiu, em face de uma legislação urbanística essencialmente orientada para os fenómenos da *expansão urbana,* um regime jurídico especial para a reabilitação de zonas históricas e de áreas críticas de recuperação e reconversão urbanística.

De acordo com este diploma, a reabilitação urbana destas áreas pode ser feita, em termos organizacionais, por intermédio de sociedades anónimas de capitais exclusivamente públicos com participação municipal e estadual – intituladas Sociedade de Reabilitação Urbana (SRUs) –, com

(PNPOT), o processo de urbanização e o sistema urbano em Portugal   181

competências em matéria de licenciamento e autorização de operações urbanísticas, de expropriação e de fiscalização na sua área de intervenção, podendo, no entanto, os municípios, directamente ou através de empresas municipais, utilizar os mecanismos previstos no mesmo, sem constituição de SRUs.

Encontrando-se aquele diploma em vigor há mais de quatro anos, a sua aplicação prática tem vindo a explicitar um conjunto de dificuldades para as quais o mesmo, aparentemente, não encontra solução e que se apresenta fundamental ultrapassar, como o exige a medida do PNPOT sobre que ora nos debruçamos.

Do ponto de vista prático, são os seguintes os problemas que se têm vindo a suscitar e que devem ser superados, se se pretender executar a medida aqui assinalada.

   i) Necessidade de alargamento da politica de reabilitação urbana para além do âmbito do Decreto-Lei n.° 104/2004, já que o regime instituído por este diploma apenas poder ser usado em zonas históricas, como tal classificadas em plano municipal de ordenamento do território (artigo 1.°, n.ºs 3 e 4), ou em áreas críticas de recuperação e reconversão urbanística (nos termos do artigo 41.° da Lei dos Solos).

   ii) Necessidade de reformatação legal do documento estratégico – instrumento, do ponto de vista material e em alguns aspectos procedimentais, muito próximo dos planos de pormenor –, quer em termos de eficácia jurídica (no sentido de lhe conferir vinculatividade em relação aos respectivos destinatários), quer da sua natureza jurídica (podendo ser assumidos como instrumentos de planeamento, permitindo o recurso a mecanismos que são próprios destes e que facilitam, em grande medida, a operatividade das acções de reabilitação urbana, como é o caso dos destinados à distribuição perequativa dos benefícios e encargos resultantes das mesmas).

   iii) Necessidade de reponderação do procedimento de reabilitação no sentido de garantir que o Documento Estratégico seja elaborado e dado a conhecer à câmara municipal antes de esta deliberar a elaboração, ou não, de um plano de pormenor para a unidade de intervenção, servindo aquele, precisamente, para fundamentar a necessidade ou conveniência da elaboração deste.

182   *O PNPOT e os novos desafios do ordenamento do território*

iv) Necessidade de determinar, nas hipóteses em que para a unidade de intervenção tenha sido decidida a elaboração de um plano de pormenor, a forma de articulação, entre os sistemas e instrumentos previstos no RJIGT para a execução destes com os instrumentos previstos no Decreto-Lei n.° 104/2004 para a concretização das operações de reabilitação nestas unidades de intervenção. Particular exigência de articulação se coloca quando o sistema adoptado para a execução do plano seja o da imposição administrativa.

v) Necessidade de consagração legal expressa daquela que, em termos de contratação, deve ser considerada a forma normal de operacionalização das intervenções de reabilitação: a contratualização global e integrada entre todos os proprietários da mesma unidade de intervenção e não uma contratualização isolada, proprietário a proprietário.

vi) Necessidade de um tratamento jurídico global à questão da cobrança das taxas urbanísticas no âmbito das operações de reabilitação promovidas ao abrigo da intervenção das Sociedades de Reabilitação Urbana.

e) Dinamização da aplicação dos diversos mecanismos de execução dos instrumentos de gestão territorial previstos no Decreto-Lei 380/99, nomeadamente promovendo um urbanismo programado e de parcerias e operações urbanísticas perequativas e com auto- -sustentabilidade financeira

A concretização da presente medida não depende tanto de uma alteração da legislação em vigor, mas, antes, de uma mudança radical da prática urbanística municipal. É que a lei fornece já todos os mecanismos e instrumentos necessários para este efeito, faltando apenas aos municípios "convencerem-se" da necessidade (indispensabilidade) de os desencadearam.[26]

Como tivemos já oportunidade de referir a outro propósito, pensamos existirem actualmente mecanismos importantes para a promoção de um urbanismo programado e de parcerias e para a promoção de operações

---

[26] Neste sentido, vide António Cândido de Oliveira, "A situação actual da gestão urbanística em Portugal", *in Revista de Direito Regional e Local*, cit., p. 9 e ss.

(PNPOT), o processo de urbanização e o sistema urbano em Portugal   183

urbanísticas perequativas e com auto-sustentabilidade financeira: as unidades de execução e os planos de pormenor.

Aquelas apresentam, na nossa óptica, mais vantagens do que estes. São, por um lado, mais céleres, porque são execução, enquanto o plano de pormenor, por ser um instrumento de planeamento, não dispensa, em regra, a fase posterior de concretização e licenciamento das operações urbanísticas de reparcelamento que o concretizam (repetem). Por outro lado, as referidas unidades de execução apresentam-se, também em regra, como mais flexíveis, porque o desenho urbano (que identifica os lotes a distribuir) é o resultado da contratualização entre os vários intervenientes, feito, por isso, à medida do que terá de ser distribuído [em função dos benefícios a que cada um tem direito e dos encargos que tenha de (ou possa) assumir], enquanto o plano de pormenor, por ter natureza regulamentar, apresenta um desenho urbano fechado que inibe ou dificulta a concertação, para além de que qualquer desvio às suas previsões (desenhadas ao pormenor) implica a necessidade de desencadear um procedimento de alteração envolto em alguma morosidade[27] ou determina a nulidade por violação de plano.

Admitimos, contudo, como já o dissemos a que as recentes alterações trazidas ao regime dos planos de pormenor pelo Decreto-Lei n.º 316/2007, de 16 de Setembro, possam vir dar-lhes novo fôlego, colocando-os a par das unidades de execução na tarefa de programação, de fomento de intervenções de conjunto e de associação entre proprietários, a Administração e terceiros. Efectivamente, o facto de o conteúdo prescritivo destes instrumentos de planeamento municipal poder ser agora objecto de concertação (contratualização) com os proprietários da sua área de abrangência (artigos 6.º-A e 6.º-B do RJIGT), aliado à circunstância de os mesmos, em certas condições (em especial quando aquele acordo definiu já, entre todos os interessados, os termos da execução do plano), poderem proceder directamente à transformação fundiária desta área, dispensando posteriores actos de controlo preventivo das operações urbanísticas que a visam alcançar (artigos 92.º-A e 131.º, n.º 10 do RJIGT), apresenta-se como uma óbvia vantagem na flexibilização destes instrumentos de planeamento. Não obstante, dada a sua novidade, não deixarão de surgir dificuldades práticas na

---

[27] O procedimento de alteração dos planos de pormenor (como aliás o próprio procedimento da sua elaboração) surge, após as alterações introduzidas ao RJIGT em 2007, mais simplificado.

184   *O PNPOT e os novos desafios do ordenamento do território*

aplicação das soluções legislativas que podem fazer pender a opção para as unidades de execução em detrimento dos planos de pormenor.[28]

g) *Revisão e actualização da legislação dos solos, em coerência com os restantes regimes legais e fiscais*

Grande parte dos problemas atinentes à dispersão dos perímetros urbanos e da especulação fundiária prendem-se, precisamente, com as insuficiências da legislação urbanística que conformou os planos directores municipais de primeira geração, em especial da atinente à política dos solos. Com efeito, o facto de as opções de planeamento incidirem sobre solos que são propriedade privada, não dispondo os municípios, por ausência de previsões legais adequadas, dos meios que lhes permitam (ou tenham permitido) obter, no momento oportuno, os solos necessários para os fins pretendidos e por preços adequados (instrumentos de política de solos), fez com que os mesmos previssem, por precaução, perímetros urbanos excessivos, isto é, acima das suas necessidades reais: uma previsão dos perímetros urbanos na estrita medida dessas necessidades – e na ausência de mecanismos que obrigassem os proprietários a libertar os solos para os fins pretendidos, designadamente de cariz fiscal –, poderia conduzir a fenómenos de retenção e, consequentemente, de especulação fundiária.[29]

A revisão da Lei dos Solos e do Código de Expropriações, a previsão legal de mecanismos, designadamente de cariz financeiro, que permitam aos municípios intervir na regulação do mercado de solos, a criação de instrumentos que evitem a apropriação indevida de mais-valias resultantes da reclassificação do uso do solo ou da retenção e intermediação especulativa dos terrenos e o aperfeiçoando dos mecanismos de assumpção por parte dos promotores das externalidades geradas pelas novas urbanizações, quer sobre as infra-estruturas quer sobre a estrutura ecológica, tornam-se imprescindíveis para alcançar um correcto ordenamento do território.[30]

---

[28] Neste sentido *vide* o nosso "As virtualidades das unidades de execução num novo modelo de ocupação do território..." cit.

[29] Cfr., o nosso "Política dos solos" in *Dicionário Histórico do Ministério das Obras Públicas, 1852/2004*, 2007.

[30] Sobre a revisão de alguns destes regimes e a previsão de alguns destes mecanismos pelo Governo cfr. João Ferrão, "Intervenção de abertura do Secretário de Estado do Ordenamento do Território e das Cidades", *in Revista de Direito Regional e Local*, cit., p. 5 a 7.

Este é um passo que falta dar e que se apresenta como indispensável para a concretização dos objectivos do PNPOT no sentido da instituição de um novo modelo urbano para Portugal.

O POLICENTRISMO E O PNPOT.
REFLEXÕES SOBRE A COMPETITIVIDADE
E A COESÃO TERRITORIAL

MÁRIO VALE
Professor Associado do Departamento de Geografia,
Faculdade de Letras e Investigador do Centro
Estudos Geográficos, Universidade de Lisboa

INTRODUÇÃO

O Programa Nacional da Política de Ordenamento do Território (PNPOT)[1] surge como o instrumento de cúpula dos instrumentos de gestão do território, tendo por objectivo informar e articular as estratégias territoriais, mormente ao nível dos PROT (Planos Regionais de Ordenamento do Território) e dos PMOT (Planos Municipais de Ordenamento do Território) (Oliveira, 2002), assim como garantir a articulação das intervenções de política sectorial com expressão territorial.

A partir do Programa de Acção do PNPOT, debruçamo-nos, neste texto, sobre a tensão entre a competitividade e a coesão territorial e a eventual emergência de um novo paradigma de desenvolvimento territorial, em que se abdica da preocupação central com a correcção de assimetrias espaciais em benefício de uma visão orientada para a promoção da competitividade dos territórios. O eventual conflito entre objectivos de competitividade e de coesão territorial pode, teoricamente, ser resolvido por via do

---

[1] De facto, o PNPOT é um programa de política de natureza estratégica – não é um programa operacional nem um plano – e os factores condicionantes do seu sucesso são, necessariamente distintos, tais como a liderança política, o envolvimento da sociedade civil e a eficiência das instituições. (Cordovil, 2007).

188 *O PNPOT e os novos desafios do ordenamento do território*

policentrismo, que remete para a complementaridade funcional dos centros urbanos, a cooperação territorial e novos modelos de governança territorial.

Neste texto, apresentamos argumentos que pretendem demonstrar como é difícil passar da teoria à prática do policentrismo em Portugal sem algumas transformações de fundo no âmbito das políticas e da gestão do território. Consideramos que o desenvolvimento policêntrico não é uma solução universal e até defendemos que se devem verificar três pressupostos em simultâneo para assegurar a implementação de uma estratégia territorial deste tipo: complementaridade de funções e equipamentos; proximidade física e bons níveis de acessibilidade; predisposição para a cooperação territorial.

I. PNPOT – UM NOVO PASSO NA POLITICA DE ORDENAMENTO DO TERRITÓRIO

A Lei de Bases da Política de Ordenamento do Território e do Urbanismo (LBOTU) (Lei n.º 48/98, de 11 de Agosto)[2], bem como o Diploma que aprovou o Regime Jurídico dos Instrumentos de Gestão Territorial (DL n.º 380/99, de 22 de Setembro) são elementos indubitáveis para a formulação de um programa nacional de política de ordenamento do território (Ferrão, 1999).

Em conformidade, a Resolução do Conselho de Ministros (RCM n.º 76/2002, de 11 de Abril) estabelece a obrigação de elaborar o PNPOT, cujos estudos de fundamentação técnica foram realizados por uma equipa técnica coordenada por Jorge Gaspar[3] em estreita articulação com a DGOTDU (Direcção Geral do Ordenamento do Território e Desenvolvimento Urbano). Esta fase foi concluída em Setembro de 2005, após um processo de concertação com entidades da Comissão Consultiva. Em seguida, observou-se um período de negociação coordenado pela Secretaria de Estado do Ordenamento do Território e das Cidades (SEOTC), que envolveu os organismos da Administração Central. Concluída esta fase, o PNPOT seguiu para discussão pública, entre 17 de Maio e 31 de Outubro

---

[2] Sobre o quadro legal do sistema de planeamento, cf. Oliveira (2002).

[3] O autor deste artigo integrou a referida equipa (Gabinete do Programa Nacional de Política de Ordenamento do Território).

de 2006, apoiado por uma plataforma digital que potenciou a recolha de comentários e sugestões para melhoria do documento (RCM n.º 41/2006, de 27 de Abril). Por fim, no dia 28 de Dezembro de 2006, o PNPOT foi aprovado em Conselho de Ministros, tendo a respectiva proposta de Lei dado entrada na Assembleia da República, em 17 de Janeiro de 2007, cuja aprovação final veio a ocorrer em 4 de Setembro do mesmo ano (Publicação da Lei n.º 58/2007 que aprova o PNPOT e Declaração de rectificação n.º 80-A/2007, em 7 de Setembro, dos anexos à Lei n.º 58/2007, de 4 de Setembro).

Afirmámos noutro trabalho que a "análise do processo de elaboração do PNPOT é esclarecedora do processo e funcionamento do sistema de planeamento territorial no país, mas também reflecte uma nova ambição na forma de pensar e planear o território", (Vale, 2007a, pág. 23), em particular devido ao grau de abertura à participação pública (Gaspar, 2007; Queirós, 2007a).

O Programa de Acção do PNPOT formata algumas das grandes opções de politica territorial, a médio e a longo prazo, que necessariamente condicionarão opções dos agentes privados. Não podendo deixar de ser um programa complexo devido aos objectivos tão exigentes, o PNPOT marca uma viragem na história do sistema de planeamento territorial (Queirós, 2007b), sendo a primeira vez que um instrumento desta natureza e de grande alcance estratégico é aprovado em Portugal pela Assembleia da República.

II. NOVAS ORIENTAÇÕES NA AGENDA DE DESENVOLVIMENTO TERRITORIAL

A centralidade das cidades no ordenamento do território ganhou novo protagonismo a partir da agenda do desenvolvimento sustentável[4]. Na verdade, o modo como as cidades são governadas passou a ser um factor crítico para aproveitar as oportunidades **económicas**, promover a **coesão** social e garantir a **sustentabilidade** ambiental, tal como o sucesso da própria agenda politica do desenvolvimento sustentável depende substancial e objectivamente dos resultados alcançados nas cidades, especialmente na vertente da sustentabilidade ambiental (Turok, 2005).

---

[4] Para uma crítica à competitividade das cidades, cf. Vale (2007b).

Ao nível europeu, a preocupação com a redução das assimetrias regionais constitui um objectivo central da política regional europeia. Os desequilíbrios territoriais conduziram à formulação de políticas que visa(va)m a convergência regional europeia, atenuando o peso das regiões motoras da UE, cuja configuração geográfica mais recente forma, segundo o EDEC (Esquema de Desenvolvimento do Espaço Comunitário), publicado em 1999, um 'pentágono' formado pelas metrópoles de Londres, Hamburgo, Paris, Munique e Milão.

Segundo Faludi (2004), o EDEC aponta para uma 'europeização' do modelo de planeamento, visando a aproximação das diversas culturas de planeamento entre os Estados-Membros europeus, agrupados em diferentes espaços de influência: britânica, mediterrânica, nórdica e do nordeste da Europa. Apesar da 'europeização' Rosa Pires (2005), Mourato e Rosa Pires (2007) referem que '...um certo grau de convergência é algo expectável [...], mas ainda não há uma noção detalhada da real dimensão de mudança interna dos discursos e práticas de planeamento dos diferentes estados-membros...' (p. 39).

À 'europeização' do modelo de planeamento, junta-se uma outra tendência relativa à forma como se pretende reequilibrar o mapa da Europa, caracterizada pela reorientação da política de desenvolvimento regional para a competitividade e economia do conhecimento, uma clara manifestação da Estratégia de Lisboa.

Em conformidade, o enfoque da coesão territorial na política regional desloca-se para a competitividade no período 2007-2013, de que o *earmarking* (despesa que beneficia a competitividade) no QREN é uma evidência do que já se apelidou de 'Lisbonização' da política regional. Não se trata tanto de reduzir as assimetrias por via da transferência de recursos de regiões mais desenvolvidas como de criar condições para a afirmação de centros de crescimento nas regiões europeias.

Paralelamente, discute-se a Agenda Territorial para a União Europeia "Towards a More Competitive and Sustainable Europe of Diverse Regions" (Leipzig, 2007 e Açores, 2007), não restando dúvidas acerca da dimensão da competitividade territorial neste processo.

Em síntese, a tensão entre competitividade e coesão reflecte-se com acuidade nas políticas públicas sem que o debate académico e político esteja concluído, facto que poderá condicionar os resultados do próximo período de programação dos Fundos Estruturais em Portugal (Figueiredo, 2007).

III. O POLICENTRISMO DOS TERRITÓRIOS E REFORÇO DAS INFRA-ESTRUTURAS DE SUPORTE À INTEGRAÇÃO E À COESÃO TERRITORIAIS NO PNPOT

É neste contexto que emerge o conceito de policentrismo como forma de atingir objectivos de competitividade e de coesão territorial e um desenvolvimento sustentável. De facto, o EDEC que coloca na agenda territorial o policentrismo, como forma de contrabalançar o peso do 'pentágono', que representa 20% do território europeu, 40% da população e cerca de 50% do PIB em finais dos anos 1990. Com o EDEC pretende-se potenciar o crescimento de zonas de integração económica global fora do 'pentágono', que deverão ser o objecto das estratégias e políticas territoriais transnacionais, ainda que a Comissão Europeia considere mais adequada a definição destas zonas a partir 'de baixo' e assentes em mecanismos de cooperação territorial (Faludi, 2005).

Esta visão verifica-se no relatório da macro-região das periferias atlânticas, (CRPM, 2002), onde o policentrismo surge como processo decisivo para o reforço da coesão económica, social e territorial, por via da valorização, à escala do continente europeu – o que Davoudi (2003) apelida de 'mega-policentrismo' – das aglomerações com um peso demográfico e um potencial económico suficiente para interagir directamente com os grandes centros de decisão europeus e mundiais (Pentágono).

Também no PNPOT se assume que os centros urbanos são elementos estruturantes do território. Reconhecendo-se os desequilíbrios recentes da rede urbana nacional (Gaspar, 1993[5]; Marques, 2004; Portas, Domingues e Cabral, 2004), considera-se que o policentrismo, a diferentes escalas, pode contribuir para a resolução do problema e, consequentemente, para o reequilíbrio da rede urbana e desenvolvimento territorial.

No Programa de Acção do PNPOT, o Eixo 3 advoga as vantagens do policentrismo para a integração e a coesão territorial, em articulação com as infra-estruturas de transporte e comunicação (Eixo 5) e uma política concertada de equipamentos sociais de nível supra-municipal (Eixo 4). Em certa medida, o Eixo 2 também incorpora alguns dos princípios centrais do policentrismo em matéria de competitividade territorial.

---

[5] Para uma análise evolutiva das visões de J. Gaspar sobre a rede urbana e os seus contextos, cf. Marques da Costa (2007).

FIGURA 1
O modelo territorial do PNPOT (fonte: PNPOT, 2007)

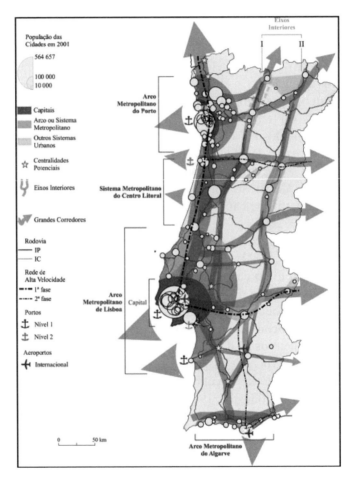

O modelo territorial do PNPOT é, nesta matéria, muito evidente. Num outro texto (Vale, 2007a, p. 28) destacámos os seguintes elementos deste modelo:

– A consolidação de uma grande faixa urbana no litoral português, [...] atribuindo relevância à estratégia de integração da estrutura polinucleada da região Centro (Aveiro-Viseu-Coimbra-Leiria) na extensa faixa urbanizada litoral;

- Reforço da centralidade de Lisboa com a dotação de infra-estruturas avançadas e respectivos serviços (aeroporto e alta-velocidade) [necessários à internacionalização];
- Relevância da região metropolitana do Noroeste, com grande potencialidade de articulação internacional, evidenciada pela ligação de alta velocidade à Galiza [...];
- Manutenção da aposta em eixos urbanos em território classificado como área crítica – definida pela conjugação de baixa densidade populacional e reduzido nível de poder de compra da população –, reafirmando a estratégia de desenvolvimento policêntrica, assente na cooperação e colaboração das aglomerações urbanas no Norte Interior, Beira Interior e Alentejo [...].

IV. O POLICENTRISMO E OS DESAFIOS PARA AS POLÍTICAS TERRITORIAIS EM PORTUGAL

O policentrismo junta duas perspectivas de desenvolvimento territorial conflituais – coesão e competitividade (Waterhout, Zonneveld e Meijers, 2005): a coesão tem por objectivo uma melhor distribuição territorial do rendimento e do emprego, enquanto a competitividade tem por finalidade a melhoria do desempenho económico ao nível internacional, não constituindo uma prioridade a repartição da riqueza ou do emprego. A competitividade privilegia as potencialidades e oportunidades de crescimento económico, relegando para segundo plano a preocupação com as fragilidades socio-económicas territoriais. Conciliar estas duas perspectivas constitui um dos maiores desafios para as políticas públicas territoriais e uma possível solução reside no conceito de desenvolvimento policêntrico.

O desenvolvimento policêntrico implica uma repartição de funções económicas e equipamentos de modo a que diversos centros urbanos, em vez de um número reduzido de grandes cidades, ganhem relevo no sistema urbano. Por outro lado, as áreas urbanas difusas, caracterizadas por grande extensão e descontinuidade da malha urbana em quadro de densidade média ou baixa, adequam-se mal a critérios rígidos de programação de equipamentos colectivos (pensados para aglomerados bem delimitados e para redes urbanas organizadas segundo a Teoria dos Lugares Centrais de Christaller), colocando grande dificuldade no acesso destas populações aos serviços.

194 *O PNPOT e os novos desafios do ordenamento do território*

Consideramos que o desenvolvimento policêntrico não é uma solução universal e até defendemos que se devem verificar três pressupostos em simultâneo para assegurar a implementação de uma estratégia territorial deste tipo: complementaridade de funções (e de equipamentos) – o critério funcional de Hall (2007); proximidade física e bons níveis de acessibilidade; predisposição para a cooperação territorial.

Em primeiro lugar, a complementaridade funcional é uma condição basilar para a implementação de uma estratégia de desenvolvimento policêntrico. Com efeito, a diversidade facilita a sua concretização devido ao alargamento do limiar das funções económicas e da área de influência, resultando em ganhos impossíveis de alcançar isoladamente para os centros urbanos envolvidos em estratégias de desenvolvimento policêntrico. A complementaridade nos equipamentos colectivos de âmbito supramunicipal enquadra-se também na mesma lógica, em que, por exemplo, o centro urbano A terá um equipamento da área da saúde, o B de desporto e o C cultural. No conjunto, obtém-se benefícios para a população do sistema urbano regional (ou sub-regional), que passa a ter acesso a três equipamentos diferenciados e de melhor qualidade e dimensão, ao mesmo tempo que reduz os custos de funcionamento por não ter de manter três equipamentos (necessariamente mais pequenos) em cada um dos três centros urbanos.

A concretização deste objectivo tem de ultrapassar diversos obstáculos: (i) a dificuldade de articulação entre diferentes organismos sectoriais da Administração Central, cujas decisões de política têm em linha de conta apenas critérios técnicos do sector, ignorando acções de outros sectores, tem sido, porventura, o mais importante entrave ao policentrismo; (ii) a relativa subalternização das políticas territoriais às políticas sectoriais com impacte territorial também tem contribuído para a dificuldade de implementação da estratégia de desenvolvimento policêntrico; (iii) a lógica dominante de repartição de recursos assente numa visão redutora de equidade territorial (baseada no peso relativo dos municípios) – benéfica a curto e médio prazo (todos os locais ganham), mas prejudicial a longo prazo para a obtenção de efeitos de escala no sistema urbano – é das mais persistentes e dificulta o desenho e implementação de acções (e menos de estratégias) de desenvolvimento policêntrico.

Parte da solução passará necessariamente pelo reforço da articulação das políticas públicas relevantes para o ordenamento do território – a que o PNPOT dá uma resposta cabal – e pela prática de planeamento territorial supra-municipal, desde a elaboração dos planos – PROT e planos inter-municipais de ordenamento do território – à gestão escrupulosa do pós-plano. Por outro lado, se há de facto uma articulação entre o PNPOT e o QREN, a política de cidades POLIS XXI, na vertente das 'Redes Urbanas para a Competitividade e Inovação', deve promover sem reservas a coo-peração dos sistemas urbanos policêntricos identificados no modelo terri-torial.

Em segundo, a implementação de uma estratégia de desenvolvimento policêntrico pressupõe uma proximidade física e bons níveis de acessibili-dade entre os centros urbanos, como é o caso do Ruhr (Freund, 2007), um exemplo inspirador de policentrismo. Como tal, as infra-estruturas de mobilidade e serviço de transporte desempenham um papel extremamente importante para a prossecução de objectivos estratégicos do policentrismo. O desenho de uma arquitectura institucional adequada à gestão dos trans-portes numa lógica de sistema urbano deve constituir uma prioridade para a promoção do desenvolvimento policêntrico, bem como uma aposta em sistemas de transporte colectivos e na intermodalidade permitirá assegurar níveis de mobilidade compatíveis com a diversidade de oferta de equipa-mentos colectivos e de especialização económica dos centros urbanos.

Este pressuposto implica uma aposta em sistemas de transportes colectivos nas redes urbanas policêntricas, aspecto que nem sempre parece ter sido bem estudado ou sequer equacionado nos principais instrumentos de gestão do território, quase sempre mais focalizados nas infra-estruturas de transporte do que no serviço de transporte. O policentrismo sem proxi-midade física ou para lá de certos limites de razoabilidade de distância-tempo é, de facto, impraticável devido a perdas de eficiência do sistema económico e aos custos ambientais inerentes ao transporte.

Por último, o desenvolvimento policêntrico depende da capacidade de cooperação estratégica territorial dos centros urbanos. A superação do 'localismo' na política territorial é uma condição primordial para a pros-secução do desenvolvimento policêntrico. A sociedade em rede e as geo-grafias multi-escalares que lhe estão associadas colocam desafios às for-mas de organização territorial (Castells, 1996; Brenner, 1999; MacLeod, 2001; Newman and Thornley, 2005). A transferência de poder entre Estados-membros e a UE e a devolução de poder às regiões são traços sig-nificativos das tendências actuais da organização territorial na Europa que poderão conduzir a uma cooperação mais intensa no sistema urbano e a um reforço das redes territoriais (Borzel, 2000). O reforço da cooperação territorial reclama por formas de inovação institucional e de mudanças organizacionais capazes de explorar novas oportunidades de desenvolvimento decorrentes das estratégias territoriais policêntricas (Gualini, 2004).

Se o PNPOT define no modelo territorial áreas de cooperação estratégica, parece razoável esperar uma atitude mais orientadora da política pública, como acontece, por exemplo, na Holanda e na Suiça. Sem um quadro político-administrativo regional, a cooperação territorial "de baixo para cima" corre o risco de perder alguma coerência e limitar os efeitos de massa pretendidos com o policentrismo, especialmente em áreas do interior do País. Surge como uma boa solução a discriminação positiva – idealmente intervenção pública directa – e incentivos à cooperação entre as autarquias com potencial identificado para o desenvolvimento policêntrico.

Em síntese, se o policentrismo não for uma estratégia equívoca de desenvolvimento territorial, então para ter resultados positivos requer:

– Complementaridade funcional;
– Proximidade física e limiares de acessibilidade razoáveis;
– Coordenação horizontal entre departamentos e organismos pertinentes para o desenvolvimento territorial com capacidade de execução financeira;
– Coordenação vertical entre organismos públicos a diferentes níveis administrativos;
– Integração de objectivos privados e públicos.

Há, todavia, alguns aspectos preocupantes a levar em linha de conta. Em primeiro lugar, não é razoável sobrevalorizar a competitividade em relação à coesão – aliás, o policentrismo advoga a sua integração – especialmente num período em que os recursos financeiros são relativamente mais reduzidos para as políticas territoriais de coesão territorial, afectando áreas críticas sem qualquer possibilidade de entrar em processos de financiamento competitivo. Em segundo lugar, o protagonismo atribuído às redes de cidades poderá criar situações problemáticas nos seus espaços rurais envolventes, situação que impõe uma maior eficácia às políticas de parceira rural-urbano. O policentrismo sem regionalização requer necessariamente políticas de cooperação cidade-região, sob pena da política territorial se resumir à política para o sistema urbano.

Agradecimentos:

Este texto foi desenvolvido no âmbito do projecto "Dos Territórios em Rede à Cooperação Territorial. Dinâmicas Espaciais e Inovação Processual em Portugal Continental", PTDC/GEO/71874/2006, FCT.

BIBLIOGRAFIA

BORZEL, T. (2000) – 'Europeanization and Territorial Institutional Change. Towards Cooperative Regionalism?' Paper presented at the Biannual Convention of the *Council of European Studies*, Chicago, March 30-April 2.

BRENNER, N. (1999) – 'Globalisation as reterritorialisation: the re-scaling of urban governance in the European Union', *Urban Studies*, 36 (3), pp. 431-451.

CASTELLS, M. (1996) – *Rise of the Network Society*, lackwell, Cambridge, MA.

CORDOVIL, F. (2007) – 'Programa Nacional de Política de Ordenamento do Território: missão, conteúdo e implementação', *Sociedade e Território*, 40, pp. 101-107.

CRPM (2002) – *Study and the Construction of a Polycentric and Balanced Development Model for the European Territory*. Conferência de Regiões Periféricas Marítimas.

DAVOUDI, S. (2003) – 'Polycentricity in European spatial planning: from an analytical tool to a normative agenda', *European Planning Studies*, 11, pp. 979-999.

FALUDI, A. (2004) – 'Spatial planning traditions in Europe: their role in the ESDP process', *International Planning Studies*, 9(2-3), pp. 155-172.

FALUDI, A. (2005) – 'Polycentric territorial cohesion policy', *Town Planning Review*, 76 (1), pp. 107-118.

FERRÃO, J. (1999) – 'Elementos para um Programa Nacional da Política de Ordenamento do Território: uma visão de síntese', *in* MEPAT – *Programa Nacional da Política de Ordenamento do Território*, Lisboa, pp. 209-211.

FIGUEIREDO, A. M. (2007) – 'Coesão e competitividade do território nacional à luz da problemática do EDEC – implicações em termos de políticas públicas e de programação 2007-2013', *Sociedade e Território*, 40, pp. 44-51.

FREUND, B. (2007) – 'Portugal e Alemanha. Elementos duma comparação insólita', *in* AA. VV. *Geophilia. O Sentir e os Sentidos da Geografia*, Centro de Estudos Geográficos, Lisboa, pp. 335-359.

GASPAR, J. (1993) – 'Reordenamento urbano em Portugal', *in Actas do Seminário Internacional Serviços e Desenvolvimento numa Região em Mudança*, Coimbra, CCR Centro, pp. 415-421.

198 *O PNPOT e os novos desafios do ordenamento do território*

GASPAR, J. (2007) – 'Notas em torno do processo de elaboração do PNPOT', *Sociedade e Território*, 40, pp. 74-86.

GUALINI, E. (2004) – *Multi-Level Governance and Institutional Change*, Ashgate. Aldershot.

HALL, P. (2007) – 'Measuring a polycentric Europe: whose space of places?', *in* AA. VV. *Geophilia. O Sentir e os Sentidos da Geografia*, Centro de Estudos Geográficos, Lisboa, pp. 613-635.

MACLEOD, G. (2001) – 'New regionalism reconsidered: globalization and the remaking of political economic space', *International Journal of Urban and Regional Research*, 25 (4), pp. 804-829.

MARQUES DA COSTA, E. (2007) – 'Modelos de organização do território português – as várias visões de Jorge Gaspar', *in* AA. VV. *Geophilia. O Sentir e os Sentidos da Geografia*, Centro de Estudos Geográficos, Lisboa, pp. 513-528.

MARQUES, T. S. (2004) – *Portugal na Transição do Século*. Retratos e Dinâmicas Territoriais. Afrontamento, Porto.

MOURATO, J.; ROSA PIRES, A. (2007) – 'Portugal e a perspectiva de desenvolvimento do espaço Europeu: o EDEC como institucionalização de um discurso de mudança', *Sociedade e Território*, 40, pp. 34-42.

NEWMAN, P. & THORNLEY, A. (2005) – *Planning World Cities. Globalization and Urban Politics*, Palgrave, Macmillan, Basingstoke.

OLIVEIRA, F. P. (2002) – 'Evolução do quadro legal dos Planos de Regionais de Ordenamento do Território (PROT), *Sociedade e Território*, 34, pp. 10-17.

PORTAS, N.; DOMINGUES, A.; CABRAL, J. (2004) – *Políticas Urbanas. Tendências, Estratégias e Oportunidades*. Lisboa, Fundação Calouste Gulbenkian.

QREN (2007) – *Portugal – Quadro de Referência Estratégico Nacional 2007-2013*, MAOTDR, Lisboa (polic.) (www.qren.pt)

QUEIRÓS, M. (2007a) – 'Participatory planning: the yellow brick road to a democratic form of decision-making?', Comunicação apresentada na Conferência Internacional da Regional Studies Association, *Regions in Focus?*, Universidade de Lisboa, polic.

QUEIRÓS, M. (2007b) – 'Inovação nos instrumentos de desenvolvimento territorial e no seu processo de elaboração. Breve história do PNPOT', *in* AA. VV. *Geophilia. O Sentir e os Sentidos da Geografia*, Centro de Estudos Geográficos, Lisboa, pp. 569-591.

ROSA PIRES, A. (2005) – 'The fragile foundations of European Spatial Planning in Portugal', *European Planning Studies*, 13(2), pp. 237-252.

TUROK, I. (2005) – 'Cities, competition and competitiveness: identifying new connections', *in* Buck, N. *et al.* (eds) – *Changing Cities. Rethinking Urban Competitiveness, Cohesion and Governance*, Palgrave, Macmillan, Basingstoke, pp. 25-43.

VALE, M (2007a) – 'PNPOT: as grandes opções estratégicas da politica territorial para o primeiro quartel do século XXI em Portugal', *Revista da Euro-Região Galiza-Norte de Portugal*, 11, pp. 23-35.

VALE, M. (2007b) – 'Globalização e competitividade das cidades: uma crítica teórica na perspectiva da política urbana', *in* AA. VV. *Geophilia. O Sentir e os Sentidos da Geografia*, Centro de Estudos Geográficos, Lisboa, pp. 465-474.

WATERHOUT, B.; ZONNEVELD, W.; MEIJERS, E. (2005) – 'Polycentric development policies in Europe: overview and debate', *Built Environment*, 31 (2), pp. 163-173.

O PROGRAMA NACIONAL DA POLÍTICA
DE ORDENAMENTO DO TERRITÓRIO (PNPOT):
UM INSTRUMENTO DE REFORÇO DA HARMONIA E DA
COERÊNCIA DO SISTEMA DE GESTÃO TERRITORIAL

FERNANDO ALVES CORREIA
Professor da Faculdade de Direito de Coimbra

SUMÁRIO

   I. Introdução
  II. O Princípio da Conjugação ou da Harmonização entre as Normas dos Planos Territoriais
     1. Os princípios regentes das relações entre as normas dos planos
     2. Os mecanismos de prevenção e de resolução dos conflitos ou das colisões das normas dos planos
 III. As relações entre o PNPOT e os Outros Instrumentos de Gestão Territorial
     1. A fraca densidade normativa das disposições do PNPOT
     2. A superioridade hierárquica do PNPOT em face dos restantes instrumentos de gestão territorial
 IV. O PNPOT como Instrumento de Coerência do Sistema de Gestão Territorial
     1. A alteração dos instrumentos de gestão territorial preexistentes incompatíveis com as opções do PNPOT
     2. A definição de opções e orientações para a elaboração de novos instrumentos de gestão territorial
     3. A invalidade dos preexistentes e novos instrumentos de gestão territorial incompatíveis com o PNPOT

202 O PNPOT e os novos desafios do ordenamento do território

I. INTRODUÇÃO

A Lei de Bases da Política de Ordenamento do Território, aprovada pela Lei n.º 48/98, de 11 de Agosto, alterada pela Lei n.º 54/2007, de 31 de Agosto (doravante, LBPOTU), bem como o Decreto-Lei n.º 380/99, de 22 de Setembro, modificado pelo Decreto-Lei n.º 53/2000, de 7 de Abril, pelo Decreto-Lei n.º 310/2003, de 10 de Dezembro, pela Lei n.º 58/2005, de 29 de Dezembro, pela Lei n.º 56/2007, de 31 de Agosto, e pelo Decreto-Lei n.º 316/2007, de 19 de Setembro, que aprovou o Regime Jurídico dos Instrumentos de Gestão Territorial (daqui em diante, RJIGT), instituíram um *sistema de gestão territorial* (cuja designação mais adequada seria, na nossa óptica, *sistema de planeamento territorial,* dado que a expressão "gestão territorial" ou "gestão do território" tem o significado de execução ou concretização dos planos) em que assenta a política de ordenamento do território e de urbanismo, o qual se organiza, num quadro de interacção coordenada, nos âmbitos nacional, regional e municipal.

O sistema de gestão territorial é integrado por um conjunto de instrumentos de gestão territorial (seria, porventura, mais rigorosa a fórmula *instrumentos de planeamento territorial*), os quais têm como finalidade a concretização dos âmbitos nacional, regional e municipal de um tal sistema. Assim, o âmbito nacional é concretizado através do "programa nacional da política do ordenamento do território", dos "planos sectoriais" com incidência territorial e dos "planos especiais de ordenamento do território" (que compreendem os "planos de ordenamento de áreas protegidas", os "planos de ordenamento de albufeiras de águas públicas", os "planos de ordenamento da orla costeira" e os "planos de ordenamento dos estuários"); o âmbito regional é concretizado através dos "planos regionais de ordenamento do território"; e o âmbito municipal através dos "planos intermunicipais de ordenamento do território" e dos "planos municipais de ordenamento do território" (que englobam os "planos directores municipais", os planos de urbanização e os "planos de pormenor") [artigos 7.º a 9.º da LBPOTU e 2.º do RJIGT].

Ora, da existência de uma pluralidade de planos territoriais deflui necessariamente o *princípio da conjugação ou da harmonização entre as respectivas normas,* o qual visa obstaculizar os conflitos ou colisões de normas dos planos – um princípio que, segundo pensamos, é um princípio constitucional, que está ínsito no artigo 65.º, n.ºs 2, alínea a), 4 e 5, da Lei Fundamental, enquanto prevêem uma *diversidade* de instrumentos de pla-

O *programa nacional da política de ordenamento do território (PNPOT)* 203

neamento, os quais são elaborados e aprovados ou pelo Estado, ou pelas regiões autónomas ou, finalmente, pelos municípios[1].

Pretendemos, nesta breve comunicação, realçar a importância do *Programa Nacional da Política de Ordenamento do Território (PNPOT),* recentemente aprovado pela Lei n.º 58/2007, de 4 de Setembro, como instrumento de *reforço da coerência* do sistema de gestão territorial. Para esse efeito, começaremos por analisar, em termos sintéticos, *brevitatis causa,* o *princípio da conjugação ou da harmonização entre as normas dos planos territoriais* – um princípio, como vimos, de natureza constitucional –, através da abordagem dos *princípios regentes* das relações entre as normas dos planos e dos *mecanismos de prevenção* e de *resolução* dos conflitos ou das colisões de normas dos instrumentos de gestão territorial. De seguida, procuraremos caracterizar as *relações entre o PNPOT e os outros instrumentos de gestão territorial,* debruçando-nos sobre a *fraca densidade normativa das disposições do PNPOT* e sobre o *princípio da superioridade hierárquica* do PNPOT em face dos restantes instrumentos de gestão territorial. Por último, despenderemos alguns minutos a propósito do PNPOT como instrumento de *coerência* do sistema de gestão territorial, realçando as vias pelas quais cumpre esta sua *função,* as quais são, em síntese, as seguintes: a alteração dos instrumentos de gestão territorial preexistentes incompatíveis com as opções do PNPOT; a definição de opções e orientações para a elaboração de novos instrumentos de gestão territorial; e a invalidade dos preexistentes e novos instrumentos de gestão territorial incompatíveis com o PNPOT.

II. O PRINCÍPIO DA CONJUGAÇÃO OU DA HARMONIZAÇÃO ENTRE AS NORMAS DOS PLANOS TERRITORIAIS

1. Os princípios regentes das relações entre as normas dos planos

O aparecimento de conflitos, de colisões ou de antinomias entre normas dos planos tem como causas específicas a existência de diversos tipos de planos que se sobrepõem territorialmente, da competência de uma pluralidade de órgãos administrativos, a diversidade de contextos em que os

---

[1] Cfr., sobre este ponto, a nossa obra *Manual de Direito do Urbanismo,* Vol. I, 3.ª ed., Coimbra, Almedina, 2006, p. 142 e 143.

204 *O PNPOT e os novos desafios do ordenamento do território*

vários tipos de planos são elaborados e, bem assim, a ausência, no nosso ordenamento jurídico urbanístico, de uma *relação de necessidade* entre os planos, podendo um plano hierarquicamente inferior e abrangente de uma área restrita preceder temporalmente um plano hierarquicamente superior e incidente sobre uma área mais vasta.

Têm sido, tradicionalmente, apontados como *critérios* de resolução de conflitos de normas o critério *cronológico* (de acordo com o princípio *"lex posterior derogat legi priori"*), o critério da *especialidade* (com base no princípio *"lex specialis derogat legi generali"*), o critério da *hierarquia* (segundo o princípio *"lex superior derogat legi inferiori"*) e o critério da *competência* (baseado na repartição constitucional e legal de competências normativas).

Nenhum dos princípios ou critérios enunciados se aplica *qua tale,* nas relações entre os planos, cuidando o legislador de tecer uma trama de relações entre eles, que obedece a um conjunto específico e complexo de princípios[2].

O princípio mais importante disciplinador das relações entre os vários instrumentos de gestão territorial é o *princípio da hierarquia*. Princípio este que não deve ser entendido, em termos gerais, de forma *rígida,* mas de forma *flexível* ou *mitigada,* devendo ser conjugado com o princípio da *coordenação das intervenções* das várias entidades responsáveis pela elaboração e aprovação dos diferentes instrumentos de gestão territorial, plasmado nos artigos 20.º a 22.º do RJIGT – *princípio da hierarquia mitigada,* que o próprio legislador proclamou, no exórdio do Decreto-Lei n.º 316/2007, de 19 de Setembro, como princípio regente das relações entre instrumentos de gestão territorial. Como salienta J.-B. AUBY, "la vision pyramidale, qui consiste à percevoir le système normatif en matière d'urbanisme comme un ensemble ordonné de haut en bas, du plus large géographiquement au plus local – n'est past conforme aux réalités d'aujourd'hui, dans lesquelles se perçoivent plutôt des rapports d'influence réciproque des différents niveaux normatifs ou, pour le dire autrement, une certaine circularité"[3].

---

[2] Sobre esta problemática, cfr. a nossa obra *Manual de Direito do Urbanismo*, Vol. I, cit., p. 416-421.

[3] Cfr. *Sanction de la Hiérarchie des Normes et Documents d'Aménagement et d'Urbanisme,* in «L'Articulacion des Règles d'Ocupation des Sols en Europe», Colloque Internacional de Nice, Les Cahiers du GRIDAUH, n.º 1 (1998), p. 37 e 38.

O referido princípio não tem, nos casos em que comanda as relações entre diferentes tipos de planos, a mesma força vinculativa, impondo ou que o plano inferior consagre disposições conformes às do plano superior (*princípio da conformidade*, que traduz uma relação hierárquica mais *rigorosa e estreita*), ou limitando-se a exigir que o plano inferior respeite as *directivas* do superior, determinando apenas que o primeiro não contenha disposições *contrárias* ou *incompatíveis* com as do segundo (*princípio da compatibilidade*, que espelha uma relação hierárquica *menos exigente e menos apertada*).

A *flexibilidade* do princípio da hierarquia tem a sua expressão na possibilidade de, em certas condições, o plano hierarquicamente inferior incluir disposições desconformes ou incompatíveis com as do plano hierarquicamente superior preexistente, revogando ou alterando as disposições deste. Uma tal possibilidade está expressamente prevista nos artigos 80.°, n.os 1 e 5, e 25.°, n.° 2 e 3, do RJIGT. Determina, na verdade, o primeiro preceito mencionado que a "ratificação pelo Governo do plano director municipal tem como efeito a derrogação das normas dos planos sectoriais e dos planos regionais de ordenamento do território incompatíveis com as opções municipais". O normativo mencionado em segundo lugar estatui que a ratificação do plano director municipal implica a revogação ou alteração das disposições dos instrumentos de gestão territorial afectados, determinando a correspondente alteração dos elementos documentais afectados, por forma a que traduzam a actualização da disciplina vigente. E a quarta norma indicada prescreve que "na ratificação de planos directores municipais e nas deliberações municipais que aprovam os planos não sujeitos a ratificação devem ser expressamente indicadas as normas dos instrumentos de gestão territorial preexistentes revogadas ou alteradas". Por sua vez, o preceito mencionado em terceiro lugar determina, na parte que interessa aqui considerar, que, quando contrariem plano sectorial ou regional de ordenamento do território preexistente, os planos especiais de ordenamento do território devem indicar expressamente quais as normas daqueles que revogam ou alteram.

O segundo *princípio* regulador das relações entre as normas dos vários planos é o princípio da *contra-corrente* (*Gegenstromprinzip*), o qual se concretiza pala obrigação de o plano hierarquicamente superior e mais amplo tomar em consideração as disposições de um plano hierarquicamente inferior e abrangente de uma área mais restrita. Este princípio – que tem também uma função preventiva de colisões de disposições de planos

206　　*O PNPOT e os novos desafios do ordenamento do território*

– está expressamente contemplado, para além de outros, nos artigos 10.°, n.° 5, da LBPOTU, e 20.°, n.° 2, do RJIGT. Nos termos do primeiro, "na elaboração de novos instrumentos de gestão territorial devem ser identificados e ponderados os planos, programas e projectos com incidência na área a que respeitam, já existentes ou em preparação, e asseguradas as necessárias compatibilizações". E de harmonia com o segundo, "a elaboração, aprovação, alteração, revisão, execução e avaliação dos instrumentos de gestão territorial obriga a identificar e a ponderar, nos diversos âmbitos, os planos, programas e projectos, designadamente da iniciativa da Administração Pública, com incidência na área a que respeitam, considerando os que já existam e os que se encontrem em preparação, por forma a assegurar as necessárias compatibilizações" (vejam-se, no mesmo sentido, os artigos 38.°, n.° 3, e 74.°, n.° 3, do RJIGT). O princípio da *contra--corrente* implica, assim, uma *obrigação* de *identificação* e de *ponderação* dos planos hierarquicamente inferiores preexistentes ou em elaboração por parte do plano hierarquicamente superior que esteja a ser elaborado e que abranja a área daqueles. O mesmo parece traduzir, sobretudo, uma *obrigação de procedimento,* isto é, um dever de *identificar* aqueles planos e de *ponderar* as respectivas soluções, e não tanto uma *obrigação de conteúdo,* dado que o plano hierarquicamente superior pode consagrar *soluções* diferentes do preexistente plano hierarquicamente inferior, embora não o deva fazer sem uma *fundamentação adequada*[4].

O terceiro princípio regente das relações entre as normas dos planos é o *princípio da articulação.* Caracteriza-se este pela obrigação de *compatibilização recíproca* entre planos que não estão subordinados ao princípio da hierarquia, a qual se traduz na proibição da coexistência de planos que contenham normas contraditórias. É aquele princípio que rege as relações entre dois ou mais planos sectoriais ou entre dois ou mais planos especiais que incidem sobre a mesma área territorial, os quais não podem conter normas contraditórias. Para evitar uma situação destas, o n.° 6 do

---

[4] Apesar de termos utilizado, a propósito do *princípio da contra-corrente,* a expressão "tomar em consideração", cremos que aquele princípio tem uma força jurídica menor do que a que resulta da obrigação *"de prise em compte"* ou *"de prise en considération",* utilizada no direito francês para traduzir a relação entre certos instrumentos de planificação territorial. Cfr., sobre este ponto, Henri Jacquot, *La Notion de Prise en Compte d'un Document de Planification Spatial: Enfin une Définition Jurisprudentielle,* in «Droit de l'Aménagement, de l'Urbanisme et de l'Habitat», Paris, Le Moniteur, 2005, p. 71-85.

artigo 23.° do RJIGT prescreve que, quando sobre a mesma área territorial incida mais do que um plano sectorial ou mais do que um plano especial, o plano posterior deve indicar expressamente quais as normas do plano preexistente que revoga, sob pena de violação deste. E, no mesmo sentido, o n.° 2 do artigo 25.° daquele diploma legal estabelece que quando procedam à alteração de plano especial anterior, os planos especiais de ordenamento do território devem indicar expressamente quais as normas daquele que revogam ou alteram.

O apontado *princípio da articulação* expressa também a obrigação de harmonização entre as soluções adoptadas por planos municipais aplicáveis no território de um mesmo município e que não estejam subordinados ao princípio da hierarquia (v.g., a obrigação de articulação entre as disposições de dois ou mais planos de urbanização que abranjam diferentes áreas urbanas de um mesmo município), bem como entre as prescrições dos planos municipais de ordenamento do território que abranjam territórios de municípios vizinhos – princípio este cuja observância era controlada no momento da *ratificação* pelo Governo dos planos municipais de ordenamento do território, a qual exprimia, como salientava o n.° 1 do artigo 80.° do RJIGT, antes da sua revisão pelo Decreto-Lei n.° 316/2007, de 19 de Setembro, "o reconhecimento da sua conformidade com as disposições legais e regulamentares vigentes, *bem como com quaisquer outros instrumentos de gestão territorial eficazes* [...]" (itálico nosso), e estava expressamente previsto no n.° 2 do artigo 78.° do RJIGT, na versão anterior àquele diploma legal, na parte em que determinava que o parecer da comissão de coordenação e desenvolvimento regional que se debruçava sobre a versão final da proposta dos planos municipais de ordenamento do território incidia, *inter alia*, "sobre a articulação e coerência da proposta com os objectivos, princípios e regras aplicáveis no município, definidos por quaisquer outros instrumentos de gestão territorial eficazes". Mas cremos que o controlo da observância do *princípio da articulação* é, na sequência das inovações trazidas ao RJIGT pelo Decreto-Lei n.° 316/2007, objecto do parecer final da comissão de coordenação e desenvolvimento regional sobre o projecto do plano director municipal, parecer esse que incide, nos termos do n.° 2 do artigo 78.°, "sobre a conformidade com as disposições legais e regulamentares vigentes e a compatibilidade ou conformidade com os instrumentos de gestão territorial vigentes".

Resulta, assim, do exposto que as relações entre os planos são muito complexas, sendo pautadas por uma *influência recíproca* entre os vários

208   *O PNPOT e os novos desafios do ordenamento do território*

instrumentos de planeamento da responsabilidade das diferentes entidades públicas ou por uma *repercussão circular* dos planos entre si e não simplesmente por uma *influência linear,* orientada ou de cima para baixo (*princípio da hierarquia*) ou de baixo para cima (*princípio da contra-corrente*) ou, ainda, em sentido horizontal (princípio da *articulação*). Para expressar esta ideia, a doutrina alemã fala no princípio dos *fluxos recíprocos,* cujo significado é o de que deve ser criada uma relação de harmonização ou de coerência permanente entre todos os planos a todos os níveis[5].

2. Os mecanismos de prevenção e de resolução dos conflitos ou das colisões de normas de planos

A legislação infra-constitucional prevê, igualmente, alguns *mecanismos* que procuram prevenir os conflitos ou as colisões de normas de planos. Vejamos alguns deles.

O primeiro consiste na *colaboração* de várias entidades públicas no procedimento de elaboração dos planos territoriais. A associação ao procedimento de formação dos planos de vários sujeitos de direito público possibilita o conhecimento e a ponderação das disposições dos planos já em vigor ou em elaboração, daí resultando um efeito preventivo dos conflitos de normas dos planos [cfr., por exemplo, a alínea b) do n.º 1 do artigo 75.º do RJIGT, a qual determina que o *acompanhamento* da elaboração dos planos municipais de ordenamento do território visa "promover a compatibilidade ou conformidade com os instrumentos de gestão territorial eficazes, bem como a sua compatibilização com quaisquer outros planos, programas e projectos de interesse municipal ou supramunicipal"].

O segundo instrumento preventivo do surgimento de conflitos de normas de planos territoriais é a *ratificação* governamental dos planos directores municipais. Apesar de, na sequência das alterações introduzidas ao RJIGT pelo Decreto-Lei n.º 316/2007, de 19 de Setembro, o perímetro de aplicação da *ratificação* governamental ter sido drasticamente reduzido, já que passou a abranger somente os planos directores municipais e unica-

---

[5] Cfr. por todos, M. Rossi, *Vue d'Ensemble sur la Planification Spatiale*, in «Le Contenu des Plans de Urbanisme et Amménagement dans les Pays d'Europe de l'Ouest», Colloque Internacional de Genève-Lausanne, Les Cahiers du GRIDAUH, n.º 15 (2006), p. 157.

mente quando, no procedimento da sua elaboração, seja suscitada a questão da sua compatibilidade com planos sectoriais ou regionais de ordenamento do território e sempre que a câmara municipal o solicite, para que, em concretização do *princípio da hierarquia mitigada*, o Governo possa ponderar sobre a derrogação daqueles instrumentos de gestão territorial que condicionam a validade dos instrumentos de gestão territorial de âmbito municipal (artigos 79.º, n.º 2, e 80.º n.os 1 a 5), o certo é que a *ratificação* governamental, nos casos em que ela é exigida, tem um carácter *legitimador* da derrogação por parte dos planos directores municipais das normas dos planos sectoriais e regionais de ordenamento do território incompatíveis com as opções municipais, pelo que não deixa a mesma de exercer uma *função preventiva* das *colisões ilegais* entre as normas dos planos directores municipais e as dos planos sectoriais e regionais de ordenamento do território.

O terceiro mecanismo consiste, quando um plano de nível superior é aprovado, na *indicação* das modificações que ele implica nos planos de nível inferior. Este mecanismo está consagrado no artigo 25.º, n.º 1, do RJIGT, onde se estatui que "os planos sectoriais e os planos regionais de ordenamento do território devem indicar quais as formas de adaptação dos planos especiais e dos planos municipais de ordenamento do território preexistentes determinadas pela sua aprovação". E na mesma linha se situam os artigos 49.º e 59.º, n.º 2, do mencionado diploma legal. O primeiro estabelece que a resolução do Conselho de Ministros que aprova o plano especial do ordenamento do território deve consagrar as *formas* e os *prazos,* previamente acordados com as câmaras municipais envolvidas, para a adequação dos planos municipais de ordenamento do território e dos planos intermunicipais de ordenamento do território, quando existam (os termos utilizados pelo legislador apontam claramente para a celebração de contratos entre o Estado e os municípios sobre esta matéria, que integram a categoria dos *contratos-interadministrativos*). E o segundo determina, na sua alínea a), que a resolução do Conselho de Ministros que aprova o plano regional de ordenamento do território deve consagrar também as formas e os prazos, previamente acordados com as câmaras municipais envolvidas, para adequação dos planos municipais de ordenamento do território abrangidos e dos planos intermunicipais de ordenamento do território, quando existam, e, na sua alínea b), que a mesma deve identificar as disposições dos planos municipais de ordenamento do território abrangidos *incompatíveis* com a estrutura regional do sistema urbano, das redes, das infra-estruturas e dos equipamentos de interesse regional e com a estrutura regional de protecção e valorização ambiental, para efeitos da *alteração por adaptação* daqueles, nos termos da alínea c) do n.° 1 do artigo 97.° do RJIGT.

O quarto instrumento de índole preventiva dos conflitos de normas dos planos é constituído pela obrigação de o plano de igual nível hierárquico ou de nível hierárquico inferior indicar expressamente as normas do plano anterior de idêntico grau hierárquico ou de nível hierárquico superior que revogam ou alteram. Contêm este instrumento os artigos 23.°, n.° 6, e 25.°, n.° 2, do RJIGT. A primeira norma determina que, "quando sobre a mesma área territorial incida mais do que um plano sectorial ou mais do que um plano especial, o plano posterior deve indicar expressamente quais as normas do plano preexistente que revoga, sob pena de invalidade por violação deste". E a segunda prescreve que, "quando procedam à alteração de plano especial anterior ou contrariem plano sectorial ou regional de ordenamento do território preexistente, os planos especiais de ordenamento do território devem indicar expressamente quais as normas daqueles que revogam ou alteram".

O quinto mecanismo está vertido no n.° 3 do artigo 25.° do RJIGT e consiste no dever de, na ratificação de planos directores municipais e nas deliberações municipais que aprovem os planos não sujeitos a ratificação, serem expressamente indicadas as normas dos instrumentos de gestão territorial preexistentes revogadas ou alteradas.

O último instrumento que visa prevenir os conflitos de normas dos planos encontra-se no n.° 5 do artigo 80.° do RJIGT e traduz-se no facto de a ratificação do plano director municipal implicar a *revogação* ou *alteração* das disposições constantes dos instrumentos de gestão territorial afectados e determinar a correspondente alteração dos elementos documentais afectados, por forma a que traduzam a actualização da disciplina vigente.

Se, não obstante os mecanismos de prevenção de conflitos de normas de planos, estes vierem a ocorrer na realidade, o legislador criou um *meio* de *resolução* das colisões de normas dos planos, cominando com a sanção de *nulidade* os planos elaborados e aprovados em violação de qualquer instrumento de gestão territorial com o qual devessem ser compatíveis ou conformes, e abrindo, consequentemente, a *via* da sua impugnação contenciosa junto dos tribunais administrativos. Na verdade, depois de o artigo 101.°, n.° 1, do RJIGT prescrever que "a compatibilidade ou con-

O *programa nacional da política de ordenamento do território (PNPOT)* 211

formidade entre os diversos instrumentos de gestão territorial é condição da respectiva validade" (sendo de sublinhar o aperfeiçoamento, operado pelo Decreto-Lei n.º 316/2007, de 19 de Setembro, que passou a referir "a compatibilidade ou a conformidade"), veio o mesmo diploma, no seu artigo 102.º, n.º 1, precisar que "são nulos os planos elaborados e aprovados em violação de qualquer instrumento de gestão territorial com o qual devessem ser compatíveis ou conformes" (redacção também aperfeiçoada por aquele diploma legal).

O efeito da *nulidade* do plano, ou de alguma ou algumas das suas disposições, verifica-se, desde logo, nos casos de violação do *princípio da hierarquia* dos planos. Mas cremos que idêntica consequência deve ser assacada à violação do princípio da *contra-corrente,* quando o plano hierarquicamente superior e mais amplo não *identificar* e não *ponderar* as disposições de um plano hierarquicamente inferior preexistente e abrangente de uma área mais restrita. Aliás, uma tal sanção parece estar implícita nos artigos 10.º, n.º 5, da LBPOTU e 20.º, n.º 2, do RJIGT, quando aí se afirma que a identificação e ponderação dos planos que já existam ou que se encontrem em preparação *visam assegurar as necessárias compatibilizações* entre as normas dos planos.

E o mesmo se poderá dizer da violação do *princípio da articulação,* tal como o definimos anteriormente. Um tal resultado da violação da obrigação de *compatibilização recíproca* entre planos que não estão subordinados ao princípio da hierarquia parece derivar do já citado artigo 23.º, n.º 6, do RJIGT. Mas o que é importante sublinhar é que, nos casos de violação dos mencionados três princípios (*da hierarquia, da contra-corrente e da articulação*), se verificam as mesmas razões de ordem material que justificam a sanção da *nulidade* dos planos ou de alguma ou algumas das suas disposições.

III. AS RELAÇÕES ENTRE O PNPOT E OS OUTROS INSTRUMENTOS DE GESTÃO TERRITORIAL

1. A fraca densidade normativa das disposições do PNPOT

Uma análise das relações entre o PNPOT e os outros instrumentos de gestão territorial não pode deixar de ter como ponto de partida a caracterização das disposições daquele instrumento de ordenamento do território.

212   *O PNPOT e os novos desafios do ordenamento do território*

E não pode, também, deixar de tomar em consideração os objectivos e as características de cada um dos instrumentos de gestão territorial que se relacionam com o PNPOT. Notas típicas das disposições do PNPOT são a sua *elevada imprecisão*, o seu acentuado *grau de abstracção* e a sua *fraca densidade normativa*.

Com elas queremos significar que o PNPOT limita-se a estabelecer as *grandes opções* com relevância para a organização do território nacional e a consubstanciar o *quadro de referência* a considerar na elaboração dos demais instrumentos de gestão territorial (artigo 26.° do RJIGT), a definir as *orientações e opções* para a elaboração de novos planos sectoriais e planos regionais de ordenamento do território (artigo 4.°, n.° 3, da Lei n.° 58/2007, de 4 de Setembro, que aprovou o PNPOT), bem como as *directrizes* e o *quadro estratégico* a concretizar pelos novos planos municipais e intermunicipais de ordenamento do território (artigos 24.°, n.ᵒˢ 1 e 2, do RJIGT e 4.°, n.° 3, da Lei n.° 58/2007), e a estabelecer os *princípios* e as *regras orientadoras* da disciplina a definir por novos planos especiais de ordenamento do território (artigo 4.°, n.° 4, da Lei n.° 58/2007).

As disposições do PNPOT, cuja caracterização genérica vem de ser apresentada, constam do *Relatório* e do *Programa de Acção*. O primeiro descreve o enquadramento do País no contexto ibérico, europeu e mundial, procede à caracterização das condicionantes, problemas, tendências e cenários de desenvolvimento territorial de Portugal, identificando os 24 principais problemas para o ordenamento do território, que fundamentam as opções e as prioridades da intervenção em matéria de ordenamento do território, e procede ao diagnóstico das várias regiões, fornecendo opções estratégicas territoriais para as mesmas e estabelecendo um modelo de organização espacial (artigo 1.°, n.° 3, da Lei n.° 58/2007). O segundo concretiza a estratégia de ordenamento, desenvolvimento e coesão territorial do País, em coerência com outros instrumentos estratégicos, designadamente com o Quadro de Referência Estratégico Nacional (QREN) para o período de 2007 a 2013[6], através da definição de orientações gerais, de um conjunto articulado de objectivos estratégicos, que se desenvolvem através objectivos específicos e de medidas prioritárias, e prevê a coordenação da gestão territorial (artigo 1.°, n.° 4, da Lei n.° 58/2007).

---

     [6] O QREN foi aprovado pela Resolução do Conselho de Ministros n.° 86/2007, de 3 de Julho, tendo o Decreto-Lei n.° 312/2007, de 17 de Setembro, definido o modelo de governação do mesmo, bem como dos respectivos programas operacionais.

2. A superioridade hierárquica do PNPOT em face dos restantes instrumentos de gestão territorial

As notas características anteriormente apontadas às disposições do PNPOT não põem em causa a *superioridade hierárquica* do PNPOT em face dos restantes instrumentos de gestão territorial. Uma tal *superioridade hierárquica* é pautada pelo *princípio da compatibilidade,* cujo sentido é o de que os instrumentos de gestão territorial em vigor à data da publicação do PNPOT, bem como aqueles que vierem a ser elaborados ou revistos no futuro estão sujeitos a uma *obrigação de compatibilidade* com as disposições do PNPOT.

O princípio da superioridade hierárquica do PNPOT perante os demais instrumentos de gestão territorial está claramente consagrado, em relação aos já existentes, no artigo 4.°, n.° 2, da Lei n.° 58/2007, de 4 de Setembro, o qual determina que "o PNPOT prevalece sobre todos os demais instrumentos de gestão territorial em vigor" – princípio este que é reforçado pela segunda parte do n.° 4 do artigo 4.° da Lei n.° 58/2007, que prescreve que o PNPOT "implica a alteração dos planos especiais de ordenamento do território preexistentes que com o mesmo não se compatibilizem". Mas o mesmo princípio aplica-se também aos novos instrumentos de gestão territorial, uma vez que, nos termos dos n.os 3 e 4 do artigo 4.° da Lei n.° 58/2007, "o PNPOT define as orientações e opções para a elaboração de novos planos sectoriais e planos regionais de ordenamento do território, bem como o quadro estratégico a concretizar pelos planos municipais e intermunicipais de ordenamento do território" e "estabelece os princípios e as regras orientadoras da disciplina a definir por novos planos especiais de ordenamento do território".

A expressão utilizada no n.° 4 do artigo 10.° da LBPOTU, no artigo 23.°, n.° 1, do RJIGT e no artigo 4.°, n.° 1, da Lei n.° 58/2007, nos termos da qual o PNPOT, os planos sectoriais, os planos especiais de ordenamento do território e os planos regionais de ordenamento do território traduzem ou devem traduzir um *compromisso recíproco de compatibilização das respectivas opções* (itálico nosso), não parece, assim, espelhar correctamente as relações entre o PNPOT e aqueles instrumentos de gestão territorial.. Com efeito, se pode falar-se de um *compromisso recíproco de compatibilização* das opções destes instrumentos de gestão territorial, isso é o *resultado* da aplicação dos princípios que regem as relações entre as disposições dos mesmos, designadamente do *princípio da hierarquia.*

214 *O PNPOT e os novos desafios do ordenamento do território*

Importa sublinhar que são as *características* das disposições do PNPOT acima indicadas – ou, dizendo as coisas de outro modo, a *própria substância* das suas disposições – que justificam que a sua força vinculativa em face dos demais instrumentos de gestão territorial seja comandada pelo *princípio da compatibilidade,* o qual é menos exigente ou rigoroso que o *princípio da conformidade.* De facto, enquanto a relação de conformidade exclui qualquer diferença entre os elementos de comparação – precisamente os elementos a respeitar, de um lado, e do outro, os elementos subordinados, que devem ser conformes aos primeiros –, a relação de compatibilidade exige somente que não haja contradição entre eles[7].

Se o PNPOT se limita a estabelecer *orientações* e *opções, directrizes* e *princípios* e *regras orientadoras,* compreende-se que as entidades que elaboram e aprovam instrumentos de planeamento hierarquicamente inferiores ao PNPOT disponham de um amplo poder discricionário na escolha das soluções que dizem respeito ao ordenamento do espaço, sendo-lhe vedadas apenas aquelas que contrariarem as directivas do PNPOT, que ponham em causa as opções fundamentais nele condensadas ou que impeçam a concretização do modelo de organização espacial nele traçado[8].

Note-se, porém, que a circunscrição das disposições do PNPOT ao estabelecimento das *grandes opções* e *orientações* quanto ao ordenamento do território não se fundamenta unicamente em *razões técnicas*, dada a dificuldade, se não mesmo impossibilidade, de, a nível nacional, se definirem normas concretas e detalhadas sobre a ocupação, uso e transformação do solo. Baseia-se também em *razões jurídico-constitucionais*, relacionadas com a repartição constitucional de atribuições e competências entre o Estado, as Regiões Autónomas dos Açores e da Madeira e as autarquias locais, em especial os municípios, ínsita no artigo 65.º, n.º 4, da Lei Fundamental, e decorrente dos princípios constitucionais da *autonomia político-administrativa* das regiões autónomas e da *autonomia* e da *descentralização administrativa* das autarquias locais (artigos 6.º, 225.º a 234.º e 235.º a 243.º da Constituição).

Por isso, se os municípios, ao elaborarem e aprovarem os seus planos, não podem contrariar as *opções* e *orientações* constantes do PNPOT

---

[7] Cfr. a nossa obra *Manual de Direito do Urbanismo*, Vol. I, cit., p. 350.

[8] Cfr. Henri Jacquot/François Priet, *Droit de l'Urbanisme*, 5.ª ed., Paris, Dalloz, 2004, p. 106 e 107, e J.-P. Lebreton, *La Compatibilité en Droit de l'Urbanisme,* in «L'Atctualité Juridique – Droit Administratif», n.º 7/8 (1991), p. 491-496.

O *programa nacional da política de ordenamento do território (PNPOT)* 215

– e discurso similar pode ser feito em relação às *opções* e *orientações* constantes dos planos regionais de ordenamento do território –, também o Estado deve respeitar as atribuições e competências dos municípios em matéria de ordenamento e planeamento territorial. Daí que lhe esteja constitucionalmente vedado elaborar e aprovar instrumentos de gestão territorial que contenham normas de tal modo concretas e detalhadas sobre a ocupação, uso e transformação do solo que eliminem ou reduzam substancialmente as atribuições e competências dos municípios ou destruam, desvirtuem ou esvaziem a sua margem de manobra sobre aquelas matérias.

IV. O PNPOT COMO INSTRUMENTO DE COERÊNCIA DO SISTEMA DE GESTÃO TERRITORIAL

São diversas as *vias* utilizadas pelo PNPOT para cumprir o seu relevante papel de *enquadramento estratégico* dos planos e de *instrumento de coerência* de todo o sistema de gestão territorial. Vejamos quais são elas.

1. A alteração de instrumentos de gestão territorial preexistentes incompatíveis com as opções do PNPOT

O princípio da superioridade hierárquica e de prevalência do PNPOT sobre os demais instrumentos de gestão territorial em vigor, condensado, desde logo, no artigo 4.º, n.º 2, da Lei n.º 58/2007, de 4 de Setembro, tem como consequência a *alteração* de instrumentos de gestão territorial preexistentes incompatíveis com as opções do PNPOT.

Nalguns casos essa *alteração* resulta *automaticamente* da aprovação e entrada em vigor do PNPOT. É o que parece resultar da segunda parte da norma do n.º 4 do artigo 4.º da Lei n.º 58/2007, nos termos da qual o PNPOT "implica a alteração dos planos especiais de ordenamento do território preexistentes que com o mesmo não se compatibilizem". Mas, na maioria dos casos, a entrada em vigor do PNPOT não altera *automaticamente* os preexistentes instrumentos de gestão territorial que contenham disposições colidentes com as opções daquele, antes cria uma *obrigação de alteração* desses instrumentos de gestão territorial , nos termos do artigo 93.º, n.º 2, alínea c), do RJIGT, com vista à sua adaptação às opções e orientações constantes do PNPOT (nos casos em que o PNPOT implique

216   *O PNPOT e os novos desafios do ordenamento do território*

a reconsideração e a reapreciação global, com carácter estrutural ou essencial, do plano preexistente hierarquicamente inferior, essa obrigação será mesmo uma *obrigação de revisão*). O RJIGT não estabelece um prazo para o cumprimento da *obrigação de alteração*, mas há-de entender-se que esse prazo não pode ultrapassar o tempo considerado razoável em face das exigências procedimentais da alteração e das dificuldades técnicas da elaboração da proposta de alteração do instrumento de gestão territorial em causa.

O RJIGT estabelece um prazo apenas para a denominada *alteração por adaptação*, prevista no artigo 97.°, n.ᵒˢ 1, 2 e 3 – prazo esse que é de 90 dias após a entrada em vigor do plano hierarquicamente superior. Mas propendemos a entender que este prazo de 90 dias para a efectivação da *alteração por adaptação* dos instrumentos de gestão territorial preexistentes que não se compatibilizem com um instrumento de gestão territorial hierarquicamente superior não se aplica nas relações entre os outros instrumentos de gestão territorial e o superveniente PNPOT, não só porque aquele é um prazo muito curto e totalmente irrealista, como ainda porque o PNPOT não *identifica* as disposições dos planos hierarquicamente inferiores preexistentes consideradas com ele incompatíveis.

O referido prazo de 90 dias aplica-se, por exemplo, à *obrigação de adaptação* de um plano municipal de ordenamento do território a um posterior plano regional de ordenamento do território, já que este *identifica* as disposições dos planos directores municipais preexistentes incompatíveis com as suas disposições. É elucidativo, a este propósito, o artigo 59.°, n.° 2, alínea b), do RJIGT, nos termos do qual a resolução do Conselho de Ministros que aprovar o plano regional de ordenamento do território deve "identificar as disposições dos planos municipais de ordenamento do território abrangidos incompatíveis com a estrutura regional do sistema urbano, das redes, das infra-estruturas e dos equipamentos de interesse regional e com a delimitação da estrutura regional de protecção e valorização ambiental, a adaptar nos termos da alínea c) do n.° 1 do artigo 97.".

O certo é que, nestas duas situações, pode falar-se de um *princípio de compatibilidade diferida,* o qual significa que a obrigação de compatibilização do instrumento de gestão territorial inferior com o superior está sujeita a um prazo de concretização.

Mas, decorridos os prazos referidos, estejam eles fixados no RJIGT, ou sejam extraídos do *princípio da razoabilidade*, entendemos que as disposições dos instrumentos de gestão territorial hierarquicamente inferiores

O *programa nacional da política de ordenamento do território (PNPOT)* 217

devem ser consideradas ilegais. Trata-se de uma opinião que vimos defendendo há algum tempo. Uma vez expirados os prazos mencionados, sem que tenha sido cumprido o dever de *alteração* do plano, verifica-se uma situação de *ilegalidade superveniente* e, consequentemente, de *nulidade* dos planos incompatíveis com as *opções* e *orientações* do posterior plano hierarquicamente superior, mesmo que este seja o PNPOT[9]. Tem sido também esta a solução adoptada pela doutrina e jurisprudência francesas[10].

Esclareça-se que a *obrigação de alteração* de planos que contenham normas incompatíveis com o PNPOT aplica-se, em primeira mão, aos planos regionais de ordenamento do território já existentes. Por isso, no caso de existirem planos directores municipais compatíveis com um PROT, deve ser este o primeiro a ser alterado se for incompatível com o superveniente PNPOT, pois é o PROT que desenvolve os princípios, objectivos e orientações consagrados no PNPOT e constitui o quadro de referência estratégico para os planos directores municipais. É este um dos reflexos do princípio elaborado pela doutrina francesa da *compatibilidade limitada,* cujo sentido é o de que, no caso de sobreposição de mais de dois instrumentos de gestão territorial de natureza global sobre o mesmo território, as normas do plano inferior não necessitam de ser compatíveis com o conjunto das normas dos planos superiores, mas somente com as do plano que lhe é imediatamente superior[11].

2. A definição de opções e orientações para os novos instrumentos de gestão territorial

A definição de *opções* e *orientações* para os novos planos territoriais constitui uma das *vias* mais importantes utilizadas pelo PNPOT para cumprir a sua *missão* de *harmonização* e *coerência* do sistema de gestão territorial. Através desta via, o PNPOT procura não só prevenir que os instrumentos de gestão territorial que venham a ser elaborados ou revistos no futuro – revisão entendida, hoje, na sequência do n.º 3 do artigo 93.º do RJIGT, como uma modalidade de *dinâmica* dos instrumentos de gestão

---

[9] Cfr. a nossa obra *Manual de Direito do Urbanismo*, Vol. I, cit., p. 484 e 485.
[10] Cfr. H. Jacquot/F. Priet, ob. cit., p. 108 e 109.
[11] Cfr. H. Jacquot/F. Priet, ob. cit., p. 107 e 108.

218　　*O PNPOT e os novos desafios do ordenamento do território*

territorial que "implica a reconsideração e a reapreciação global, com carácter estrutural ou essencial, das opções estratégicas do plano, dos princípios e objectivos do modelo territorial definido ou dos regimes de salvaguarda e valorização dos recursos e valores territoriais" – consagrem disposições incompatíveis com as suas *opções*, mas também garantir que os mesmos desenvolvam e concretizem as suas *orientações gerais,* nos seus respectivos âmbitos de intervenção.

É, neste contexto, que o PNPOT define *orientações* e *opções* para a elaboração de novos planos sectoriais e planos regionais de ordenamento do território, bem como o *quadro estratégico* a concretizar pelos novos planos municipais e intermunicipais do ordenamento do território (artigo 4.º, n.º 3, da Lei n.º 58/2007), e estabelece os *princípios* e *regras orientadoras* da disciplina a definir por novos planos especiais de ordenamento do território (artigo 4.º, n.º 4, da mesma lei).

As *orientações* para a elaboração dos planos sectoriais com incidência territorial são identificadas no Capítulo II e sintetizadas no Quadro I, "Medidas prioritárias por tipo de intervenção pública", e no Quadro II, "Objectivos específicos e domínios da acção governativa", do Programa de Acção do PNPOT (artigo 5.º, n.º 4, da Lei n.º 58/2007). Por seu lado, o *quadro de referência* a considerar na elaboração dos planos especiais de ordenamento do território encontra-se identificado no Capítulo III, intitulado "Directrizes pata os instrumentos de gestão territorial", e traduz-se num conjunto de medidas do programa de políticas que são sintetizadas no Quadro III, *"Medidas prioritárias e instrumentos de gestão territorial",* do programa de Acção do PNPOT (artigo 5.º, n.º 5, da Lei n.º 58/2007).

Quanto às orientações do PNPOT para o âmbito regional, que consubstanciam o *quadro de referência* a considerar na elaboração dos planos regionais de ordenamento do território, são as mesmas identificadas também no Capítulo III e traduzem-se num conjunto de medidas do programa das políticas que são sintetizadas no Quadro III, "Medidas prioritárias e instrumentos de gestão territorial", do Programa de Acção (artigo 6.º, n.º 2, da Lei n.º 58/2007). Finalmente, no que toca às *orientações* do PNPOT para o âmbito municipal, que em conjunto com as orientações dos planos regionais de ordenamento do território consubstanciam o *quadro de referência* a considerar na elaboração dos planos intermunicipais e municipais de ordenamento do território, são as mesmas identificadas, de igual modo, no Capítulo III e traduzem-se também num conjunto de medidas do programa das políticas que são sintetizadas no Quadro III, "Medidas prioritá-

O programa nacional da política de ordenamento do território (PNPOT)   219

rias e instrumentos de gestão territorial", do Programa de Acção (artigo 7.°, n.° 2, da Lei n.° 58/2007).

Não podemos, por manifesta falta de tempo, referir-nos às *orientações para a elaboração dos instrumentos de gestão territorial*, condensadas no Capítulo III do programa de Acção do PNPOT, as quais se revestem de relevante significado. Acrescentamos tão-só, a terminar este ponto, que a definição pelo PNPOT de *orientações* para elaboração ou revisão de novos instrumentos de gestão territorial visa criar uma situação de *harmonia* e *coerência* entre aquele e os restantes planos territoriais, não só ao nível das respectivas *normas jurídicas*, mas também ao nível das correspondentes *políticas de ordenamento* e *desenvolvimento territorial*.

3. A invalidade dos preexistentes e novos instrumentos de gestão territorial incompatíveis com o PNPOT

Uma terceira *via* pela qual o PNPOT desempenha o papel de instrumento de *coerência* do sistema de gestão territorial é a de funcionar como causa de *invalidade*, na sua modalidade mais grave de *nulidade*, dos instrumentos de gestão territorial com ele incompatíveis, seja dos preexistentes, depois de expirado o prazo para a sua *alteração por adaptação*, seja dos que vierem a ser elaborados e aprovados em data posterior ao seu início de vigência.

O legislador é claro no sentido de fulminar com a sanção de *nulidade* os planos elaborados e aprovados em violação de qualquer instrumento de planeamento com o qual devessem ser *compatíveis* ou *conformes*. De facto, como já referimos, o artigo 101.°, n.° 1, do RJIGT determina que "a compatibilidade ou conformidade entre os diversos instrumentos de gestão territorial é condição da respectiva validade". E o artigo 102.°, n.° 1, do mesmo diploma estatui que "são nulos os planos elaborados e aprovados em violação de qualquer instrumento de gestão territorial com o qual devessem ser compatíveis ou conformes".

Sublinhe-se que a sanção de *nulidade* está também prevista, no direito alemão, no caso de os planos municipais não cumprirem a *obrigação de adaptação* aos *fins* do ordenamento do território, condensada no § 1.°, alínea 4, do *Código do Urbanismo (Baugesetzbuch)*, nos termos do qual "*os planos urbanísticos devem adaptar-se aos fins do ordenamento do território*" ("*die Bauleitpläne sind den Zielen der Raumordnung anzupas-*

220 O PNPOT e os novos desafios do ordenamento do território

sen"). A referida *obrigação de adaptação* significa que os planos urbanísticos não podem ser *contrários* aos *fins* do ordenamento do território, antes devem *concretizá-los ("Anpassen" bedeutet konkretiesierung der landesplanerischen Ziele in der Bauleitplanung)*[12] – fins esses definidos nos planos de ordenamento do território que abrangem toda área de um Estado federado (*Raumordnungsplänen für das Landesgebiet*) e nos planos regionais, que abarcam apenas uma parte do território do estado federado (*Regionalplänen*)[13].

---

[12] Cfr. Battis/Krautzberger/Löhr, *Baugeseztbuch Komentar*, 10. Auflage, München, Beck, 2007, § 1, p. 32-35, e Hoppe/Bönker/Grotefels, *Öffentliches Baurecht*, 3. Auflage, München, Beck, 2004, p. 225-235.

[13] Cfr. Battis/Krautzberger/Löhr, ob. cit, § 1, p. 33, e Hoppel/Bönker/Grotefels, ob. cit., p. 233 e 234.

CONCLUSÕES

MARIA ALEXANDRA ARAGÃO
Professora da Faculdade de Direito de Coimbra

1. A elaboração do PNPOT 221
2. Experiências internacionais 223
3. O conteúdo do PNPOT 224
4. As ambições do PNPOT 226
5. A governança do ordenamento do território 227
6. O futuro do PNPOT e do ordenamento do território em Portugal 228

Na conclusão de dois dias, e mais de uma dúzia de intervenções, distribuídas ao longo de cinco sessões de trabalho intenso, é possível identificar seis grandes temas transversais, abordados pelos vários os oradores: o primeiro tema é o das reflexões sobre a **elaboração** do Programa Nacional da Política de Ordenamento do Território (PNPOT), o segundo são algumas **experiências comparáveis** noutros países, o terceiro é uma análise do **conteúdo** do PNPOT, o quarto são as **ambições** do PNPOT, o quinto são questões de **governança** do ordenamento do território, o sexto e último, o **futuro** do PNPOT e do ordenamento do território em Portugal.

1. A elaboração do PNPOT

A propósito da elaboração do PNPOT, o Doutor Alves Correia frisou a sua marcada dimensão interdisciplinar, que resultou logo da interdisciplinaridade da equipa que o pensou, além do amplo debate e participação que se geraram à sua volta. Transparência e participação foram, segundo vários oradores, duas notas caracterizadoras do procedimento de elaboração do PNPOT que obrigou, pela primeira fez, ao funcionamento da Administração em rede. Recordou-se, a este propósito, a Resolução do Conselho de Ministros n.° 76/2002 de 11 de Abril, que determinou a elaboração do Programa Nacional da Política de Ordenamento do Território e indicou os princípios orientadores da sua elaboração (dando cumprimento ao disposto no n.° 2 do artigo 30.° do Decreto-Lei n.° 380/99, de 22 de Setembro).

A resolução identificava cinco objectivos estratégicos (artigo 9.°) e inúmeros princípios e sub-princípios orientadores para a densificação dos vários objectivos estratégicos (artigos 10.° a 14.°), sendo que a concretização destas ambições só seria possível através de uma crescente sensibilização, educação e mobilização dos cidadãos para uma cultura de ordenamento do território, de uma Administração Pública aberta e transparente quanto aos processos de decisão relativos ao ordenamento do território, e de uma gestão descentralizada do território, mobilizadora dos agentes regionais e locais e respeitadora do princípio da subsidiariedade.

Nas palavras da Doutora Margarida Queirós, esta Resolução, que esteve na base da elaboração do PNPOT, serviu ao mesmo tempo como "manual de instruções" e como "colete de forças" para o trabalho da equipa.

Os quatro objectivos estratégicos, então definidos, foram:

a) Estruturar o território nacional de acordo com o modelo e a estratégia de desenvolvimento económico-social sustentável do País, promovendo uma maior coesão territorial e social, bem como a adequada integração em espaços mais vastos, considerando as questões fronteiriças, ibéricas, europeias e transatlânticas;

b) Estimular o desenvolvimento local e regional, garantindo a equidade no acesso a infra-estruturas, equipamentos colectivos e serviços de interesse geral essenciais para a melhoria da qualidade de vida das populações e para a competitividade das empresas;

c) Salvaguardar e valorizar os recursos naturais e promover a sua utilização sustentável, bem como garantir a protecção dos valores ambientais e do património natural, paisagístico e cultural;

d) Definir princípios, orientações e critérios que promovam formas de ocupação e transformação do solo pelas actividades humanas compatíveis com os valores subjacentes aos objectivos referidos nas alíneas anteriores;

Conclusões 223

e) Compatibilizar opções, políticas e instrumentos de gestão territorial, incluindo os de âmbito sectorial, promovendo a coerência vertical entre os níveis nacional, regional e local e a coerência horizontal entre sectores distintos com incidência espacial, bem como favorecer iniciativas e comportamentos dos particulares e dos agentes económicos convergentes com os objectivos definidos.

2. Experiências internacionais

A experiência internacional comparada foi-nos trazida pelos Professores François Priet (da Universidade de Orléans) e Mathias Rossi (da Universidade de Augsburg).

Relativamente ao ordenamento jurídico francês, o papel do Direito na pilotagem jurídica do ordenamento do território foi uma das reflexões do Prof. Priet, que reflectiu igualmente sobre a evolução do Direito do Ordenamento do Território em França e a sua relação com o desenvolvimento sustentável.

Foram abordadas as três épocas distintas pelas quais passou o ordenamento do território em França.

Desde 1950 até 1980, o Estado impunha regras de forma unilateral e autoritária:

– desde 1980 até 1990 começou o declínio chegando-se quase ao apagamento da política do ordenamento do território;
– desde 1990 até hoje, verificou-se uma renovação das políticas de ordenamento do território.

Mais recentemente o que se sente é um fenómeno de complexificação e sofisticação dos instrumentos jurídicos de ordenamento do território, na sequência do esforço de juridificação do ordenamento do território.

Falou-se da distribuição das competências em matéria de ordenamento do território em França e de como articular as políticas nacionais com as das colectividades territoriais que desenvolvem a suas próprias políticas de ordenamento do território e da forma contratual de as pôr em prática. Uma das dificuldades sentidas é a da articulação dos procedimentos de ordenamento do território (à escala macroeconómica) com os procedimentos de urbanismo (à escala microeconómica), já que não há articulação jurídica entre procedimentos de planificação de ordenamento do território e de planificação urbanística.

No plano nacional, um esquema nacional de ordenamento do território semelhante ao PNPOT (SNADT) nunca viu a luz do dia, tendo sido substituído, em 2002, por oito esquemas sectoriais (abrangendo a saúde, os transportes os equipamentos desportivos), etc.

Quanto ao ordenamento jurídico alemão, o Prof. Rossi falou da preocupação, inerente ao Direito Alemão do Ordenamento do Território, de conciliar desenvolvimento, ordenamento e conservação. Descreveu, com pormenor e rigor, a complexidade da organização do ordenamento do território na Alemanha e as competências dos vários níveis de administração em matéria de ordenamento do território e a forma como estes se articulam num país de estrutura federal e num sistema não hierárquico mas com interdependências mútuas.

Discorreu ainda sobre a natureza jurídica dos planos e da hierarquia ou articulação entre planos.

3. O conteúdo do PNPOT

A análise do conteúdo do PNPOT foi o tema central do painel III em que cada orador abordou um dos grandes objectivos estratégicos do PNPOT.

Tomando como exemplo o Objectivo Estratégico 1 (*Conservar e valorizar a biodiversidade, os recursos e o património natural, paisagístico e cultural, utilizar de modo sustentável os recursos energéticos e geológicos, e monitorizar, prevenir e minimizar os riscos*) a Doutora Margarida Queirós propôs-se fazer uma radiografia do PNPOT, mostrando a imensidade de objectivos (estratégicos e específicos) e de medidas prioritárias consagradas no PNPOT, o que levou o Doutor Alves Correia a questionar se um tal pormenor e dimensão seriam operacionais.

Na sua intervenção, a Doutora Margarida Queirós destacou os recursos naturais, a paisagem, o oceano, a energia, os transportes, as alterações climáticas e os riscos, que considerou como as grandes "alavancas" do objectivo 1.

Identificou, como pilares do modelo territorial:

1. um sistema de prevenção e gestão de riscos (por força do PNPOT, a gestão preventiva dos riscos passará a fazer agora parte dos instrumentos de gestão territorial),

Conclusões

2. um sistema de conservação e gestão sustentável de recursos naturais e espaços agroflorestais,
3. um sistema urbano e acessibilidades.

Relativamente ao Objectivo Estratégico 2, o Doutor Manuel Lopes Porto tratou da *competitividade territorial de Portugal e a sua integração nos espaços europeu, ibérico, atlântico e mundial*, procurando mostrar em que medida é que o ordenamento é importante para a competitividade externa.

Chamou a atenção para que o centro económico de Portugal não está no centro geográfico do país, mas na periferia, e mais concretamente, no litoral, defendendo, no entanto, que este padrão de desenvolvimento não é uma inevitabilidade. A partir de exemplos da Europa mostrou que os países mais competitivos da Europa são pequenos e que as cidades mais competitivas nem estão no litoral nem têm portos.

Defendeu, por isso, um desenvolvimento policêntrico e equilibrado, em detrimento da concentração dos investimentos nos chamados "motores da economia" e apresentou uma perspectiva crítica do sistema portuário, ferroviário e aeroportuário.

Sobre o Objectivo Estratégico 3 *(Promover o desenvolvimento policêntrico dos territórios e reforçar as infra-estruturas de suporte à integração e à coesão territoriais)*, a Dr.ª Fernanda Paula Oliveira falou do processo de urbanização e sistema urbano no PNPOT. Fez o diagnóstico da situação urbanística em Portugal e sistematizou as directrizes do PNPOT relativamente à conformação do sistema urbano e à criação de um espaço sustentável e bem ordenado, de uma economia competitiva integrada e aberta, de um território equitativo em termos de desenvolvimento e bem-estar.

Quanto aos Objectivos Estratégicos 4 *(Assegurar a qualidade territorial no provimento de infra-estruturas e de equipamentos colectivos e a universalidade no acesso aos serviços de interesse geral, promovendo a coesão social)* e 5 *(Expandir as redes de infra-estruturas avançadas de informação e comunicação e incentivar a sua crescente utilização pelos cidadãos, empresas e administração pública)* o Doutor Mário Vale procurou responder à questão "como articular a coesão e a sustentabilidade com a competitividade?" Não sendo razoável sobrevalorizar a competitividade em relação à coesão, a resposta passa pelo policentrismo, o novo paradigma das políticas territoriais, que advoga uma abordagem integrada de todos os objectivos.

226 *O PNPOT e os novos desafios do ordenamento do território*

Cabe, por isso, ao PNPOT, articular a competitividade e a coesão territorial por via do policentrismo multipolar no modelo territorial.

Por fim, segundo o Arquitecto Vítor Campos, o Objectivo Estratégico 6, resultou de alguma reflexividade do PNPOT.

O PNPOT, através dos objectivos específicos que concretizam o dever de *reforçar a qualidade da eficiência da gestão territorial, promovendo a participação informada, activa e responsável dos cidadãos das instituições*, pretende contribuir para criar uma cultura de ordenamento do território, dando, mais uma vez, sequência à Resolução do Conselho de Ministros que determinou a elaboração do PNPOT e que sublinhava a necessidade de uma crescente sensibilização, educação e mobilização dos cidadãos para uma cultura de ordenamento do território, de uma Administração Pública aberta e transparente quanto aos processos de decisão relativos ao ordenamento do território; e de uma gestão descentralizada do território, mobilizadora dos agentes regionais e locais e respeitadora do princípio da subsidiariedade (artigo 15.°).

4. As ambições do PNPOT

Com o PNPOT no início da sua vigência, ainda é muito cedo para sentir efeitos ou ver resultados, pelo que é apenas tempo de sondar o que é o PNPOT e quais as aspirações.

Porque o PNPOT não é um esquema de ordenamento, mas é antes um quadro de referência, um programa de políticas para a Administração com um modelo territorial associado. O PNPOT serve de guia aos Planos Especiais de Ordenamento do Território, aos Planos Regionais de Ordenamento do Território e aos Planos Municipais de Ordenamento do Território.

O PNPOT é a base de todas as políticas públicas com reflexo territorial e é um instrumento de aplicação da estratégia nacional de desenvolvimento sustentável de (ENDS – 2005-2015), pelo que é é um instrumento, por excelência, de desenvolvimento sustentável.

O Doutor Mário Vale chegou a comparar o PNPOT a uma *varinha mágica* que permitiria conciliar os objectivos concorrentes de competitividade, sustentabilidade e coesão.

Em termos de ambições, o que é certo é que apesar de o PNPOT começar com a discussão do "país que temos" o propósito é transformá-

Conclusões 227

-lo. Rejeitando atitudes meramente reactivas que se limitam a prolongar tendências, o PNPOT adopta uma atitude prática de orientação e reflecte opções estratégicas territoriais.

Por exemplo: a rede rodoviária evoluiu, em Portugal, simplesmente em resposta à procura e não procurando orientar a procura futura. Ou seja: manteve uma tendência e não inflectiu uma tendência e não é isso que se pretende para o PNPOT.

Os principais desafios, aos quais se espera que o PNPOT venha a responder, foram apresentados pelo Doutor Jorge Gaspar: demografia, valorização de recursos humanos, mudança do modelo económico, urbanização, coesão social e cultural, protecção do ambiente e responsabilização. A resposta aos desafios não pode deixar de respeitar alguns princípios gerais como a sustentabilidade e solidariedade intergeracional, a utilização ponderada e parcimoniosa de recursos, a equidade, a segurança jurídica, a coordenação, a subsidiariedade, a participação, a responsabilidade e a contratualização.

5. A governança do ordenamento do território

Em termos mais imediatos, e antes de tudo o mais, é fundamental que o PNPOT não caia no esquecimento, disse o Director Geral do Ordenamento do Território, Arquitecto Victor Campos, que considerou importante que o texto do PNPOT seja publicado e republicado.

No mesmo sentido, o Secretário de Estado do Ordenamento do Território e das Cidades, realçou a necessidade de levar a visão e os princípios do PNPOT para o dia a dia dos cidadãos e das organizações.

Além de instrumento de transformação, o PNPOT é também um instrumento com fins pedagógicos, que pretende criar uma cultura cívica de ordenamento do território, credibilizando, ao mesmo tempo, o sistema de planeamento territorial.

Com o mesmo propósito, a Direcção Geral do Ordenamento do Território e Desenvolvimento Urbano está a elaborar documentos de orientação que servirão como guias de boas práticas sobre as alterações ao regime jurídico dos instrumentos de gestão territorial, sobre energia e cidade, mobilidade, espaços públicos, construção sustentável, tecnologias de informação e comunicação, avaliação ambiental de planos municipais de ordenamento do território, governança territorial, etc..

228 *O PNPOT e os novos desafios do ordenamento do território*

Também o portal electrónico do ordenamento do território foi dado como exemplo de mais um instrumento de sensibilização, educação e mobilização do cidadão.

Foram estas preocupações com a governança do ordenamento do território que levaram ao questionamento da dimensão e complexidade do instrumento legal que é o PNPOT como obstáculos a este fim.

Estes receios levaram a Doutora Margarida Queiroz a defender que *"less is more... but less can also be a bore"* argumentando que, ao contrário do que poderia pensar-se, nalguns casos a profundidade e a extensão dos pormenores podem ter vantagens. No caso do PNPOT, a imensidade de objectivos (estratégicos e específicos) e de medidas prioritárias previstas tem como finalidade torná-lo um instrumento prático, um "guião" para o país e para os agentes que estão no terreno.

6. O futuro do PNPOT e do ordenamento do território em Portugal

Uma ideia fundamental e recorrente em todas as comunicações é a da necessidade de execução: "a administração já tem todos os instrumentos necessários para o desenvolvimento ordenado do território. Implementar é agora a grande questão" (Mário Vale); perspectivando criticamente a evolução do ordenamento do território em Portugal, o que falhou, segundo o Doutor Jorge Gaspar, não foi a visão espacial mas a visão temporal: a implementação no curto, médio e longo prazo.

Neste ponto, o próprio PNPOT facilita a tarefa aos seus aplicadores ao incluir quadros-síntese, indicando quais as áreas de acção governativa e quais os tipos de intervenção exigida.

Na opinião do Secretário de Estado do Ordenamento do Território e das Cidades continua, no entanto, a ser importante criar um conjunto coerente de dispositivos de informação, aplicar, monitorizar e incentivar através de incentivos fiscais e financeiros.

É precisamente quanto aos incentivos financeiros, que o Secretário de Estado considera que "o Portugal pós-PNPOT já começou". Porquê? Porque as candidaturas às linhas de investimento do Quadro de Referência Estratégico Nacional (QREN – 2007-2013) estão já a ser apresentadas à luz do PNPOT. Em 2010, aquando da avaliação intercalar do QREN poderemos já ter uma visão mais real do impacte do PNPOT a este nível.

Para facilitar das tarefas de aplicação do PNPOT está em preparação

Conclusões 229

um modelo de acompanhamento, monitorização e avaliação do PNPOT, foi criado um Observatório do Ordenamento do Território e um sistema nacional de informação territorial (SNIT).

Para o futuro, o que é certo é que o ordenamento do território, que sempre foi um domínio de competência exclusiva dos Estados, (com algumas incursões comunitárias em matéria de redes transeuropeias de transportes e em matéria de Rede Natura 2000, para a conservação da natureza) passará agora a sofrer uma influência europeia muito mais directa. Com efeito, após a recente aprovação do primeiro programa de acção para implementar a agenda territorial da União Europeia, o Tratado de Lisboa veio consagrar, pela primeira vez, a coesão territorial como a terceira dimensão da coesão na Europa, além da coesão económica e social.

Vale a pena percorrer as principais disposições inovadoras sobre ordenamento do território, incluídas no Tratado de Lisboa.

No artigo segundo, sobre os objectivos da união, o último objectivo passou a ser: "A União promove a coesão económica, social e territorial, e a solidariedade entre os Estados-Membros".

No artigo 2.°C vemos que o ordenamento do território passa a ser um domínio de competência concorrente entre os Estados-membros e a União, a par do ambiente, defesa dos consumidores; transportes, energia, etc.

O título XVIII, que passa a intitular-se "coesão económica, social e territorial", tem como artigo principal o 158.°: "A fim de promover um desenvolvimento harmonioso do conjunto da Comunidade, esta desenvolverá e prosseguirá a sua acção no sentido de reforçar a sua coesão económica, social e territorial. Em especial, a Comunidade procurará reduzir a disparidade entre os níveis de desenvolvimento das diversas regiões menos favorecidas."

O último parágrafo é, por fim, o mais interessante por nos permitir antever as linhas de orientação da acção comunitária em matéria de ordenamento do território: "entre as regiões em causa, é consagrada especial atenção às zonas rurais, às zonas afectadas pela transição industrial e às regiões com limitações naturais ou demográficas graves e permanentes, tais como as regiões mais setentrionais com densidade populacional muito baixa e as regiões insulares, transfronteiriças e de montanha".

Em suma, as zonas nacionais promovidas a zonas prioritárias europeias serão as mais beneficiadas com as novas competências territoriais comunitárias.

ÍNDICE

PALAVRAS DE ABERTURA 5

PROGRAMA 7

SESSÃO DE ABERTURA
Prof. Doutor Fernando Alves Correia 11

PAINEL I – O Ordenamento do Território em Portugal
PAINEL II – Os Instrumentos de Ordenamento do Território de Âmbito Nacional
    em Direito Comparado
França: Prof. Doutor François Priet 15
Alemanha: Prof. Doutor Mathias Rossi 39

PAINEL III – Os Objectivos Estratégicos do programa Nacional da Política de Or-
    denamento do Território
Objectivo estratégico1 *(Conservar e Valorizar a biodiversidade, os recursos e o*
património natural, paisagístico e cultural, utilizar de modo sustentável os recur-
sos energéticos e geológicos, e monitorizar, prevenir e minimizar os riscos).
Prof. Doutora Margarida Queirós 59

Objectivo Estratégico 2 *(Reforçar a competitividade territorial de Portugal e a sua*
integração nos espaços ibérico, europeu, atlântico)
Prof. Doutor Manuel Lopes Porto 83

Objectivo estratégico 3 *(Promover o desenvolvimento policêntrico dos territórios*
e reforçar as infra-estruturas de suporte à integração e à coesão territoriais)
Mestre Fernanda Paula Oliveira 153

Objectivos estratégicos 4 e 5 *(Assegurar a qualidade territorial no provimento de*
infra-estruturas e de equipamentos colectivos e a universalidade no acesso aos
serviços de interesse geral, promovendo a coesão social / Expandir as redes de
infra-estruturas avançadas de informação e comunicação e incentivar a sua cres-
cente utilização pelos cidadãos, empresas e administração pública)
Prof. Doutor Mário Vale 187

232 *O PNPOT e os novos desafios do ordenamento do território*

PAINEL IV – O PNPOT e os Outros Instrumentos de Gestão Territorial
Prof. Doutor Fernando Alves Correia 201

PAINEL V – Conclusões do Colóquio
Prof.ª Doutora Alexandra Aragão 221